基于人工智能技术的
就业质量评价模型
构建及应用研究

李　晟/著

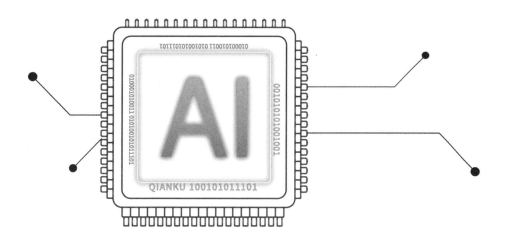

西南财经大学出版社

中国·成都

图书在版编目(CIP)数据

基于人工智能技术的就业质量评价模型构建及应用
研究/李晟著.--成都:西南财经大学出版社,2025.
5. --ISBN 978-7-5504-6701-9

Ⅰ.D669.2-39

中国国家版本馆 CIP 数据核字第 2025SE5950 号

基于人工智能技术的就业质量评价模型构建及应用研究

JIYU RENGONGZHINENG JISHU DE JIUYE ZHILIANG PINGJIA MOXING GOUJIAN JI YINGYONG YANJIU

李晟　著

策划编辑:何春梅
责任编辑:邓嘉玲
责任校对:李思嘉
封面设计:墨创文化
责任印制:朱曼丽

出版发行	西南财经大学出版社(四川省成都市光华村街55号)
网　　址	http://cbs.swufe.edu.cn
电子邮件	bookcj@swufe.edu.cn
邮政编码	610074
电　　话	028-87353785
照　　排	四川胜翔数码印务设计有限公司
印　　刷	四川五洲彩印有限责任公司
成品尺寸	170 mm×240 mm
印　　张	18.25
字　　数	315千字
版　　次	2025年5月第1版
印　　次	2025年5月第1次印刷
书　　号	ISBN 978-7-5504-6701-9
定　　价	98.00元

前言

在这个日新月异的时代，就业市场的变化与人工智能技术的飞速发展正以前所未有的速度交织在一起，共同塑造着未来的就业格局。就业质量作为衡量一个国家或地区经济发展水平和社会进步程度的重要指标，完善其评价体系十分重要，而人工智能技术的引入，无疑为就业质量评价带来了新的机遇与挑战。

面对上述形势，我国政府积极响应《中华人民共和国国民经济和社会发展第十四个五年规划和 2035 年远景目标纲要》的战略部署，特别是其中关于"加快发展数字经济，促进数字经济与实体经济深度融合"的重要指示，高度重视人工智能技术在提升就业质量、优化人力资源配置中的潜力与价值。在此背景下，本书应运而生，旨在深入探索并实践人工智能技术在就业质量评价领域的创新应用，为国家的"智慧就业""数字人社"建设贡献力量。

笔者在撰写本书的过程中，广泛搜集国内外就业质量评价和人工智能技术的最新研究成果，并结合实际应用案例深入分析探讨，全方位展示人工智能技术在就业质量评价中的巨大潜力与广阔前景，涵盖从理论到实践、从方法到应用的各个方面。

本书的内容涵盖就业质量评价的理论基础、指标体系构建、数据预处理与特征工程、机器学习模型构建与应用等多个方面。希望通过对这些内容的阐述，能够帮助读者更好地理解人工智能技术在就业质量评价中的应用原理与实践方法，从而激发读者更多的创新思维与实践探索。

与此同时，人工智能技术在就业质量评价中的应用仍面临数据安全、算法偏见、伦理道德等多方面的挑战。因此，本书特别设立了专门章节，对这些挑战进行深入剖析，并提出具有针对性的解决方案与建议，旨在为读者提供一个更加全面的视角，让读者能够以更加稳健的步伐迎接未来的机遇与挑战。

此外，衷心感谢所有为本书付出努力的编辑及工作人员，是你们的辛勤工作与无私奉献，才使得本书得以顺利出版。同时，笔者也期待能与更多的读者、学者和机构携手合作，共同推动就业质量评价领域的创新与发展。

现在，让我们一同翻开这本书，共同探索人工智能技术在就业质量评价中的无限可能。愿我们的努力能够为未来就业市场的更加公平、和谐与繁荣发展带来些许助力。

李晟

2025 年 5 月

目录

第一章　绪论

第一节　人工智能时代的就业市场

一、就业市场的变革

在当今全球化和数字化的时代背景下，传统的农业和工业社会结构向信息社会结构转变，使得就业从以体力劳动为主向知识和技能密集型转变，新的职业不断涌现，旧的职业逐渐消亡，同时社会阶层的流动性变化也影响就业机会和质量，就业市场正经历着前所未有的深刻变革。这些变革不仅改变了就业的形态和结构，也对劳动者的技能和素质提出了新的要求。

随着科技的飞速发展和新兴产业的迅速崛起，传统产业逐渐向高端化、智能化、绿色化方向转型升级。世界经济论坛发布的《2025 年未来就业报告》显示，22% 的就业机会面临变革，将新创造 1.7 亿个工作岗位，9 200 万个工作岗位将被替代，人工智能、机器人和能源系统等相关领域专业职位的需求将提升。例如，中国制造业中自动化生产设备的广泛应用，使得大量的一线工人被机器人取代；同时，人工智能技术的发展催生了人工智能工程师、数据科学家、算法研究员等新兴职业，这些职业的需求量在近年来呈现出爆发式增长。产业结构的调整不仅改变了就业市场的行业分布，也促使劳动者在不同产业之间进行转移和转型。劳动者需要不断学习和掌握新的技能，以适应产业结构调整带来的就业变化。例如，中国政府推出的职业技能提升行动（2019—2021 年），3 年累计培训企业职工 3 700 多万人次（不含以工代训）、培养企业新型学徒 140 多万人、培训并取得特种作业和特种设备操作证人员 640 多万人。

1

数字化技术的广泛应用正在重塑就业市场的格局。一方面，互联网、电子商务、移动支付等新兴技术的发展，创造了电子商务运营、网络营销、软件开发、数据分析等一系列新的就业岗位。据中国互联网络信息中心（China Internet Network Information Center，CNNIC）发布的报告①，截至 2024 年年底，我国网络购物用户规模达 9.74 亿人，电子商务从业人数已超 7 000 万人。同时，数字化技术也改变了传统行业的运营模式和工作方式，提高了工作效率和生产力水平，进而对劳动者的技能和素质提出了更高的要求。另一方面，数字化技术的发展也导致了一些传统就业岗位的消失。例如，自 2010 年以来，美国的银行行业因自动化和数字化技术的应用，传统的文书工作岗位、数据录入工作岗位等减少了约 30%②。同时，数字化技术的发展还使得就业市场的竞争更加激烈，劳动者需要不断提升自己的技能和素质，以在激烈的就业竞争中脱颖而出。

全球化的发展使得就业市场变得更加国际化和竞争化。跨国公司的不断扩张和国际经济合作的日益加深，促进了劳动力的跨国流动和国际人才市场的形成。劳动者可以在全球范围内寻找就业机会，同时企业也可以在全球范围内招聘人才。然而，全球化也带来了一些就业问题。据经济合作与发展组织（Organization for Economic Co-operation and Development，OECD）的《2023 年就业展望（OECD Employment Outlook 2023)》，自 2000 年以来，跨国公司全球布局，全球范围内约有 2 000 万个制造业岗位从发达国家转移到发展中国家，这导致一些发达国家本国的就业岗位减少，如美国的制造业就业岗位在 2000 年至 2020 年间减少了约 300 万个。此外，全球化还使得劳动力市场更加不稳定，劳动者面临着更大的就业风险和不确定性。

二、人工智能的兴起与发展

人工智能作为一种新兴的技术力量，正以前所未有的速度在各个领域得到广泛应用。从古典经济学角度看，人工智能可视为一种新的生产要素，它改变了生产函数，影响了劳动与资本的相对需求和使用效率。从社会学视角而言，人工智能引发了社会分工的进一步细化和职业结构的调整，改变了人与人、人与社会的关系。人工智能的发展不仅为人类社会带

---

① 第 55 次《中国互联网络发展状况统计报告》。
② 美国劳工统计局（Bureau of Labor Statistics，BLS）发布的行业就业报告，2023。

来了巨大的变革和机遇，也对就业市场和就业质量产生了深远的影响（杨蕾，2021）。

人工智能的兴起得益于数据量的爆炸式增长和技术基础设施的进步。根据中国信息通信研究院发布的《大数据白皮书（2022 年）》，中国大数据产业规模预计将在 2025 年达到 1.7 万亿元人民币，年均复合增长率超过 20%。这种数据洪流为机器学习和深度学习提供了丰富的训练资源，使得人工智能系统能够更准确地理解和预测复杂模式。云计算平台如阿里云、腾讯云和华为云，通过提供强大的计算能力和存储服务，降低了企业和研究人员进入人工智能领域的门槛。

《新一代人工智能发展规划》（以下简称《规划》）明确提出，到 2030 年，中国要成为世界主要人工智能创新中心，并计划投资 1 500 亿美元用于相关研究和发展。此外，该《规划》还强调了人工智能在国家战略中的重要地位，提出了构建开放协同的人工智能科技创新体系、培育高端高效的智能经济、建设安全便捷的智能社会等具体目标。这些政策文件不仅为人工智能的发展提供了明确的方向，还促进了国际合作和技术交流。

公众意识的提升是人工智能兴起的重要推动力之一。媒体对于人工智能进展的广泛报道，使得这一领域受到了前所未有的关注。学术界和工业界共同努力，通过设立专门的研究机构和项目，培养了一大批专业人才，为人工智能的发展提供了智力支持。例如，清华大学成立了智能产业研究院（Institute for AI Industry Research，AIR），专注于开发新型的人工智能技术；北京大学推出了 AI Index 项目，以跟踪和分析全球人工智能的发展趋势。

近年来，人工智能正以前所未有的速度发展着。技术进步与市场需求相互促进，形成了良性循环。一方面，算法优化、硬件升级以及大数据的应用不断拓展着人工智能的能力边界；另一方面，各行各业对于智能化解决方案的需求日益增长，促使更多资源投入到人工智能领域。这种供、需两端的共同作用，加速了人工智能在各个行业的渗透和应用。

从全球范围看，各国政府和企业纷纷加大对人工智能的投资和支持力度，其政策环境也逐渐完善。国际的竞争与合作并存，各国都在努力抢占人工智能这一战略高地。据麦肯锡全球研究院（McKinsey Global Institute，MGI）的预测，到 2030 年，人工智能将为全球经济贡献约 13 万亿美元的额外产出，相当于 GDP 每年增长 1.2%。其中，制造业、医疗保健业、金融服务业等将是受益最大的行业领域。从国内看，智能制造已经成为"中国制造 2025"战略的重要组成部分，旨在通过智能化手段提高生产效率和产品质量。

教育体系逐步引入人工智能课程，从小学到大学都有相应的学习资源。职业培训和继续教育项目也应运而生，以帮助在职人员适应快速变化的工作环境。例如，中国的阿里云推出了"AI 人才发展计划"，旨在通过人工智能技术为学员提供个性化的学习路径和职业发展建议。同时，许多高校和培训机构开始提供在线课程和认证项目，如网易云课堂上的 AI 专项课程，为公众提供了获取人工智能知识的机会。

社交媒体和在线平台成为公众了解和讨论人工智能的重要渠道，加快了信息传播的速度，拓宽了信息传播的广度。例如，微博上有关人工智能的话题经常吸引数百万用户的讨论和分享。这种广泛的参与和认知提升，不仅推动了技术创新，也为人工智能的健康发展提供了坚实的群众基础。此外，各种行业协会和技术社区也在积极推动标准制定和技术交流，如中国人工智能学会定期举办国际会议，发布最新的研究成果和技术规范。

三、就业市场变革与人工智能兴起的关系

就业市场的变革与人工智能的兴起是相互影响、相互促进的关系。从资源配置理论来看，人工智能作为一种新资源，其在就业市场的配置过程中，提高了生产效率，改变了劳动和资本等要素的配置比例，促进就业市场向更高效的方向发展。

人工智能技术的发展为就业市场的变革提供了强大的动力和有力的支持。人工智能技术的应用使得一些传统行业的就业岗位逐渐减少，但同时也创造了大量新的就业机会。例如，人工智能技术的发展推动了制造业的智能化升级，使得大量的一线工人被机器人所取代；同时，人工智能技术也催生了人工智能工程师、数据科学家、算法研究员等新兴职业。人工智能技术的发展还改变了就业市场的竞争格局。人工智能技术的应用使得企业在招聘和人才选拔过程中更加注重候选人的技能和素质，同时也提高了企业的生产效率和竞争力。这就要求劳动者不断学习和掌握新的技能，以适应人工智能时代的就业市场需求。

就业市场的变革为人工智能的发展提供了广阔的应用场景和市场需求。随着就业市场的变革，企业对人工智能技术的需求不断增加，这促使

人工智能技术不断创新和发展。例如，随着制造业的智能化升级，企业对自动化生产设备和人工智能技术的需求不断增加，这推动了人工智能技术在制造业中的应用和发展。就业市场的变革也为人工智能的发展提供了丰富的数据资源和实践经验。通过对就业市场数据的分析和挖掘，人工智能技术可以不断优化和改进自己的算法和模型，提高自己的性能和准确性。

第二节　全球视野下的就业质量评价

一、国外就业质量评价的历史与发展

就业质量作为衡量劳动者工作状况的重要标准，在国际劳工组织的推动下，逐渐受到国际社会的广泛关注。1995 年，社会发展问题世界首脑会议召开，国际劳工组织通过国际公约的形式，致力于确立和保障全球范围内的劳工权利，这标志着就业质量开始受到国际社会的正式关注。同年，国际劳工组织发布的文件中详细阐述了就业质量的内涵，为后续的就业质量评价提供了理论基础。

1999 年，国际劳工组织提出了"体面劳动"概念，全面涵盖了工作机会、在自由条件下工作、生产性的工作、工作平等、工作安全和工作尊严六个方面。这一概念的提出，为就业质量评价奠定了坚实的理论基础，并推动了全球范围内对就业质量的深入研究和评价。

进入 21 世纪，欧盟委员会在综合各国实践经验的基础上，于 2005 年提出了包括内在工作质量、职业发展、员工参与等在内的 10 组就业质量评价指标体系。这一指标体系的提出，不仅丰富了就业质量的内涵，还使得就业质量评价更加全面和深入。根据欧盟委员会的统计数据，这些指标体系的实施显著提高了欧盟成员国的就业质量，提升了劳动者的满意度和幸福感。

在评价主体和评价机制方面，国外的就业质量评价具有相对完善的体系。政府机构作为就业政策的制定者和监管者，在就业质量评价中发挥着主导作用。例如，美国政府通过全国统一的"雇主工薪税"为公共就业服务机构提供资金支持，并通过制定相关法规和激励政策，推动就业服务的优化和升级。同时，各类决策机构也积极参与其中，为政府决策提供重要的参考依据。此外，第三方独立研究机构的广泛参与也是国外就业质量评

价的一个重要特点。这些机构凭借其专业的研究能力和独立的立场，能够客观、公正地对就业质量进行评价，确保评价结果的可信度和权威性。

在评价指标方面，国外研究更倾向于从劳动力个体的满意度角度出发进行评价。例如，英国大学联盟（Universities UK）与 QS 在 2024 年联合发表的国际毕业生成果报告中，就涉及国际学生对英国教育及就业质量的看法。该报告收集并分析了过去六年中英国 37 所大学共计超过 10 000 名国际学生的数据，其中 78% 的受访者在毕业后选择留在英国并且马上找到了工作，这显示出英国就业市场对国际学生的吸引力及对就业质量的认可。此外，报告还指出，教育和医疗保健是受访者主要从事的两个领域，这对于英国以及全球经济来说都至关重要。这些数据不仅反映了英国就业市场的现状，也为其提高就业质量提供了有针对性的建议和措施。

在具体政策文件方面，各国政府纷纷出台相关政策，以提高就业质量。例如，美国政府通过《乔治·巴顿法案》和《国防教育法》等立法，为职业教育的发展提供了有力的政策支持，并加强了对劳动者的职业培训，以提高其就业能力。同时，美国政府还通过建设完备的数据库与成熟的网络信息平台，支持公共就业服务体系的建设，为劳动者提供更加便捷、高效的就业服务。

二、国内就业质量评价的历史与现状

在我国，高校毕业生的就业质量评价对于促进高等教育与社会需求的对接、提升高等教育服务经济社会发展的能力具有至关重要的作用。然而，当前我国高校毕业生就业质量评价体系在多个维度上仍面临一些显著的困境。从社会学角度看，在我国社会结构转型和教育扩张的背景下，高校毕业生就业质量评价体系面临的问题是社会发展变化的一种体现，需要结合社会结构和教育发展阶段来分析。

评价理念方面，就业质量评价理应着眼于毕业生的终身发展，为其提供持续的支持和引导。然而，当前的就业质量评价在落实终身发展理念上存在明显短板。例如，教育部印发的《关于做好 2025 届全国普通高校毕业生就业创业工作的通知》中强调，要"全面开展高校毕业生就业状况跟踪调查"，并"深入推进就业评价改革，建立健全科学高效的就业评价体系"。但目前的评价体系仍以短期就业率和毕业去向落实率为主，缺乏对毕业生中长期职业发展的系统性跟踪与评估。

评价主体方面，当前我国高校毕业生就业质量报告的信息主要由各高校独立采集、整理并上报。然而，根据教育部发布的最新数据，第三方独立研究机构参与评价的比例仅为 12%，远低于理想水平①。这导致评价主体相对单一，高校在就业质量评价中既当"运动员"又当"裁判员"，缺乏足够的客观性和公正性。此外，政府在毕业生信息统计过程中的直接参与程度也较低，其主要依赖于各高校上报的数据，这进一步削弱了就业质量评价结果的公信力。

评价机制方面，我国虽已建立高校毕业生长期跟踪回访机制，但实际效果并不理想。据统计，仅有约 40% 的高校能够坚持对毕业生进行毕业后三至五年的跟踪回访②。此外，高校回访的频率和深度也存在不足，难以全面、及时地了解毕业生的职业发展动态。这导致就业质量评价机制在反映毕业生中长期就业质量和个人发展水平方面存在明显缺陷。

评价指标方面，对就业质量内涵的理解和表述不一致是导致就业质量评价标准不统一的重要原因。根据《全国普通高校本科教育教学质量报告（2020 年度）》，当前不同研究对于就业质量内涵的理解存在显著差异，其在评价层次和维度上的划分也各不相同。例如，有的研究将就业质量划分为宏观、中观和微观三个层次，而有的研究则只考虑政府、毕业生和用人单位三个维度。此外，不同研究在评价指标的主客观条件上也存在分歧，部分研究只注重主观评价指标（如满意度等），而有的研究则同时考虑了客观条件（如薪资水平、职业发展前景等）和主观条件。这种分歧导致就业质量评价指标体系的构建缺乏统一性和科学性。

此外，国内的相关研究主要从政府、毕业生、用人单位三个维度对毕业生就业质量评价指标进行研究，但忽略了大学毕业生这一高知识群体的特点。据麦可思研究院编写的《2023 年中国本科生就业报告》（属于"就业蓝皮书"系列），不同专业、不同职业规划和不同个人兴趣的毕业生在就业质量上存在着显著差异。例如，理工科专业的毕业生在薪资水平和职业发展前景上普遍优于文科专业的毕业生；而具有明确职业规划和个人兴趣的毕业生在就业满意度和职业发展稳定性上也更高。这表明，我国需要更加深入地研究大学毕业生的就业特点，结合其专业背景、职业规划和个人兴趣等因素，构建更加符合其特点的就业质量评价指标体系。

---

① 中共中央、国务院：《深化新时代教育评价改革总体方案》。
② 麦可思研究院主编《2023 年中国本科生就业报告》，社会科学文献出版社，2023。

三、国内外就业质量评价的比较与启示

国内外就业质量评价在历史发展、评价体系和评价方法等方面存在一些差异，这些差异也为我们提供了一些有益的启示。

从历史发展来看，国外就业质量评价的起步较早，其相关理论和实践经验相对丰富。国际劳工组织和欧盟等国际组织在就业质量评价方面发挥了重要作用，提出了一系列具有影响力的概念和指标体系。相比之下，国内就业质量评价的研究和实践起步较晚，且仍处于不断探索和完善的阶段。这启示我们，在国内就业质量评价体系的建设中，要加强国际交流与合作，积极借鉴国外的先进经验和做法，同时也要结合我国的国情和实际情况，探索具有中国特色的就业质量评价模式。

从评价体系来看，国外的就业质量评价体系更全面、更加注重个体的满意度，其指标体系涵盖了工作环境、职业发展、社会参与等多个方面。而国内的就业质量评价体系在某些方面还存在不够完善的地方，如评价理念的更新、评价主体的多元化、评价机制的系统性等。这启示我们，要进一步完善国内的就业质量评价体系，以新发展理念为指导，结合社会公平与发展理论，保障就业质量评价体系能全面反映社会不同群体的就业状况和需求，树立以毕业生终身发展为导向的评价理念，拓宽评价主体，建立更加系统、持续的评价机制，确保评价结果能够全面、客观地反映就业质量的真实情况。

从评价方法来看，国外在就业质量评价中广泛应用了问卷调查、访谈、实验等传统方法，同时也积极引入了人工智能技术和大数据分析方法，提高了评价的准确性和效率。国内在评价方法的运用上较为传统，需要加强对新技术的应用和创新。这启示我们，要积极推动评价方法的创新，充分利用现代信息技术手段，提高就业质量评价的科学性和有效性。

国内外就业质量评价的比较为我们提供了宝贵的经验和启示。我们应在借鉴国外先进经验的基础上，结合国内实际情况，不断完善就业质量评价体系和方法，为提高就业质量提供有力的支持和保障。同时，也要认识到，就业质量评价是一个动态的、不断发展的过程，需要我们持续关注和研究，以适应社会经济发展的变化和需求。

第三节　以人工智能构建就业质量评价体系的蓝图

一、构建全面、准确的就业数据仓库

数据来源分为企业内部数据和外部数据。企业内部数据包括人力资源管理数据和生产经营数据。其中人力资源管理数据涵盖员工的基本信息，这些数据能够反映员工的个人能力、工作表现和职业发展状况，是评价就业质量的重要依据。生产经营数据包含企业的生产效率、产品质量、市场份额、财务状况等，这些数据对于评价员工的工作环境和职业发展机会具有重要意义。以制造业为例，2024 年我国制造业产品质量合格率达93.93%，较上年提高了 0.28 个百分点，产品质量总体水平延续稳中向好态势①。外部数据包括宏观经济数据、行业数据和社会数据。宏观经济数据包括国内生产总值（GDP）、通货膨胀率、失业率、劳动力市场供求状况等，这些数据能够反映宏观经济环境的变化对就业质量的影响。如根据国家统计局发布的数据，2024 年我国 GDP 同比增长 5%，全国城镇调查失业率年均值为 5.1%。行业数据涵盖行业发展趋势、市场竞争状况、行业平均工资水平、行业人才供求状况等，这些数据有助于了解不同行业的就业质量特点，如 2024 年广州市人工智能产业的薪酬增长率相较其他产业更高，达到 5.2%②。社会数据包含社会文化背景、教育水平、人口结构、社会保障状况等，这些数据能够反映社会因素对就业质量的影响，为评价就业质量提供社会环境。

数据质量保障包括数据质量评估、数据质量管理和数据安全保护。首先，建立数据质量评估指标体系，对数据的准确性、完整性、一致性、时效性进行评估，定期检查和评估数据质量，及时发现并解决问题。其次，加强数据质量管理，建立数据质量管理机制，明确数据管理责任和流程，强化对数据收集、整理、存储、使用等环节的管理，确保数据质量和安全。最后，加强数据安全保护，建立数据安全保护制度，采取加密、备份、访问控制等措施保障数据的安全和隐私，如根据《中华人民共和国网

---

① 市场监督管理总局：《2024 年我国制造业产品质量合格率提升至 93.93%》。
② 广州市总工会：《2025 年广州市主要行业职工薪酬福利集体协商参考信息》。

络安全法》等相关法律法规，企业需建立健全网络安全保护制度，确保数据安全。

二、选择适合算法，提升评价模型的性能

在就业质量评价体系的构建中，算法的恰当选择是实现精准评估的关键。这需要细致分析数据特点与评价任务需求，从而确定最适配的算法。

在处理一些常见的就业相关数据，如学历背景（本科、硕士等）、职业资格证书获取情况（有或无）等结构化数据，并且面临诸如判断求职者是否符合某岗位基本要求（符合或不符合）等二分类问题时，逻辑回归算法发挥着重要作用，它能够依据求职者的教育程度、证书种类等特征构建模型，计算出符合岗位要求的概率。实际应用中，其准确率常能达到85%以上[①]。这有助于招聘机构高效筛选候选人，让求职者明晰自身的优势与不足，从而有针对性地提升能力，进而提高整体就业匹配度与就业质量。

当涉及图像数据时，例如，招聘网站上企业展示的办公环境图片、求职者提交的个人形象照片等非结构化数据，卷积神经网络（Convolutional Neural Networks，CNN）展现出强大的处理能力。CNN 利用卷积层和池化层自动提取图像中的特征，如办公环境的现代化程度、求职者形象的专业度等。在 ImageNet 图像分类竞赛中，CNN 模型的准确率已超过90%[②]。在就业质量评价场景下，CNN 可以辅助招聘方更直观地评估企业的吸引力和求职者的形象气质是否符合岗位需求，也帮助求职者了解企业的实际环境，促使双方做出更合理的选择，促进就业市场的良性互动，提升就业质量。同时，对于视频数据，如企业的宣传视频、求职者的个人展示视频等，CNN 同样能通过特定技术手段提取关键信息，为就业质量评价提供更丰富的维度，助力就业市场资源的优化配置。

算法选择原则主要有以下几方面：一是根据问题特点选择算法。不同的人工智能算法与不同的问题特点相适配，在进行算法选择时，需要依据就业质量评价问题自身的特性来挑选合适的算法。例如，当面临分类问题时，决策树、支持向量机等算法是较为合适的选择；当面临回归类型问题时，线性回归、逻辑回归等算法更为适用；而对于序列数据问题，则可以

[①] 夏敏：《决策树与逻辑回归模型融合算法在二分类问题中的研究与应用》，对外经济贸易大学，2023。

[②] ImageNet 官方数据集，2023。

考虑循环神经网络及其变体等算法。二是根据数据特点选择算法。数据自身的特性会对算法选择产生影响，如数据的规模、维度、分布等因素均会左右算法的性能。因此在选择算法时，必须充分考虑数据特点来选定适配的数据处理算法。比如，在处理大规模数据时，分布式算法是不错的选择；当处理高维度数据时，可采用降维算法；对于不平衡数据，则可考虑欠采样或过采样算法。三是权衡算法性能和效率选择算法。一方面，为了提升评价模型的准确性和可靠性，需要选择性能优良的算法；另一方面，为了提高评价模型的运行速度和计算效率，还要选择效率高的算法。

算法优化与改进包含多个关键部分。超参数调整方面，众多人工智能算法存在如学习率、迭代次数、层数、节点数等超参数，通过对这些超参数进行调整，能够实现对算法性能的优化。例如，可以运用网格搜索、随机搜索、模拟退火等方法来探寻最优的超参数组合，从而使算法性能达到更优状态。模型融合能够通过将多种人工智能算法相互融合来提升评价模型的性能。比如，可以采用集成学习方法，把多个弱分类器组合成一个强分类器，以增强模型的分类能力；还可以运用多模态学习方法，对多种数据模态的信息进行融合，进而提高模型的整体性能。在算法评估与验证环节，当使用人工智能算法构建就业质量评价模型时，必须对算法展开评估和验证工作。可借助交叉验证、留一法验证等方法评估模型的性能，保障模型具备准确可靠的特性。同时，还要对模型的泛化能力进行评估，确保模型在面对未知数据时能够有良好的表现，使其能够在实际应用中发挥出应有的作用。

三、构建全面的评价指标体系

就业质量评价需从经济、社会、个人三个维度综合考量。从福利经济学理论来看，经济维度的指标是衡量就业质量对劳动者经济福利影响的关键；从社会分层与流动理论出发，社会维度的指标反映了就业质量在社会层面上对劳动者地位和融入感的作用；而从心理学相关理论来讲，个人维度的指标体现了就业质量对劳动者心理满足感和发展的意义。

在经济维度方面，工资水平与福利保障是衡量就业质量的重要指标。据统计，近年来我国城镇非私营单位就业人员的年平均工资持续增长，2023 年达到了 120 698 元人民币，相比前一年扣除价格因素实际增长5.5%。其中，信息传输、软件和信息技术服务业的平均工资水平尤为突出，年平均工资超过了 230 000 元人民币①。与此同时，福利保障也是员工关注的重点。根据《中华人民共和国社会保险法》的规定，企业应为员工缴纳社会保险，包括养老保险、医疗保险、失业保险、工伤保险和生育保险。人社部数据显示，全国基本养老保险参保人数约 10.73 亿人，实现了基本养老保险制度的广泛覆盖。此外，劳动生产率也是影响就业质量的重要因素。数据显示，我国全员劳动生产率近年来持续提高，2024 年达到了约 174 000 元/人，显示出我国企业在提升生产效率方面的显著成效②。

在社会维度方面，工作环境与工作条件直接影响员工的满意度和工作效率。良好的工作环境和设施能够提升员工的工作积极性和创造力。例如，一些知名企业通过提供现代化的办公设施和舒适的工作环境，显著提高了员工的工作满意度和幸福感。同时，职业声望和社会地位高的工作往往能给员工带来更多的尊重、满足感以及更广阔的发展机会。医生、律师等职业因其较高的社会地位和职业声望而备受青睐，这些职业的年收入也普遍较高。

在个人维度方面，工作满意度和幸福感是员工对工作的主观感受，与工作本身以及个人价值观、生活态度相关。个人成长与职业发展是员工在工作中追求的目标，企业提供的培训和晋升机会有助于实现这些目标。工作与生活的平衡也是员工关注的重点，企业可通过合理安排工作时间和提供弹性工作制度来帮助员工达成平衡。

四、就业质量评价体系在实践中的应用

就业质量评价体系在政策制定领域有重要应用。一方面，它有助于就业政策评估与优化，通过对政策实施效果的跟踪和剖析，能够及时发现政策对就业质量产生的影响，从而找到政策存在的问题，为后续调整优化提供支撑。另一方面，它能实现就业形势监测与预警，依靠对就业数据的深入分析和科学预测，能够敏锐捕捉就业市场的动态变化，洞察潜在风险，为政府宏观经济政策和就业政策的制定提供可靠参考。此外，它还能为就业公平和社会保障政策制定提供有力依据，通过评价和分析不同群体的就业质量，能够清晰了解就业公平方面的不足，保障社会保障政策的公平与有效。

---

① 国家统计局：《中国统计年鉴 2024》，中国统计出版社，2024。
② 《中华人民共和国 2024 年国民经济和社会发展统计公报》。

对于企业管理而言，就业质量评价体系同样不可或缺。在人力资源管理决策支持上，企业能借此了解员工的需求和期望，为招聘、培训、薪酬福利、绩效管理等决策提供依据，并发现自身人力资源管理的问题，明确优化方向。在企业竞争力提升与战略规划方面，它能帮助企业明晰自身在就业质量方面的优劣势，通过对竞争对手的评估分析，制定竞争策略，提升竞争力，还能助力企业进行符合市场和员工发展需求的战略规划。在企业文化建设与员工关系管理方面，该体系可指导企业了解员工对企业文化的认同度和满意度，发现企业文化建设的问题，加强员工关系管理，提升员工满意度和忠诚度，促进企业和谐发展。

五、以人工智能构建就业质量评价体系的可持续发展策略

在就业市场中，人工智能不仅改变了招聘和绩效评估的方式，还为构建更加科学、公正的就业质量评价体系提供了新的可能性。然而，要实现这一目标，必须确保该体系具备可持续发展的特性。以人工智能构建就业质量评价体系的可持续发展策略主要有以下几点。

一是建立动态的数据更新机制。随着就业市场的快速变化，新的职业不断涌现，旧的职业也在经历转型或面临消失。因此，就业数据仓库不能一成不变，而是要确保数据能够及时反映这些变化。通过与政府就业部门、行业协会以及各类招聘平台等建立广泛的数据合作网络，定期收集、整理和更新数据，例如，每月或每季度获取最新的就业岗位信息、薪资水平、行业发展趋势数据等。同时，利用自动化的数据筛选和分类技术，快速将新数据融入已有的数据体系中，保证评价体系所依据的数据始终具有时效性和代表性。

二是注重算法的持续优化与创新。人工智能算法并非一劳永逸，随着数据量的增加和数据特征的演变，算法的性能可能会逐渐下降或出现偏差。一方面，持续关注机器学习、深度学习等领域的研究进展，及时引入新的算法模型或对现有算法进行改进。例如，当深度学习中的新型神经网络架构被证明在处理大规模、复杂数据方面具有优势时，考虑将其应用于就业质量评价模型中。另一方面，建立算法自我监测与调整系统，根据评价结果的准确性和可靠性反馈，自动对算法参数进行微调或触发深度优化流程，以适应不断变化的就业数据特征和评价需求。

三是加强人才培养与技术储备。人工智能在就业质量评价领域的可持

续发展离不开专业人才的支持。一方面，企业和相关机构应与高校、科研院所合作，开设针对性的专业课程和培训项目，培养既懂就业市场理论又掌握人工智能技术的复合型人才。例如，设立"人工智能与就业分析"专业方向，课程涵盖就业经济学、劳动法律法规、人工智能算法编程、数据挖掘与分析等多方面知识。另一方面，积极参与国内外人工智能与就业相关的学术交流活动、技术研讨会等，了解行业前沿动态，掌握最新技术发展趋势，提前布局技术研发和应用，为评价体系的持续升级奠定技术基础。

四是构建多方参与的协同治理机制。政府、企业、社会组织以及劳动者个体都是就业质量评价体系的利益相关者。政府应发挥政策引导和监管作用，制定相关法律法规和行业标准，确保评价体系的公平性、公正性和合法性。例如，规定数据使用的隐私保护标准、算法的透明度要求等。企业作为评价体系的主要使用者和数据提供者，要积极履行社会责任，遵循相关规定，同时为体系的优化提供实践经验和资源支持。社会组织如行业协会、工会等，可在协调各方利益、促进信息交流、提供专业咨询等方面发挥作用。劳动者个体也应被赋予一定的参与权和监督权，例如，可通过反馈机制对评价结果提出异议或建议，促使评价体系不断完善，从而保障各方在评价体系的可持续发展进程中实现共赢。

第二章　就业质量理论基础

第一节　就业质量的概念

一、起源与演变

（一）工业化早期的关注点

就业质量的概念起源于对劳动者权益的深刻关注，尤其在工业革命初期，劳动市场的主要焦点在于满足快速扩张的工业生产所需的劳动力供应。这一时期的劳动者权益保障主要集中在获得工作机会上，重点解决的是就业数量问题。社会结构正经历着从农业社会向工业社会的快速转型，大量劳动力从农村涌入城市，寻找新的生计途径。就业不仅是个人生存的基础，也成为维持社会稳定和发展的重要因素。

在工业化早期，工厂和企业通过提供基本工资来吸引工人，但这些工作岗位往往缺乏社会保障和福利待遇。工人们面临着艰苦的工作条件，长时间的劳动和微薄的薪资成为常态。然而，随着工会组织的兴起和社会意识的提高，人们开始更加关注劳动者的权益保护和工作环境的改善。劳工运动的蓬勃发展促使了一系列劳动法规的出台，如限制工作时间、提高最低工资标准以及引入工伤保险等措施。这些政策不仅改善了工人的工作环境，也提升了他们的生活质量，为后来的就业质量概念奠定了基础。

在 19 世纪末和 20 世纪初，西方国家的劳工运动取得了显著进展（韩飞，2011）。1919 年，国际劳工组织（ILO）的成立进一步促进了全球范围内劳动者权益的保护。ILO 通过制定国际劳动标准和推动各国政府实施相关法律，极大地改善了全球劳动者的处境。许多国家颁布了劳动法和劳动合同法，明确规定了雇主和雇员之间的权利和义务，确保了劳动者的合法权益得到保障。

早期的社会学家和经济学家也开始深入研究劳动市场中的不平等现象。马克思在其著作中分析了资本主义生产方式下劳动者的剥削问题，提出了剩余价值理论；韦伯则探讨了职业分化和社会阶层的关系，揭示了不同职业群体之间的权力差异。这些理论为理解就业质量提供了重要的思想资源，并促使社会各界更加重视劳动者的综合福祉。通过对历史文献的研究，我们可以看到，早期的学者们已经意识到，仅靠增加就业岗位并不能真正解决劳动者的困境，还需要从多个方面提升就业的质量。

（二）从数量到质量的转变

随着社会经济的发展，人们的认知逐渐发生转变，人们开始认识到工作的质量对于劳动者的生活质量和幸福感同样至关重要。特别是在知识经济兴起和全球化浪潮的影响下，就业质量的定义变得更加丰富和多元化。如今，它不仅涵盖工资、福利等物质保障，还涉及工作环境、职业发展机会和社会心理等多个方面。这种转变反映了社会进步和技术发展的双重影响，使得劳动者对工作的期望不再仅仅局限于基本的生存需求，而是追求更高的生活品质和更好的个人成长。

20世纪中叶以来，教育水平的提高和技术的进步改变了劳动者的职业选择和期望。他们不再满足于简单的生存需求，而是追求更高的生活质量和更好的个人发展。此时，关于就业质量的讨论逐渐扩展到工作满意度、职业成长路径以及工作与生活的平衡等方面。政府和社会各界也开始重视就业质量，政府出台了一系列政策和法规来保障劳动者的权益，促进就业市场的健康发展。例如，在发达国家，许多企业和组织开始实施员工关怀计划，提供灵活的工作时间安排、心理健康支持以及职业培训等服务。这些举措不仅提高了员工的工作效率和忠诚度，也为企业的长期发展打下了坚实的基础。

同时，一些新兴经济体也在借鉴国际经验，逐步完善自身的劳动法律法规体系，努力提升本国的就业质量水平。信息技术的快速发展极大地改变了传统的雇佣关系和工作模式。远程办公、自由职业者平台以及共享经济等形式的出现，使得劳动者有了更多选择空间，同时也带来了新的挑战。如何在这些新型就业形式中保障劳动者的权益，提升其就业质量，是当前亟待解决的问题之一。

全球化背景下跨国公司的崛起也对就业质量产生了深远影响。跨国公司通常拥有更先进的管理经验和更为完善的福利制度，它们进入新兴市场后，不仅带来了资本和技术，也传播了现代化的管理模式和企业文化。这促使当地企业在竞争压力下不断提升自身的管理水平和就业质量，从而推动了整个社会就业质量的提升。总之，从单纯的数量追求到全面的质量关注，反映了社会经济发展的必然趋势，也为未来的就业质量研究提供了丰富的素材和广阔的前景。

二、就业质量的内涵

（一）劳动者权益与隐性契约

就业质量不仅体现在显性的经济报酬和社会保障上，还深深植根于劳动者与雇主之间的隐性契约之中。这种契约涵盖了从合理报酬到良好工作条件的多个方面，是劳动者权益的重要体现。从契约理论的角度来看，就业质量反映了劳动者与雇主之间基于信任和承诺建立的关系，这些关系超越了简单的合同条款，涉及双方对彼此期望的理解和尊重（张子良，2007）。

在现代劳动市场中，隐性契约的重要性愈发凸显。合理的工资水平不仅应当反映劳动者的技能和贡献，还应当考虑到其生活成本的变化和个人发展的需求。企业提供的福利待遇，如医疗保险、养老保险、住房补贴等，为劳动者提供了额外的安全网，在面对健康问题或退休时可以为劳动者提供必要的支持。此外，良好的工作环境——包括物理环境和人际关系——也是隐性契约的一部分。一个安全、舒适且和谐的工作场所能够显著提高员工的工作满意度和生产力，进而增强企业的竞争力。

值得注意的是，隐性契约的履行依赖于双方的信任和透明度。雇主应当通过明确的沟通渠道和公平的政策来确保劳动者了解并认同企业的价值观和发展方向。同时，劳动者也应积极履行自己的职责，遵守职业道德，共同维护良好的工作氛围。当隐性契约得到充分尊重和执行时，不仅可以提升个体的工作体验，还能促进整个组织的健康发展。

社会学研究表明，隐性契约的质量直接影响到劳动者的忠诚度和归属感。那些感受到被尊重和支持的员工更有可能长期留在企业，并愿意为企业的发展贡献自己的力量。相反，如果隐性契约遭到破坏，如频繁的加班、不公平的晋升机会或缺乏职业发展路径，那么员工可能会感到失望甚至愤怒，从而影响他们的工作效率和心理健康。因此，维护良好的隐性契约不仅是道德责任，更是企业长远发展的战略选择。

（二）社会公平与资源分配

就业质量是社会公平程度和社会结构合理性在就业领域的映射。高就业质量意味着劳动者在社会资源分配中能获得公平对待，这不仅体现在合理的工资水平和福利待遇上，还包括平等的工作机会、公正的职业发展路径以及安全的工作环境等方面。在一个公平的社会中，每个人都有机会凭借自身的能力和努力获得相应的回报，而不受性别、种族、地域等因素的影响。

社会公平的核心在于资源的合理分配，以及确保每个劳动者都能享有基本的生活保障和发展机会。从福利经济学的角度来看，稳定的就业和良好的收入分配能够增加社会福利，减少社会矛盾，增强社会凝聚力。例如，政府可以通过制定最低工资标准、提供失业救济金、推动再就业培训等方式，帮助弱势群体改善其就业状况，缩小贫富差距。这些措施不仅有助于减少贫困现象，还能促进社会的整体稳定和发展。

除了政府的作用外，企业也在社会公平中扮演着重要角色。现代企业越来越意识到社会责任的重要性，许多公司开始将公平就业作为企业文化的一部分，致力于消除职场歧视，给每一位员工提供平等的机会。例如，一些跨国公司在全球范围内推行多元化和平等机会政策，确保不同背景的员工都能在同一个平台上竞争和成长。这种做法不仅提升了企业的形象，也为社会树立了正面榜样。

社会公平还体现在职业的社会地位和认可度上。某些职业由于其高度的专业性和较大的社会贡献而受到广泛尊重，从业者也因此获得了更高的职业荣誉感和成就感。这种社会认可不仅增强了个人的自信心和工作热情，还激励更多的人投身于这些领域，从而形成良性循环。例如，医生、教师等职业因其对社会福祉的巨大贡献而备受尊敬，吸引了大量优秀人才加入。然而，对于一些传统上认为是"低层次"的工作，如清洁工、保安等，社会也应该给予其足够的重视和支持，通过改善工作条件和提高待遇来提升其社会地位。

总之，就业质量中的社会公平维度不仅关乎个体的幸福和发展，更关系到整个社会的和谐与进步。只有当每个人都能够在公平的环境中实现自身的价值时，社会才能真正实现可持续发展。

（三）经济与社会发展的联系

高就业质量不仅对个人和家庭有着深远影响，还直接促进了经济和社会的全面发展（苏丽锋 等，2018）。从宏观经济学的角度来看，稳定的就业和合理的收入分配是经济增长的重要驱动力。稳定的就业保障了劳动者的持续收入来源，提高了消费信心，进而带动了消费市场的繁荣。良好的福利待遇减轻了劳动者的后顾之忧，促进了消费升级，形成了良性的经济循环。

高就业质量能够吸引人才，促进产业升级。在全球化竞争时代，人才是核心资源。高就业质量地区如强大磁石吸引优秀人才，优秀人才带来知识、技能、创新思维和活力，推动技术和管理创新，促进产业升级转型。科技发达城市凭借良好的就业环境、优厚的待遇和广阔的发展空间吸引高科技人才，在前沿领域取得突破，提升产业竞争力和经济实力。产业升级又创造更多高质量岗位，形成人才与产业相互促进的良好局面，为经济可持续发展奠定基础。

综上所述，就业质量不仅是衡量个人生活质量的关键指标，也是推动社会经济全面发展的关键因素。提升就业质量，可以实现个人、企业和国家的共赢局面，为未来的可持续发展注入强大动力。

三、就业质量的重要性

（一）对个人的影响

高就业质量对个人的生活质量和幸福感有着深远影响。稳定且丰厚的收入是生活的坚实保障。良好的工资待遇使劳动者能够满足基本生活需求，同时追求更高层次的生活享受，如优质的教育、舒适的居住环境以及丰富的文化娱乐活动等。完善的福利体系，包括医疗保险、养老保险和住房补贴等，为劳动者及其家庭提供了额外的安全网，减轻了其面对突发状况时的经济压力。

职业发展机会对于个人成长至关重要。在一个重视员工发展的企业中，丰富的培训资源如同知识的源泉，为员工个人提供学习新技能、拓宽视野的机会。多元化的晋升渠道则像通往成功的阶梯，激励着个人不断努力，追求更高的职业目标。这种职业上的进步感和成就感极大地激发了个人的工作热情和创造力，促进了其职业生涯的长远发展。与此同时，工作与生活的平衡也变得愈发重要。合理安排工作时间，让人们能够在忙碌的职业生涯之外，拥有足够的时间陪伴家人、发展兴趣爱好，缓解工作带来的压力，提升整体幸福感。

就业质量对劳动者心理层面的影响同样不可忽视。一份具有挑战性和乐趣的工作能够让劳动者感受到自我价值的实现，增强其自信心和归属感。当工作环境和谐、人际关系融洽时，劳动者更容易产生积极的工作态度，进而提高工作效率和质量。相反，若劳动者长期处于高压或不满意的环境中，可能会导致其身心疲惫，并产生焦虑和压抑情绪，从而影响个人的心理健康和生活质量。因此，就业质量不仅是物质上的保障，更是精神上的支持，二者相辅相成，共同塑造了劳动者全面的生活体验。

（二）对社会的影响

从社会的角度来看，高就业质量是构建和谐社会的重要基石。稳定的就业为人们提供了可靠的生活保障，减少了因失业引发的社会不安定因素。合理的收入分配和社会保障体系有助于缩小贫富差距，促进社会公平。一个公平的就业市场能够确保每个人凭借自身的能力和努力获得相应的回报，而不受到性别、种族或地域等因素的限制。这不仅提升了劳动者的认同感和归属感，也增强了整个社会的凝聚力和稳定性。

高就业质量有助于推动社会的整体进步。高素质的劳动者在良好的工作环境中不断提升自己的专业素养和综合能力，为企业和社会创造更多价值。他们积极参与社会活动，传播正能量，带动身边人共同进步，形成良性循环。例如，在一些高科技产业园区，劳动者展现出创新精神和团队合作能力，积极参与文化、环保等公益活动，营造了积极向上的社会氛围。这种现象不仅提高了个体的职业素养，也提升了整个社会的文化和技术水平，促进了社会的全面发展。

高就业质量可以减少社会矛盾和冲突。当劳动者感到自己的权益得到充分保护时，他们更有可能以积极的态度面对工作和生活中的挑战，减少因不满而产生的消极行为。政府和社会各界通过制定和完善相关政策，确保每一个劳动者都能享有公平的机会和发展空间，这对于维护社会稳定、促进社会和谐具有重要意义。

（三）全球视角下的就业质量

国际劳工组织在其《世界就业和社会展望 2023 年趋势》报告中指出，就业质量是一个内涵丰富的多维度概念，它涵盖了从劳动者物质层面的工资、福利，到精神层面的工作满意度、职业发展机会等多个方面。该报告通过收集全球各国大量详实的就业数据，如不同行业的工资水平、福利类型占比，以及案例分析，深入阐述了就业质量各维度在不同国家和地区的表现及影响因素，为理解就业质量的复杂性提供了全面视角。

通过对某发达国家高技能行业和某发展中国家劳动密集型行业的就业质量的对比，报告揭示了不同经济发展水平下就业质量的差异。在高技能行业中，劳动者通常享有较高的工资和较好的福利待遇，其职业发展机会丰富，工作满意度较高；而在劳动密集型行业中，尽管劳动者的工资较低，但稳定的工作环境和社区支持网络可以弥补部分不足。这种对比分析不仅展示了不同背景下就业质量的具体表现，也为各国政策制定提供了宝贵的参考依据。

在经济学领域，希克斯在其《工资理论》一书中提到："工资水平不仅仅是一个数字，它与劳动者的职业发展路径紧密相连，共同影响着劳动者的福利水平。合理的工资决定机制应考虑到劳动者技能提升带来的价值增加，而职业发展机会的多寡又会反作用于工资的增长和劳动者整体福利状况。"这种理论从经济学原理出发，分析了工资决定机制、职业发展路径与劳动者福利之间的内在联系，进一步论证了就业质量各要素在经济分析中的合理性。

庇古在《福利经济学》中提到："稳定的就业如同经济大厦的基石，合理的收入分配则是大厦的框架，二者共同构建了社会福利的整体。稳定就业确保了劳动者持续获得收入，而合理的收入分配能使资源得到更有效的利用，从而提高整个社会的福利水平。当就业质量中的稳定就业和合理报酬因素得到保障时，劳动者个体福利得以提升，进而通过消费、生产等环节促进整个社会福利水平的提高。"其从宏观经济福利的角度，阐述了就业质量中稳定就业和合理报酬因素如何通过影响个体福利进而作用于整个社会福利水平，为就业质量与社会福利之间的关系提供了坚实的理论依据。

涂尔干在《社会分工论》中提到："在社会结构中，就业作为个体与社会联系的重要纽带，其相关因素如工作性质、职业地位等，影响着社会成员价值观念的形成和行为规范的遵循。例如，具有高度专业性和社会认可度的职业往往促使从业者形成更高的职业道德标准和社会责任感。"其通过对社会结构和社会秩序的分析，揭示了就业质量如何在社会层面影响个体与社会的互动关系，侧面印证了就业质量在社会整合方面的重要意义。

综上所述，就业质量高低通常可以理解为从业者与生产资料结合并获得报酬或收入情况的优劣程度，这一定义从更宽泛的经济生产角度，将就业质量与生产要素的配置和回报联系起来，进一步丰富了就业质量的内涵。例如，在不同产业结构下，资本密集型产业和劳动密集型产业中劳动者与生产资料结合的方式不同，所获得的报酬和收入情况存在差异，这种差异体现了就业质量在不同产业环境中的不同表现。

第二节　就业质量的衡量指标

一、国际劳工组织（ILO）的指标

国际劳工组织（ILO）是联合国系统内负责劳动问题的专门机构，其宗旨是促进充分就业和提高生活水平，从而促进劳工条件的改善。ILO 通过一系列全面的指标来衡量就业质量，这些指标涵盖了劳动者的工作收入、工作环境、个人发展前景和对工作的满意程度等多个维度（翁仁木，2016）。

（一）劳动参与率（labour force participation rate）

劳动参与率是国际劳工组织衡量就业市场的一个关键指标，它反映了一个国家或地区劳动力资源利用的总体状况以及经济活动人口在总人口中所占的比例。其计算公式为

$$\text{劳动参与率} = (\text{劳动力人口}/\text{劳动年龄人口}) \times 100\% \quad (2\text{-}1)$$

其中，劳动力人口是指所有在劳动年龄范围内（通常为 15~64 岁），有工作意愿且正在寻找工作或已经就业的人口；劳动年龄人口则是指处于该工作年龄范围内的全部人口。

如表 2-1 所示，在过去十年中，全球劳动参与率平均下降了 0.8 个百分点。与全球趋势相反，中等偏下收入国家和高收入国家的女性劳动参与率有所上升。若非人口结构的变化，全球劳动参与率在过去十年里会上升 0.1%。

表 2-1   2014—2024 年全球劳动参与率变化   单位:%

		全球	低收入国家	中等偏下收入国家	中等偏上收入国家	高收入国家
所有性别	合计	-0.8	-4.3	1.0	-2.5	0.9
	15~24 岁	-2.6	-5.2	-1.6	-4.3	2.1
	25~54 岁	0.5	-4.4	2.6	-0.2	2.2
	55~64 岁	2.3	-4.2	0.7	1.8	7.2
	65 岁及以上	0.9	-3.1	-1.5	0.8	2.3
女	合计	0.2	-5.3	3.2	-1.6	1.9
	15~24 岁	-1.5	-6.4	0.6	-3.7	2.6
	25~54 岁	1.7	-5.3	5.2	1.3	4.1
	55~64 岁	3.5	-4.9	2.9	3.0	8.7
	65 岁及以上	1.6	-2.2	0.3	1.7	2.2
男	合计	-2.0	-3.3	-1.2	-3.5	-0.3
	15~24 岁	-3.5	-4.0	-3.7	-4.9	1.8
	25~54 岁	-0.8	-3.5	0.0	-1.8	0.5
	55~64 岁	0.9	-3.6	-1.6	0.3	5.5
	65 岁及以上	-0.2	-4.2	-4.1	-0.4	2.3

注:数据来自国际劳工组织《世界就业和社会展望》报告。

　　劳动参与率对评估就业市场活跃度和经济发展潜力十分重要,较高的劳动参与率可以促进经济增长。从社会分层与流动理论来看,性别和地区差异影响着不同群体在社会分层中的位置和流动机会,因此政策制定者应关注不同群体和地区需求,制定有针对性的政策。例如,针对女性劳动者可提供培训等,针对低劳动参与率地区可加大扶持力度、提供就业岗位和教育资源等。

　　(二)失业率(unemployment rate)

　　失业率是衡量就业市场状况的另一个重要指标,它反映了劳动力市场中未就业但正在积极寻找工作的人口占总劳动年龄人口的比例。其计算公式为

$$失业率=(失业人口/劳动力人口)×100\% \qquad (2-2)$$

其中，失业人口是指在劳动年龄范围内，虽然目前没有工作，但其有工作能力且愿意工作，并正在积极寻找工作的人口；劳动力人口则是指就业人口与失业人口之和。

从表2-2可以看出，不同地区之间失业率存在较大差异。例如，2019年阿拉伯国家的失业率为8.2%，明显高于亚洲和太平洋地区（4.3%）。这种差异可能与各地区的经济结构、产业发展水平以及政策环境等因素有关。2024年，非洲地区失业率仍处于较高水平，而亚洲和太平洋地区失业率则相对较低。这表明不同地区在应对经济挑战和促进就业方面的能力和成效存在差异。从2019年到2020年，由于疫情冲击，全球及各地区失业率普遍上升，之后部分地区失业率在2022年和2023年有所下降，但到2024年，全球失业率基本持平。这反映了全球经济的不确定性以及就业市场的不稳定性。不同地区在不同时间点的失业率变化也反映了其经济复苏的节奏和面临的挑战不同。

表2-2　全球及部分地区失业率（2019—2024年）　　　单位:%

地区	2019 年	2020 年	2021 年	2022 年	2023 年	2024 年
全球	5.4	6.6	6.2	5.9	5.1	5.0
非洲	7.0	7.8	7.9	8.0	8.1	8.2
美洲	6.4	9.3	8.3	7.4	6.5	6.0
阿拉伯国家	8.2	9.5	9.4	9.2	9.3	9.3
亚洲和太平洋地区	4.3	5.4	5.0	4.6	4.5	4.4
欧洲和中亚	6.6	7.1	6.9	6.7	6.5	6.3

注：数据来自国际劳工组织官网。

失业率在就业市场评估中意义重大。高失业率意味着劳动力供需失衡，劳动者压力大、风险高，易致社会不稳定。同时，从宏观调控来看，失业率是政府制定经济与就业政策的重要依据。政府可运用财政、货币及产业政策调节失业率，例如，加大基建投资、提供职业培训等；针对不同地区的失业率差异，可以出台具有针对性的政策，以促进就业公平，降低失业率。

（三）工作贫困率（working poverty rate）

工作贫困率是指在劳动力市场中，收入低于国家贫困线的工作者占总就业人口的比例。

从图 2-1 中可以明显看出，不同地区的工作贫困率存在较大差异。其中，非洲地区各年份的工作贫困率最高，反映出该地区经济发展水平相对较低，就业机会不足且收入分配不均。欧洲和中亚地区各年份的工作贫困率最低，这得益于其较为发达的经济和完善的社会保障体系。美洲及亚洲和太平洋地区处于中间水平，但其也存在一定差距。

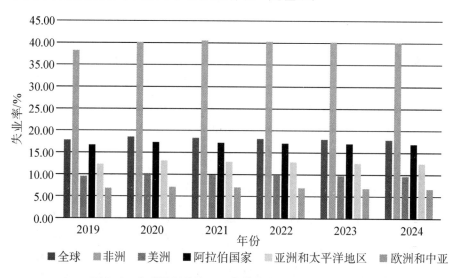

图 2-1　全球及部分地区工作贫困率（2019—2024 年）

（数据来源：国际劳工组织官网）

工作贫困率反映了劳动者的收入状况和生活质量，对于评估就业质量和社会公平具有重要意义。高工作贫困率意味着大量劳动者在工作中仍然无法摆脱贫困，在生活中面临较大压力。就社会救助理论而言，政府和社会应关注工作贫困问题，采取措施提高劳动者收入，改善就业质量，如加强职业培训，提高最低工资标准，完善社会保障体系等，以减少工作贫困现象，促进社会公平与稳定。

（四）非正规就业率（informal employment rate）

非正规就业是指那些缺乏社会保障、工作条件不稳定、收入不稳定的就业形式，包括街头商贩、家庭作坊工人等。由于非正规就业缺乏社会保障、工作条件不稳定且收入不稳定，一方面可能会对劳动者造成经济和心理压力，影响其职业发展；另一方面可能会影响社会经济发展，增加社会保障体系压力并引发社会不稳定。

从图 2-2 可以看出，不同地区的非正规就业率存在较大差异。非洲地区非正规就业率较高，2024 年仍高达 83.0%，这反映出该地区经济发展水平相对较低，正规就业机会稀缺，大量劳动者不得不从事非正规就业以维持生计。欧洲和中亚地区非正规就业率最低，2024 年为 21.5%，这得益于该地区较为发达的经济和完善的劳动法规及社会保障体系，能够为劳动者提供更多正规就业岗位和稳定的工作环境。美洲、阿拉伯国家以及亚洲和太平洋地区处于中间水平，但其彼此之间也存在较大差异。美洲地区经济相对较为发达，但在 2024 年，其非正规就业率仍有 40.5%，这可能与美洲地区部分国家的经济结构和劳动力市场特点有关。阿拉伯国家以及亚洲和太平洋地区非正规就业率较高，2024 年分别为 66.0% 和 63.5%，这反映出这些地区在经济发展过程中面临着就业正规化的挑战。

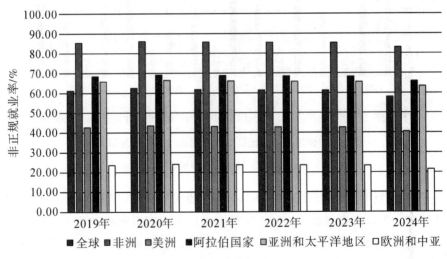

图 2-2　全球及部分地区非正规就业率（2019—2024 年）

（数据来源：国际劳工组织官网）

从 2019 年到 2024 年，全球及各地区非正规就业率在 60% 左右波动，这表明全球劳动力市场的正规化进程较为缓慢，非正规就业问题依然严峻。部分地区在某些年份可能会出现非正规就业率的小幅上升或下降，这可能与经济形势、政策调整等因素密切相关。

非正规就业率是衡量就业市场正规化程度和劳动者就业安全的重要指标。高非正规就业率意味着大量劳动者缺乏社会保障、工作条件不稳定，面临较大的就业风险和生活压力。政府和社会应高度关注非正规就业问题，采取有效措施促进就业正规化，如加强劳动法规执行力度、扩大社会保障覆盖范围、推动产业升级以创造更多正规就业机会等，以提高劳动者的就业质量和生活水平，促进经济社会的可持续发展。

（五）劳动生产率（labour productivity）

劳动生产率是指单位劳动力在一定时期内创造的经济价值。用"美元/人"来衡量时，就是以美元为单位计量的经济产出（如国内生产总值等）除以劳动力人数，得到的结果反映了平均每人在一定时期内创造的以美元计价的经济价值。

从图2-3可以看出，发达地区和发展中地区的劳动生产率存在较大差距。发达地区凭借先进的技术、完善的基础设施和高素质的劳动力，其劳动生产率高于发展中地区。发展中地区的劳动生产率呈现出逐步上升的趋势，表明发展中地区在经济发展和劳动力素质提升方面取得了一定的进步。全球劳动生产率整体呈现出稳步上升的趋势，尽管在2020年因受到一些外部因素的影响略有下降，但随后逐步恢复并持续增长。从数据变化幅度来看，发达地区与发展中地区劳动生产率增长态势趋近，均保持一定增速，这反映出发展中地区在追赶发达地区的过程中，不断加大对技术创新、教育和培训的投入，以提高劳动市场的效率和劳动者的生产力。

劳动生产率是评估劳动市场效率和劳动者生产力的关键指标。高劳动生产率意味着单位劳动力能够创造出更多的经济价值，这对于提高国家的经济竞争力、改善劳动者的生活水平和促进可持续发展具有重要意义。从经济增长理论来看，政府和企业应采取有效措施提高劳动生产率，如加大对科技创新的投入、提升劳动力素质、优化产业结构等，以实现经济的高质量发展。

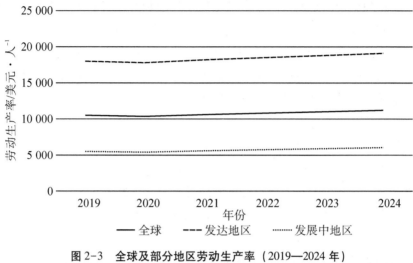

图 2-3 全球及部分地区劳动生产率（2019—2024 年）

（数据来源：国际劳工组织官网整理）

二、欧盟就业质量指标

欧盟统计局（Eurostat）是欧盟的官方统计机构，负责收集、处理和发布欧盟成员国的统计数据。在就业质量方面，Eurostat 提供了一系列的指标，包括就业率、长期失业率、青年失业率等，以监测和评估欧盟成员国的就业状况（中国就业促进会就业质量研究项目组，2016）。

（一）就业率（employment rate）

就业率是指在一定时期内，处于就业状态的人数占总劳动年龄人口的比例。就业率反映了劳动力市场的活跃程度和就业机会的多寡，用百分比来衡量时，其计算公式为

$$就业率＝（就业人口/总劳动年龄人口）×100\% \qquad (2-3)$$

表 2-3 清晰地呈现出欧盟不同国家之间就业率存在显著差异。Eurostat 对欧盟成员国不同性别、不同年龄组的就业率进行监测，为评估欧盟就业市场状况提供了重要依据。其中，荷兰以高达 83.5% 的就业率在欧盟中处于领先地位，瑞典、丹麦等国的就业率也较为突出，而希腊的就业率为 66.3%，意大利的就业率为 67.8%，相对较低。从性别角度来看，2023 年欧元区 15~64 岁男性的就业率为 74.8%，女性的就业率为 65.2%。这一差距在一定程度上反映了传统性别角色观念在就业市场中的影响，如男性在

一些行业中仍具有优势。不过，随着社会的进步和性别平等观念的推广，女性的就业机会逐渐增加，女性就业率也在稳步提升。从年龄角度来看，年轻人（15~24 岁）的就业率相对较低，通常不到 40%，这主要是因为他们缺乏工作经验和专业技能，同时面临着激烈的竞争；中年人群（25~54 岁）的就业率较高，一般在 80% 左右，这主要是因为他们具有丰富的工作经验和稳定的职业发展。老年人群（55~64 岁）因受到其身体状况和退休政策等因素的影响，其就业率在 70% 左右。

表 2-3　2023 年欧盟部分国家就业率　　　　单位:%

国家/地区	年龄				性别	
	15~64 岁	15~24 岁	25~54 岁	55~64 岁	男性	女性
欧元区	70	—	—	—	74.8	65.2
荷兰	83.5	38.2	85.8	74.6	84.8	82.3
瑞典	82.8	37.5	85.2	73.2	84.2	81.4
丹麦	82.1	36.8	84.6	72.5	83.7	80.8
德国	81.6	36.1	84.1	71.8	83.2	80.3
法国	78.9	34.7	82.3	69.3	81.4	77.4
意大利	67.8	31.5	75.2	63.8	71.2	64.6
西班牙	71.5	33.1	78.7	66.4	73.8	69.2
希腊	66.3	29.8	73.8	61.7	70.5	62.9

注：数据来自 Eurostat 官方网站。

就业率是评估欧盟劳动力市场状况和经济发展的重要指标。高就业率意味着更多的人能够参与经济活动，为经济增长作出贡献，同时也能提高劳动者的收入水平和生活质量。从社会救助角度来看，应对低就业率应采取有效措施促进就业，例如：进一步加强教育和职业培训，提高劳动力的素质和技能水平；大力推动性别平等，为女性创造更多的就业机会；密切关注年轻人和老年人群的就业需求，制定有针对性的政策措施，以实现就业市场的稳定和可持续发展。

（二）长期失业率（long-term unemployment rate）

长期失业率是指失业一年以上的人数占总劳动年龄人口的比例。这一指标反映了就业市场的灵活性和劳动者的就业稳定性。

从图 2-4 中可见，德国的长期失业率一直较低，如 2023 年为 1.0%，这得益于德国强大的制造业及完善的职业教育体系，可以为劳动者提供稳定岗位并提升其竞争力。法国的长期失业率处于中等水平，如 2023 年为 1.8%，虽然法国的经济呈现多元化，但传统产业转型仍给法国经济带来了一定压力。而意大利、西班牙和希腊的长期失业率较高，以 2023 年为例，分别为 4.2%、4.3% 和 6.2%，主要因为这些国家在经济危机中受创严重，经济复苏缓慢，就业市场灵活性不足。

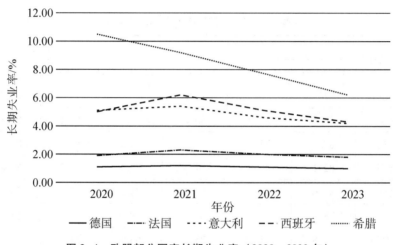

图 2-4 欧盟部分国家长期失业率（2020—2023 年）

（数据来源：Eurostat 官方网站）

总体而言，多数国家的长期失业率在近几年呈现出下降趋势。例如，意大利的长期失业率从 2020 年的 5.1% 下降到 4.2%，西班牙的长期失业率从 5.0% 下降到 4.3%，希腊的长期失业率从 10.5% 下降到 6.2%。这表明欧盟各国采取的经济刺激措施和就业政策逐渐发挥作用，其经济增长带动了就业机会的增加，同时职业培训和再就业项目也在一定程度上帮助了长期失业者重新融入劳动力市场。然而，降低长期失业率仍然面临诸多挑战，如经济增长的不确定性、技术变革对传统就业岗位的冲击以及劳动力市场的结构性问题等。

长期失业率高意味着大量劳动力资源被闲置，无法为经济增长作出贡献。这不仅降低了潜在的经济产出，还可能导致消费需求不足，进一步影响经济的复苏和发展。从社会排斥理论来看，长期失业者可能依赖社会福利体系，增加政府的财政负担。政府需要投入更多的资金用于失业救济、培训等方面，从而影响财政的可持续性。长期失业可能会给劳动者个人及家庭带来严重的心理压力并导致其经济困难，失业者可能面临自尊心受损、焦虑、抑郁等心理问题，同时家庭收入减少也会影响生活质量和子女教育。长期失业率高可能引发社会不稳定因素，长期失业者可能会对社会产生不满情绪，增加社会矛盾和冲突的风险。

（三）青年失业率（youth unemployment rate）

青年失业率是指 15 岁至 24 岁年龄段的失业人数占该年龄段总劳动年龄人口的比例。这一指标反映了年轻一代的就业状况和未来劳动力市场的潜力。

从图 2-5 可以看出，意大利的青年失业率在这几个国家中一直处于较高水平，2017 年高达 34.6%，之后虽有一定程度的下降，但降幅相对较小，2023 年仍高达 22.7%。这可能是由于意大利经济结构相对单一，传统产业占比较大，在面对全球经济变化和技术革新时，其转型较为困难，为青年提供的就业岗位有限。同时，意大利的就业市场灵活性不足，劳动力流动受到一定限制，也使得青年的就业机会减少。

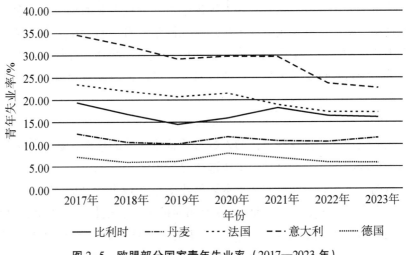

图 2-5 欧盟部分国家青年失业率（2017—2023 年）

（数据来源：Eurostat 官方网站）

德国的青年失业率一直保持在较低水平，2023 年为 5.9%。这主要得益于德国强大的工业基础，其制造业发达，能够提供大量稳定的就业岗位。此外，德国完善的职业教育体系，使青年在就业前就具备了一定的职业技能和实践经验，这增强了他们在劳动力市场上的竞争力，从而有效降低了失业率。

法国的青年失业率相对较高，2023年为17.2%。虽然法国经济多元化，但在产业结构调整过程中，一些传统产业面临困境，新兴产业的发展尚未能充分吸纳就业。同时，法国的劳动法规相对严格，企业在招聘和裁员方面面临较高成本和一定限制，这在一定程度上影响了企业对青年劳动力的吸纳。

丹麦的青年失业率在中等水平波动，2017年为12.4%，2023年为11.5%。这可能与丹麦的经济规模相对较小，受外部经济环境影响较大有关。同时，丹麦的就业政策和社会保障体系在一定程度上可能对青年就业积极性产生影响。

比利时的青年失业率也呈现出一定的波动，2017年为19.4%，2023年为16.1%。其经济结构和就业政策的调整可能是导致青年失业率波动的原因之一。

青年失业率是一个关键的经济和社会指标，反映了青年群体的就业机会和经济融入程度。高青年失业率可能导致年轻人经济上的困难，影响其生活质量和未来发展。从社会冲突理论来看，大量失业的青年可能会产生不满情绪，对社会的安定造成影响。从经济角度看，高青年失业率意味着劳动力资源的浪费，会影响经济的长期增长潜力。此外，青年失业率还能为政策制定者提供决策依据，促使政府采取措施来改善青年就业状况，如加强职业教育、提供就业培训和创业支持等。

（四）兼职就业率（part-time employment rate）

兼职就业率是指兼职工作的人数占总就业人数的比例，这一指标反映了劳动市场的多样性和劳动者工作选择的多元化。

从图2-6可以看出，丹麦的兼职就业率在2019年至2022年相对稳定，均保持在20%左右，其在2023年则有明显的上升，增长了1.1个百分点，这可能意味着丹麦的劳动市场在这一年对于兼职工作的需求有了显著增加，或者是相关政策的推动使得更多人选择兼职工作。

德国的兼职就业率在这几年间波动较小，一直维持在27%~28%，表明德国的劳动市场对于兼职工作的需求相对稳定，没有出现较大的变化。

希腊的兼职就业率呈现出持续下降的趋势，从2019年的9.20%下降到2023年7.20%，下降了2个百分点，这可能反映出希腊的经济形势或者劳动市场结构对于兼职工作的支持力度在减弱。

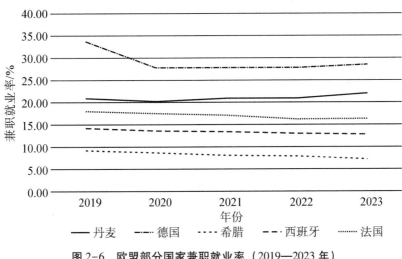

图 2-6　欧盟部分国家兼职就业率（2019—2023 年）

（数据来源：Eurostat 官方网站）

西班牙的兼职就业率也在逐步下降，从 2019 年的 14.20% 降至 2023 年的 12.80%，这表明西班牙的劳动市场可能在调整，对于兼职工作的需求有所减少。

法国的兼职就业率同样呈下降态势，从 2019 年的 18.00% 下降到 2023 年的 16.30%，这或许与法国的经济发展、产业结构调整以及劳动政策等因素有关。

较高的兼职就业率表明劳动市场提供了多种工作形式，满足了不同人群的需求，包括那些希望在工作之余追求其他兴趣或照顾家庭的人，为劳动者提供了更多灵活的就业机会，使他们能够根据自身情况调整工作时间和强度。从劳动力市场理论来看，兼职就业率一定程度上反映了经济的活力和适应性，较高的兼职就业率能够适应不同的市场需求和变化。一方面，在就业形势紧张时，兼职工作可以为一部分人提供收入来源，缓解就业压力。另一方面，兼职工作可以使劳动者能够在不同的工作中积累经验和技能，提高自身的就业竞争力，促进人力资源的优化配置。

三、其他重要指标介绍

除了国际劳工组织（ILO）和欧盟提出的就业质量指标外，还有许多其他组织和学者从不同角度提出了反映就业质量的多个方面的重要指标（张小建 等，2014）。这些指标不仅涵盖了劳动者的主观感受（工作满意度），还涉及工作稳定性、职业发展前景、工作与生活平衡和社会保障覆盖率等多个维度。

（一）工作满意度

工作满意度是衡量劳动者对工作内容、工作环境和工作条件满意程度的关键指标。这一指标反映了劳动者的主观体验和工作幸福感，对于全面了解就业质量至关重要。当劳动者对工作感到满意时，他们的心理和生理更可能处于健康状态，有利于劳动者增强抗压能力，减少焦虑和抑郁等心理问题的发生，降低因工作导致的健康风险。

工作满意度高还会促使劳动者更加投入工作，不断提升自身能力，从而增加其获得晋升和加薪的机会。研究发现，工作满意度高的员工在职位晋升和薪资增长方面表现更为出色，且其通常具有更高的工作效率和更低的缺勤率，更愿意为企业付出额外的努力，并积极参与团队合作，创造更多价值。这不仅可以提升企业的绩效和竞争力，也可以增强企业的声誉，能够吸引更多优秀人才加入。

从社会角度来看，较高的工作满意度有助于社会的稳定与和谐。工作满意度高的劳动者在工作中更能获得成就感和满足感，更有可能积极参与社会公益活动，为社会的发展贡献力量。同时，工作满意度高也能减少因工作不满而引发的社会矛盾和冲突。为了准确测量工作满意度，研究者们采用了问卷调查、访谈和观察等多种方法，涵盖工作的趣味性、挑战性、薪酬公平性、领导风格、同事关系等方面，通过对大量样本的调查和分析，得出具有代表性的结论。

（二）工作稳定性

工作稳定性反映了劳动者对工作的安全感和对就业前景的预期。经济学的风险偏好理论表明，不同劳动者对工作稳定性的需求因个人风险偏好而异。从社会角色理论来看，工作稳定性对于劳动者履行家庭和社会责任有着重要意义。例如，在制造业中，约70%的员工认为自己的工作稳定，因为该行业成熟且市场需求稳定；而在互联网行业中，由于竞争和技术迭代的影响，仅45%的从业者认为自己的工作稳定良好。宏观经济环境的变化会显著影响工作稳定性，经济繁荣期的工作稳定性较高，经济衰退期的工作稳定性则面临更大挑战。

对劳动者而言，工作稳定不仅意味着稳定的收入，便于劳动者规划财务和生活，如购房、子女教育等，还能减轻劳动者的心理焦虑，使其保持积极心态，利于积累经验、提升技能，促进职业发展。对企业而言，员工稳定可以减少招聘和培训成本，提高工作效率和质量，因为稳定的员工更熟悉企业文化和业务，其忠诚度高，更愿意为企业长期发展出力。衡量工作稳定性需综合考虑多种因素，如劳动合同期限、企业经营状况和行业发展趋势。合同期限较长和盈利良好的企业通常会提供更稳定的工作环境，传统基础性行业如制造业、能源业等的工作稳定性较高，而新兴行业如互联网等的工作稳定性则较低。

（三）职业发展前景

职业发展前景是指劳动者在当前工作中获得技能提升、职位晋升和职业发展的机会。这一指标反映了劳动者的职业规划和发展前景，是衡量就业质量的重要标准。良好的职业发展前景是劳动者强大的动力源泉。当劳动者能清晰看到技能提升、职位晋升和职业道路拓展的可能性时，会以更饱满的热情投入工作，并力求突破。这不仅能让劳动者积累更多专业技能，增强其在行业中的竞争力，还能为劳动者带来更丰厚的经济回报和更高的社会认可度。

吸引和留住顶尖人才的关键在于重视员工的职业发展。一个注重员工成长的企业能营造积极向上的工作环境，增强员工的归属感，从而提升整体绩效。评估职业发展前景时，企业需考量培训机会、晋升路径以及行业发展趋势。高科技行业的员工与传统劳动密集型企业的员工对职业发展前景的态度差异反映了不同行业在提供职业发展机会上的区别。只有通过优化职业发展支持，企业才可能在竞争激烈的市场中占据优势，从而吸引更多优秀人才的加入。

（四）工作与生活平衡

工作与生活平衡是指劳动者在工作和个人生活之间达到平衡的能力。这一指标反映了劳动者的生活质量和工作、生活满意度，在快节奏的社会环境中显得尤为重要。在一些高度重视员工福利和推行人性化管理的企业里，大多数员工表示能够较好地实现工作与生活平衡。然而，在某些竞争激烈、工作强度极大的行业，如金融和互联网行业，仅有小部分员工认为其工作与生活达到了平衡状态。

从个人的角度来看，工作与生活平衡意味着有足够的时间陪伴家人和朋友，这对于维系良好的人际关系、丰富内心世界、提升整体生活品质都具有不可估量的作用。从企业的角度来看，关注员工的工作与生活平衡，能够极大地提高员工的工作满意度和忠诚度。一个积极支持员工实现工作与生活平衡的企业，往往能够吸引并留住优秀人才，而这反过来又能够提升企业的外在形象和内在竞争力。评估工作与生活平衡的状况时，通常需要考量工作时长、加班频率、休假制度的合理性、工作压力的大小等诸多因素。

（五）社会保障覆盖率

社会保障覆盖率是指享有社会保障的人数占总劳动年龄人口的比例。这一指标反映了社会保障体系的覆盖面和劳动者的社会保障水平，是衡量社会福利和社会保障程度的重要标准。据国际劳工组织发布的《世界社会保障报告（2020—2022)》，在一些发达国家，社会保障覆盖率通常较高，达到80%以上；而在一些发展中国家，由于经济条件和制度建设的限制，其社会保障覆盖率还有待提高。

较高的社会保障覆盖率对劳动者具有重要意义。社会保障可以为劳动者提供基本的生活保障，当劳动者面临失业、疾病、工伤、养老等风险时，一定的社会保障能够减轻劳动者的经济压力，增强其应对困难的能力，同时，这也有助于提高劳动者的安全感和幸福感，促进社会的稳定与和谐。从社会公平理论来看，较高的社会保障覆盖率能够促进公平正义，缩小贫富差距，减少社会矛盾，从而使更多人能够分享社会发展的成果，增强社会的凝聚力和向心力。

社会保障覆盖率的提升受到多种因素的影响。首先，经济发展水平是影响社会保障覆盖率提升的关键因素之一，经济繁荣能够为社会保障提供更充足的资金支持。其次，政策法规的完善程度也对社会保障覆盖率的提升起着重要作用，合理的制度设计和严格的制度执行能够扩大社会保障范围。最后，公众的参保意识和企业的社会责任意识也会对社会保障覆盖率产生影响。

第三节　就业质量的理论模型

一、就业质量的系统动力学模型

（一）系统动力学的基本原理

系统动力学是一种以反馈控制理论为基础，以计算机仿真技术为手段，用于研究复杂系统动态行为的方法。它强调系统的整体性、动态性和非线性，通过分析系统内部各要素之间的相互关系和反馈机制，来揭示系统的行为模式和发展趋势。在系统动力学中，系统被视为一个由多个相互关联的变量组成的整体，这些变量之间通过信息流和物质流相互作用。系统的行为不仅取决于当前的状态，还受到过去的历史和未来的预期的影响。通过建立系统的数学模型，模拟系统在不同条件下的运行情况，可以帮助我们更好地理解系统的动态特性和内在机制。

（二）系统动力学模型在就业质量研究中的应用

将系统动力学模型应用于就业质量研究，可以帮助我们更全面、深入地理解就业质量的形成和演变过程（韩宗霖，2021）。一方面，通过构建就业质量系统的因果关系图和流图，我们可以清晰地看到就业机会、就业环境、劳动者素质、企业管理等因素之间的相互作用和反馈机制。例如，就业机会的增加可能会吸引更多的劳动者进入劳动力市场，从而加大就业竞争压力，这可能会促使企业提高对劳动者素质的要求，进而推动劳动者进行自我提升和教育培训。同时，劳动者素质的提高又可能会促进企业的创新和发展，创造更多的就业机会，从而形成一个良性的循环。另一方面，系统动力学模型还可以用于预测就业质量的未来发展趋势，为政策制定和企业决策提供科学依据。通过改变模型中的参数和假设条件，可以模拟不同政策措施和企业策略对就业质量的影响，从而选择最优的方案。

二、就业质量的评估框架

（一）评估框架的构成要素

就业质量的评估框架通常包括以下几个关键要素：就业机会的质量、工作条件和环境、薪酬福利、职业发展前景、工作与生活平衡、社会保障等。就业机会的质量主要涉及工作的稳定性、职业匹配度和就业的可及性。工作条件和环境包括工作时间、工作强度、工作安全和卫生等方面。薪酬福利不仅包括工资水平，还包括奖金、津贴、保险、休假等福利待遇。职业发展前景关注的是晋升机会、培训机会和职业成长空间。工作与生活平衡考量的是工作对个人生活的影响程度，以及个人在工作之余能够享受生活的时间和精力。社会保障则涵盖了养老、医疗、失业、工伤等方面的保障程度。

（二）评估框架的操作流程

构建就业质量评估框架的操作流程一般包括以下几个步骤：首先，明确评估的目的和对象，确定需要评估的就业群体和行业领域。其次，根据评估目的和对象，选择合适的评估指标和方法。然后，收集相关的数据和信息，包括统计数据、问卷调查数据、访谈信息等。接下来，对收集到的数据进行整理和分析，计算各项指标的得分和权重。最后，根据分析结果，得出评估结论，并提出相应的政策建议和改进措施。在实际操作中，还需要注意评估框架的科学性、合理性和可操作性，确保评估结果能够真实反映就业质量的实际情况，为政策制定和实践提供有价值的参考。

三、就业质量的比较研究模型

（一）跨国比较的模型构建

跨国比较的就业质量研究模型通常需要考虑不同国家的经济发展水平、社会制度、文化背景、劳动力市场结构等因素。首先，需要确定比较的维度和指标，如就业机会、薪酬水平、工作时间、职业发展等。其次，收集各国相关的数据，并进行标准化处理，以确保数据的可比性。在模型构建中，可以采用多元统计分析方法，如因子分析、聚类分析等，对各国的就业质量状况进行分类和比较。同时，还可以通过建立回归模型，分析不同因素对就业质量的影响程度，以及各国之间的差异。最后，还可以结合案例研究，深入分析一些具有代表性的国家的就业质量政策和实践，总结其经验和教训，为其他国家提供借鉴。

（二）跨时间比较的模型构建

跨时间比较的就业质量研究模型主要关注同一国家或地区在不同时间点上的就业质量变化情况。通过收集和分析历史数据，可以观察就业质量的发展趋势和演变规律。在模型构建中，可以采用时间序列分析方法，如移动平均、指数平滑等，对就业质量指标进行预测和趋势分析。同时，还可以通过建立结构方程模型，分析不同时期影响就业质量的关键因素。此外，还可以结合政策分析，探讨不同时期的就业政策对就业质量的影响，为未来的政策制定提供参考。

四、就业质量的可持续发展模型

（一）可持续发展的内涵

可持续发展是指既满足当代人的需求，又不损害后代人满足其自身需求的能力。它包括经济、社会和环境三个方面的可持续性，强调在追求经济增长的同时，要注重社会公平和环境保护，实现三者的协调发展。在就业领域，可持续发展意味着创造高质量的就业机会，不仅能够满足当前劳动者的就业需求，还能够为未来的劳动者提供良好的就业前景。同时，实现可持续发展要保障就业过程中的劳动者权益，促进社会和谐稳定，减少对环境的负面影响。

（二）就业质量与可持续发展的关系

就业质量与可持续发展之间存在着密切的关系。一方面，高质量的就业能够促进经济的可持续发展，劳动者通过充分发挥自己的才能和创造力，为企业和社会创造更多的价值，推动经济的增长和创新。同时，良好的就业质量能够提高劳动者的收入水平和生活质量，促进社会的公平与和谐，为社会的可持续发展奠定基础。另一方面，可持续发展的理念也对就业质量提出了更高的要求。在经济发展过程中，要注重资源的合理利用和环境保护，推动产业结构的优化升级，创造更多的绿色就业机会。同时，要加强对劳动者的教育培训，提高他们的适应能力和创新能力，以适应可持续发展的需求。

第三章　人工智能技术基础

第一节　人工智能的综合视角

人工智能（Artificial Intelligence，简称 AI）是一门充满挑战与机遇的前沿科学，它涉及计算机科学、数学、统计学、心理学、哲学等众多学科领域。从理论层面深入剖析，人工智能可被界定为借助计算机科学、数学、神经科学以及哲学等多学科理论与技术手段，构建起的一种能够模拟人类智能行为模式（涵盖感知、认知、学习、推理、决策、创造等核心范畴）的系统或模型架构，并且具备在特定环境与任务情境下，自动化执行这些智能行为以解决复杂问题、实现特定目标的能力体系（莫宏伟 等，2020）。这一定义的理论依据主要源于图灵测试（Turing Test）理论所引发的对智能本质的思考以及信息处理理论对智能行为可计算性的论证等。例如，图灵测试提出若机器能在对话中表现出与人类难以区分的智能反应，则可认为其具备智能，这促使研究者从模拟人类智能交互行为的角度去构建人工智能系统；信息处理理论则为通过数据处理与算法设计来实现智能行为提供了逻辑基础，使得诸如机器学习算法能够依据数据特征进行模式识别与预测，从而模拟人类的学习与推理过程。然而，要给出一个精准且被普遍认可的人工智能定义绝非易事。不同的视角和应用场景赋予了人工智能丰富多样的理解和诠释（莫小泉 等，2021）。

一、从功能角度看人工智能

人工智能的目标在于使计算机系统拥有执行通常只有人类智能才能完成的任务的能力。人工智能在当今社会的众多领域中都发挥着关键作用，从智能决策到精准服务，从高效生产到创新探索，其功能的覆盖范围不断拓展。

在信息处理与分析方面，人工智能能够迅速处理海量的数据，无论是结构化的数据库信息，还是非结构化的文本、图像、音频等数据，都能被人工智能系统高效地解析与整合。在金融领域，人工智能算法可以对全球市场的实时交易数据进行即时分析，挖掘出潜在的投资机会，预测市场趋势的变化，帮助投资者做出更为明智的决策。在科研领域，面对大量的实验数据和文献资料，人工智能能够快速梳理其中的关键信息，发现数据之间的隐藏关联，为科研人员提供新的研究思路和方向，加速科学研究的进程。

在气象预报中，基于其强大的机器学习和深度学习算法，人工智能可以对各种复杂的系统进行建模和预测，例如，通过对大气环流、温度、湿度、气压等众多气象要素的历史数据和实时监测数据进行分析，人工智能模型能够更精准地预测天气变化的趋势、降水的分布，以及极端天气事件的发生概率等，为农业生产、航空运输、城市规划等提供重要的决策依据。在工业生产领域，人工智能可以预测设备的故障发生时间和可能出现的故障类型，并依据设备的运行数据、维护记录以及环境参数等多源信息，提前安排维护计划，减少设备停机时间，从而提高生产效率，降低生产成本。

在智能制造工厂中，智能机器人和自动化生产线在人工智能的控制下实现了高度的自动化生产。这些机器人能够根据生产任务的要求，自主地调整工作参数、优化生产流程，精准地完成零部件的加工、装配、检测等一系列复杂的生产工序。在物流仓储领域，自动导引车（AGV）和智能仓储系统在人工智能的调度下，实现了货物的高效存储、搬运和分拣。它们能够根据订单信息、库存状况以及物流配送的需求，自动规划最优的路径和作业顺序，从而提高物流运作的效率和准确性。

在人机交互领域，人工智能致力于实现更加自然、流畅和智能的交互体验。语音识别技术使得人们可以通过语音指令与智能设备进行交互，无论是智能手机、智能音箱还是智能家居系统，都能准确地理解用户的语音命令，并做出相应的回应。自然语言处理技术则让人工智能能够理解和处理人类的自然语言文本，智能客服系统可以与用户进行在线对话，解答用户的问题，提供产品推荐和服务咨询。计算机视觉技术为人机交互增添了新的维度，通过识别人体的姿态、表情、手势等视觉信息，实现了更加直观和便捷的交互方式，例如，在智能游戏、虚拟现实（VR）和增强现实（AR）的应用中，用户可以通过身体动作和手势操作与虚拟环境进行自然互动。

在产品设计领域，人工智能可以根据用户的需求、市场的趋势以及工程学原理，自动生成多种设计方案，并对这些方案进行优化和评估。例如，在汽车设计中，人工智能能够快速生成不同风格和性能特点的汽车外形设计，同时对车辆的结构强度、空气动力学性能、燃油经济性等多个方面进行模拟分析和优化，从而提高设计的效率和质量。在城市规划方面，人工智能可以对城市的交通流量、土地利用、能源消耗等复杂系统进行建模和分析，提出优化的城市布局方案，从而促进城市的可持续发展。

从功能角度来看，人工智能已经成为推动社会进步和经济发展的重要力量，其功能的不断完善和拓展将继续为人类社会带来更多的便利、创新和发展机遇，并在各个领域中创造出更大的价值，甚至改变人们的生活和工作方式。

二、从技术实现角度看人工智能

从技术实现层面剖析人工智能，人工智能犹如一个庞大而精密的体系，由多个关键部分协同运作构建而成，其每个部分都在为人工智能的智能化表现贡献着不可或缺的力量。

数据是人工智能的基石。数据采集手段丰富多样，从通过传感器收集物理世界的各类信号，到通过网络爬虫抓取互联网上的海量信息，再到企业内部系统整合运营数据等，都是获取数据资源的方式。然而，原始数据往往存在诸多问题，如数据缺失、异常值以及格式不统一等。基于此，数据预处理技术应运而生，即通过特定的算法和工具，对数据进行清洗，去除噪声和错误数据；进行数据转换，将不同格式的数据统一为适合模型处理的形式；采用标准化或归一化操作，调整数据的取值范围，使数据特征具有可比性。

算法是人工智能的核心驱动力。机器学习算法涵盖多个重要分支，其中，监督学习通过对大量带有标记的数据进行学习，构建起输入与输出之间的映射关系。以医疗诊断为例，利用已标注疾病种类的患者症状、检查结果等数据训练模型，该模型就能在面对新患者的数据时，预测其可能患有的疾病。无监督学习则专注于挖掘无标记数据中的内在结构和模式，如在社交网络分析中，无监督学习算法可以发现用户群体之间的潜在关系和社区结构，为精准营销或社交推荐提供依据。强化学习强调智能体在动态环境中的自主决策与学习，智能体能够依据环境反馈的奖励或惩罚信号不断调整自身的行为策略。例如，在自动驾驶场景中，车辆作为智能体，其可以根据行驶过程中的路况信息、安全指标等环境反馈，不断优化驾驶策略，以实现安全高效的行驶目标。

深度学习在人工智能算法领域占据着极为重要的地位。其核心的深度神经网络架构具有强大的表征能力。卷积神经网络（Convolutional Neural Networks，CNN）在处理图像和视频数据方面表现卓越，它通过卷积层提取图像的局部特征，如边缘、纹理等，再经由池化层进行特征降维，在减少计算量的同时保留关键信息。在安防监控系统中，CNN 能够快速准确地识别监控画面中的人物、车辆等目标，为安全防范提供有力支持。循环神经网络（Recurrent Neural Network，RNN）及其变体，如长短期记忆网络（Long Short-Term Memory，LSTM）和门控循环单元（Gated Recurrent Unit，GRU），专门针对序列数据进行处理。在自然语言处理任务中，它们能够理解文本的语义和语境，并根据前文信息推测后续内容。例如，在机器翻译中，RNN 系列模型可以将一种语言的文本序列准确地转换为另一种语言的文本序列，从而实现跨语言交流。

模型训练与优化是人工智能技术实现中的关键环节。在训练模型时，通常会将数据集划分为训练集、验证集和测试集。训练集用于模型的参数学习；验证集则用于在训练过程中评估模型的性能，防止过拟合；测试集用于最终对模型性能的全面评估。为了提高模型的训练效率和准确性，各种优化算法被广泛应用：梯度下降算法及其变种，如随机梯度下降（SGD）、自适应梯度（AdaGrad）、自适应学习率（AdaDelta）等，通过计算损失函数关于模型参数的梯度，按照一定的步长更新参数，使损失函数逐步减小。

计算能力为人工智能的发展提供了强大的支撑后盾。高性能计算硬件如图形处理器（Graphics Processing Unit，GPU）的出现，极大地加速了人工智能模型的训练过程。GPU 具有大规模的并行计算单元，能够同时处理大量的数据运算，特别适合深度学习中大规模矩阵运算。与传统的中央处理器（Central Processing Unit，CPU）相比，GPU 在处理相同任务时，运算速度可提升数十倍甚至数百倍。此外，云计算平台也为人工智能提供了灵活、可扩展的计算资源。企业和研究机构无需自行构建大规模的计算基础设施，只需根据需求租用云计算服务，即可获得所需的计算能力，这大大降低了人工智能应用开发和部署的成本与门槛，促进了人工智能技术的广泛应用与快速发展。

从技术实现的角度全面地理解人工智能，有助于我们更好地把握其发展脉络，推动其在各个领域的创新应用，使其能够在未来为人类社会创造更多的价值与可能。

三、从发展历程角度看人工智能

自 1956 年达特茅斯会议（Dartmouth Conference）正式提出"人工智能"这一术语，开启了人工智能作为独立学科领域的研究征程（吴飞，2023）。

20 世纪 50 年代，人工智能研究主要聚焦于基于规则的系统和符号推理。彼时的科学家们将目光锁定在通过编写明确的规则和逻辑，使计算机能够模拟人类智能这一宏伟目标上。他们坚信，只要精心构建出一套完善的规则体系，计算机就能够像人类一样进行思考、推理和决策。在他们的努力下，一些基于规则的系统和符号推理模型被开发出来，这为人工智能的发展奠定了初步的基础。

这一时期的理论基础主要源于数理逻辑和符号系统理论，科学家们试图将人类的思维和推理过程转化为形式化的符号操作，以实现计算机的模拟。例如，纽厄尔（Allen Newell）和西蒙（Herbert A. Simon）于 1955 年开发了"逻辑理论家"程序，程序通过模拟人类逻辑推理过程，展示了计算机在智能任务执行方面的潜力，为人工智能的符号主义流派提供了重要的实践范例与理论验证。而 1969 年，马文·明斯基（Marvin Minsky）和西摩·佩珀特（Seymour Papert）出版的《感知机》一书，虽在当时对单层感知机的局限性进行了深入探讨，但也从侧面推动了后续神经网络研究的深入发展，为连接主义在人工智能领域的复兴埋下了伏笔。

然而，这个阶段的人工智能发展面临着巨大的挑战。由于当时计算能力极为有限，数据量也十分匮乏，人工智能的前进脚步显得格外沉重而缓慢。那些早期的计算机，虽然在某些特定任务上能够展现出一定的智能化，但与真正的人类智能相比，还存在着天壤之别。在有限的计算资源下，复杂的推理和决策过程往往需要耗费大量的时间和精力，因此人工智能的应用范围极为有限。

近年来，人工智能迎来了一场翻天覆地的变革。大数据的兴起，如同一场汹涌澎湃的浪潮，为人工智能注入了强大的动力。大数据为人工智能提供了丰富无比的训练数据，这些数据如同宝藏一般，有无数的模式和规律等待被挖掘。机器学习算法在这片数据的海洋中如鱼得水，能够更加高效地学习和提取模式。通过对海量数据的分析和处理，人工智能系统能够不断优化自身的性能，提高预测和决策的准确性。这一变革的背后是数据挖掘理论和分布式计算理论的发展。数据挖掘理论为从大规模数据中提取有价值的信息提供了方法和技术，分布式计算理论则通过集群计算和云计算等方式，解决了大数据处理的计算能力问题。例如，Hadoop 分布式计算框架的出现，使得大规模数据的存储和处理成为可能，为人工智能算法提供了数据基础和计算平台。

计算能力的大幅提升为人工智能的飞速发展插上了翅膀。特别是 GPU等硬件的迅猛发展，极大地加速了深度学习算法的训练过程。曾经需要耗费数周甚至数月时间才能完成的训练任务，在如今强大的计算能力的支持下，只需短短几天甚至几个小时便能完成。这使得人工智能的研发周期大大缩短，创新的步伐不断加快。

深度学习算法的突破是人工智能发展历程中的关键转折点。卷积神经网络在图像识别领域的成功应用，让计算机能够以惊人的准确率识别图像中的物体、场景和特征。无论是复杂的自然景观、人物肖像，还是微小的物体细节，卷积神经网络都能够准确地捕捉和识别。例如，2012 年，Hinton 团队利用深度卷积神经网络在 ImageNet 图像识别大赛中取得了远超传统方法的准确率的成绩，这一成果引发了学术界和工业界对深度学习技术的广泛关注与深入研究。残差网络（Residual Network，ResNet）、视觉几何组（Visual Geometry Group，VGG）等经典的网络架构，为图像识别技术的发展树立了标杆，推动了计算机视觉领域的飞速发展。深度学习算法的理论基础源于人工神经网络理论的发展，特别是反向传播算法的提出解决了多层神经网络的训练问题。而卷积神经网络则是在神经网络结构上的创新，通过局部感知野和权值共享等机制，提高了图像识别的效率和准确率。

在自然语言处理领域，循环神经网络（RNN）及其变体如长短期记忆网络（LSTM）和门控循环单元（GRU）展现出了强大的实力。它们擅长处理序列数据，能够有效地捕捉语言的上下文信息，实现对文本的准确理解和生成。而 Transformer 架构的出现，则进一步极大地提高了语言模型的性能。通过自注意力机制，Transformer 能够并行处理序列数据，大大提高了计算效率，为自然语言处理技术的发展带来了新的突破。

这些深度学习算法的成功应用，使得人工智能从理论研究的"象牙塔"中走了出来，真正走向了广泛的实际应用领域。在医疗领域，人工智能可以辅助医生进行疾病诊断，通过对医学影像的分析，快速准确地识别病变部位，为患者提供更加及时和精准的治疗方案。在金融领域，人工智能可以进行风险评估和市场预测，帮助投资者做出更加明智的决策。在交通领域，自动驾驶技术的发展让人们看到了未来交通的新景象，人工智能驱动的车辆能够更加安全、高效地行驶在道路上。

回顾人工智能的发展历程，我们可以清晰地看到，它是一部充满挑战与机遇、挫折与突破的奋斗史。从早期的基于规则的系统和符号推理，到如今的大数据、强大计算能力和深度学习算法的融合，人工智能不断超越自我，向着更高的目标迈进。在这个过程中，无数的科学家、工程师和研究者们付出了辛勤的努力和汗水，他们的智慧和创新精神推动着人工智能不断向前发展。

然而，人工智能的发展之路依然漫长。虽然我们已经取得了许多令人瞩目的成就，但仍然面临着诸多挑战和问题。例如，如何进一步提高人工智能的可解释性，让人们更好地理解其决策过程；如何确保人工智能的安全性和可靠性，防止其被恶意攻击或出现错误决策；如何解决人工智能带来的伦理和社会问题，确保其发展符合人类的利益和价值观。

面对这些挑战，我们需要继续加强科研投入，推动技术创新，培养更多的专业人才。同时，我们也需要加强国际合作，共同探索人工智能的未来发展方向，为人类社会的进步和发展做出更大的贡献。

从发展历程角度看，人工智能经历了从缓慢起步到飞速发展的过程，它的未来充满了无限的可能性。我们有理由相信，在科技的不断推动下，人工智能将继续创造更多的奇迹，为人类社会带来更加美好的未来。

四、从哲学角度看人工智能

AI 的迅猛发展引发了关于人类智能本质、意识和自由意志等深层次问题的探讨（许勇 等，2020）。随着技术的进步，AI 不仅改变了人们对计算和推理能力的理解，也促使人们思考那些使人类区别于机器的独特属性。

人类智能包含多方面的能力，情感处理、创造力和道德判断是其中的重要组成部分，这些能力对于建立人际关系、创造文化和推动社会进步至关重要。尽管 AI 在数据处理和模式识别方面表现出色，但在理解和激发情感、创造新概念以及基于道德做决策方面的能力仍然有限。例如，AI 可以高效地处理大量信息，但它缺乏真正的情感体验，无法像人类一样通过情感来理解和回应世界。

在创造力方面，虽然 AI 可以通过学习已有作品来创作音乐、进行绘画甚至编写故事，但这些创作大多基于既有模式的重组。真正的创造力往往源于无中生有的灵感迸发，这是当前 AI 难以企及的领域。人类的创造力不仅依赖于知识积累，更重要的是不受限于既定规则的思维跳跃，这使得人类能够在科学发现、艺术创新等领域取得突破。因此，AI 在创造性领域的应用更多是辅助而非主导，即帮助人类更快找到灵感或者验证想法。

在道德判断方面，AI 面临的挑战更为复杂。道德决策通常需要考虑多种因素，包括但不限于法律法规、社会习俗和个人价值观。AI 可以根据预设规则进行简单的是非判断，但对于复杂情境下的权衡利弊则显得力不从心。比如，在医疗资源分配、自动驾驶汽车等方面面临两难抉择时，AI 很难做出符合广泛接受的伦理原则的决策。这就需要我们开发更加先进的算法，同时加强跨学科合作，并结合心理学、哲学等多个领域的知识，以期构建出更具伦理敏感性的 AI 系统。

关于人工智能是否能够拥有意识和自由意志的问题成为哲学讨论的焦点。意识是指个体对其自身及外界环境的主观体验，而自由意志则涉及个人自主选择的能力。目前，AI 的行为完全由编程算法和输入的数据决定。对于它们能否获得真正的意识或自由意志，学界意见不一。一些学者认为，现有的 AI 缺乏内在的主观体验和独立的选择能力；另一些学者则提出，在技术不断进步的情况下，未来有可能出现具有某种形式的意识或自主性的 AI 系统。如果 AI 真的拥有了意识和自由意志，那么我们将如何与它们相处？这不仅是技术层面的问题，更涉及法律、伦理和社会关系的重新定义。

随着 AI 技术的应用范围扩大，其带来的实际问题也不容忽视。就业市场方面，自动化可能取代某些重复性工作，从而导致职业结构发生变化，需要劳动者提升技能以适应新的市场需求。隐私方面，AI 系统的大规模数据收集和分析可能威胁到个人信息安全，因此需要强化数据保护措施。安全性方面，由于 AI 系统的复杂性和联网特性，它们也可能成为网络攻击的目标，从而产生一系列安全隐患。这些问题要求我们在发展 AI 的同时，需要制定相关政策和技术标准，确保其应用的安全性和合法性，保障公众利益。

人工智能不仅是科技进步的一个体现，更是一个让我们重新思考人类智能本质的机会。面对由此产生的哲学问题和社会挑战，我们需要采取综合措施，确保这项技术的发展符合社会的整体利益。通过持续的研究和对话，我们可以更好地理解和引导 AI 的发展方向，使其成为人类进步的有力工具。

第二节　人工智能的主要关键技术

一、机器学习

机器学习是人工智能领域中一个极其重要的分支，它让计算机系统能够通过数据来改进和优化其性能（张润 等，2016）。与传统编程不同的是，机器学习不是依赖于明确的指令集，而是利用算法模型来解析数据，从中学习模式，并基于这些模式做出预测或决策。机器学习的核心在于构建可以自动调整参数的学习模型，并能够在未见过的数据上表现良好。

在机器学习的实践中，通常分为三大类，即监督学习、无监督学习和半监督学习。监督学习是指通过已标注的数据进行训练，模型从输入到输出之间的映射关系中学习。例如，分类问题中的垃圾邮件过滤器就是典型的监督学习应用，它通过大量标记为"垃圾"或"非垃圾"的邮件样本来训练，从而学会区分哪些邮件可能是垃圾邮件。无监督学习则处理没有标签的数据，旨在发现隐藏在其内部的结构或分布规律。聚类分析是一种常见的无监督学习方法，它可以将相似的对象归为一类，而无需事先知道类别信息。比如，在市场细分中，企业可能不知道客户的具体分组情况，但可以通过客户的购买行为等数据来进行聚类，进而制定个性化的营销策略。半监督学习介于监督学习和无监督学习之间，当只有少量有标签的数据可用时，这种方法便显得尤为重要。它结合了少量的标注数据和大量的未标注数据来进行训练，以提高模型的泛化能力。在现实世界中，获取大量高质量的标注数据往往成本高昂且耗时费力，因此半监督学习提供了一种有效的替代方案。

此外，还有强化学习这一重要分支，将在后文具体讨论。值得注意的是，随着技术的发展，机器学习已经渗透到了各个行业，包括医疗诊断、金融风险评估、自动驾驶汽车等领域，极大地改变了我们的生活和社会运作方式。为了保持竞争力并适应快速变化的技术环境，未来我们将不断投入资源探索新的机器学习技术和应用场景。

二、深度学习

深度学习作为机器学习的一个子领域，近年来因其卓越的表现而在众多任务中取得了突破性的进展。它主要依靠多层神经网络结构，即所谓的"深层"架构，来模拟大脑的工作原理（尹宝才 等，2015）。这种网络由多个层次组成，每一层都包含了大量的人工神经元或节点，这些节点通过加权连接相互作用，形成复杂的计算图。当输入数据流经网络时，每层都会提取出不同的特征表示，最终用于完成特定的任务，如图像识别、语音翻译等。

卷积神经网络（CNN）是深度学习中最著名的模型之一，尤其擅长处理具有网格状结构的数据，如二维图像。CNN 的设计灵感来源于视觉皮层的研究，其具有局部感受野、权重共享和池化操作等特点，能够有效地捕捉空间上的相关性，并减少参数数量。由于其强大的表征能力和对变形的鲁棒性，CNN 已经成为计算机视觉领域的主流工具，广泛应用于物体检测、场景分割等任务中。

循环神经网络（RNN）及其变体长短期记忆网络（LSTM）和门控循环单元（GRU），则是处理序列数据的理想选择。它们允许信息沿时间维度流动，从而能够记住过去的事件，这对自然语言处理、语音识别等任务至关重要。然而，传统的 RNN 存在梯度消失或爆炸的问题，这限制了其长期依赖性的建模。相比之下，LSTM 和 GRU 引入了特殊的机制来控制信息流，解决了上述难题，提升了对长时间序列的记忆效果。

生成对抗网络（Generative Adversarial Networks，GAN）代表了另一种创新性的深度学习框架。GAN 由两个部分构成：生成器和判别器，生成器试图创建逼真的假样本，而判别器负责判断给定的样本是否真实。两者在对抗过程中共同进化，最终达到一种平衡状态，这时生成器可以生成非常接近真实数据分布的新样本。这项技术不仅推动了图像合成、风格迁移等创意应用的发展，也为科学研究提供了新颖的方法论。

除了上述典型模型外，还有许多其他类型的深度网络正在被开发出来，以应对更加复杂的问题。例如，注意力机制已经被集成到各种深度学习模型中，这显著提升了模型对关键信息的关注度；自编码器可用于降维和特征学习（袁非牛 等，2019）；胶囊网络尝试重构人类视觉系统的层级特性。总之，深度学习正持续地扩展着人工智能的能力边界，为解决实际问题带来了前所未有的可能性。

三、自然语言处理

自然语言处理（Natural Language Processing，NLP）致力于使计算机能够理解、解释和生成人类语言。随着互联网的发展和信息爆炸，人们越来越依赖于机器来帮助处理海量的文本数据，这就促使了 NLP 技术的快速发展。从早期基于规则的方法到如今结合深度学习模型的混合系统，NLP 已经取得了长足的进步，并且在诸如搜索引擎优化、智能客服、机器翻译等多个领域展现出了巨大的应用潜力（赵京胜 等，2019）。

词法分析是 NLP 的基础步骤之一，涉及将连续的文本分割成有意义的基本单元——词语或词汇项。这一步骤看似简单，但在不同语言中却有着相当大的复杂性。例如，中文不像英文那样有明显的单词边界，因此需要特殊的分词算法来确定词语的位置。此外，对于一些多义词或多形态变化的词语，还需要进行词形还原或词干提取，以确保后续处理的一致性和准确性。

句法分析则是对句子结构的研究，旨在识别出句子中的各个成分及其相互关系。传统上，这一过程依赖于上下文无关文法（Context-Free Grammar，CFG）等语法形式化描述，通过解析树的形式来表示句子的层次结构。然而，这种方法难以处理自然语言中的歧义性和不规范表达。近年来，借助于神经网络的强大表征能力，端到端的模型如 Transformer 可以直接从大量文本中学习句子的结构特征，而无需显式地定义语法规则，从而提高了句法分析的效果。

语义理解是 NLP 的核心挑战之一，因为它涉及捕捉文本背后的意义。传统的做法是使用词向量模型，如 Word2Vec 或 GloVe，这些模型可以将每个单词映射到一个低维空间中的向量，使得具有相似意义的词在该空间中彼此靠近。尽管如此，它们仅能反映词汇级别的相似性，而对于复杂的句子级或者文档级的语义关系，则显得力不从心。为此，预训练的语言模型，比如 BERT（Bidirectional Encoder Representations from Transformers），引入了双向编码器结构，能够在上下文中动态调整每个词的表征，进而更准确地把握整个文本的含义。

除了上述三个层面外，NLP 还包括其他重要任务，如情感分析、命名实体识别（Named Entity Recognition，NER）、问答系统等。情感分析用于判断一段文字所传达的情感倾向，这对于社交媒体监控、品牌声誉管理等领域非常有用；NER 可以自动标识并分类文本中的人名、地名、组织机构等特定实体，有助于信息检索和知识图谱构建；问答系统则是为了让计算机能够回答用户提出的问题，如苹果公司的 Siri、谷歌助手等都是这类系统的实例。

值得一提的是，随着跨语言研究的深入和技术交流的增加，多语言 NLP 成为了新的热点方向。研究人员不仅关注单个语言内部的处理，也开始探索如何有效地迁移知识和技能，在不同语言之间建立桥梁。这种趋势在促进全球范围内文化传承与交流的同时，也为构建更加包容和多样化的数字世界奠定了坚实基础。

四、计算机视觉

计算机视觉是指让计算机具备类似于人类视觉系统的能力，即能够"看"懂图像或视频内容的技术。这个领域涵盖了广泛的任务，包括但不限于图像分类、目标检测、场景理解、动作识别等（王锦凯 等，2022）。自 20 世纪 60 年代起，计算机视觉经历了从基于手工设计特征的传统方法到利用深度学习自动提取特征的巨大转变，如今已成为 AI 不可或缺的一部分，并推动了许多行业的革新与发展。

图像分类是最基本也是最早被解决的计算机视觉任务之一。它的目的是给定一张图片，预测其所属的类别。其早期的工作主要依靠精心设计的手工特征，如尺度不变特征变换（Scale-Invariant Feature Transform，SIFT）和方向梯度直方图（Histogram of Oriented Gradient，HOG），以及支持向量机（Support Vector Machine，SVM）等分类器来进行。但这种方法存在局限性，因为特征的设计往往依赖于专家的知识，并且对于新出现的对象类型可能不够鲁棒。随着卷积神经网络（CNN）的兴起，尤其是 AlexNet 在 ImageNet 竞赛中的成功，自动学习特征的方法逐渐成为主流。CNN 可以从大量标注的图像中学习到丰富的视觉模式，从而显著提升分类精度。

目标检测是指在一幅图像中定位并识别多个感兴趣对象的过程。不同于简单的图像分类，目标检测不仅要指出图像中有什么，还要明确它们在哪里。R-CNN（Region-based Convolutional Neural Networks）系列算法开创了现代目标检测的新纪元，它首先生成候选区域，然后对每个区域进行特征提取和分类。后来的改进版本 Fast R-CNN 和 Faster R-CNN 进一步提高了效率，减少了冗余计算。与此同时，YOLO（You Only Look Once）和 SSD（Single Shot MultiBox Detector）等一次性检测框架也应运而生，它们可以直接预测所有类别的边界框坐标和置信度分数，极大地加快了检测速度，适合实时应用场景。

场景理解超越了单纯的物体识别，旨在全面解析图像的内容，包括背景环境、人与物之间的交互关系等。全景分割是实现这一目标的关键技术，它可以将图像中的每一个像素分配给对应的语义类别或实例。DeepLab 系列模型采用了空洞卷积和条件随机场（Conditional Random Field，CRF）等技巧，增强了对细节的捕捉能力和边缘的平滑效果。另外，视觉关系检测试图揭示图像中不同对象之间的逻辑联系，为构建更高级别的认知提供了基础。

动作识别是针对视频序列的一项任务，它要求计算机能够识别人体的动作或行为。由于视频数据包含时间维度上的变化，这对建模提出了更高的要求。3D CNN 和两流网络（Two-stream Network）是两种常用的解决方案。前者直接处理三维张量，考虑了时空信息；后者则分别对帧间光流和 RGB 图像进行分析，再融合两者的结果。近年来，随着注意力机制的应用，模型能够更加聚焦于关键帧或片段，从而提高了动作识别的准确性和稳定性。

计算机视觉涉及许多其他方面，如图像生成、增强现实（AR）、虚拟现实（VR）、医学影像分析等。图像生成技术，如 GAN，可以让计算机创造出逼真的合成图像，甚至改变已有图片的风格或属性。AR 和 VR 则利用计算机视觉来跟踪用户的视线和手势，提供沉浸式的交互体验场景。在医疗领域，计算机视觉能够辅助医生进行疾病诊断，通过对 X 光片、CT 扫描等医学图像的自动化分析，提高诊疗效率和质量。计算机视觉正在不断扩展其影响力，这不仅改变了我们获取和处理视觉信息的方式，也为各行各业带来了前所未有的机遇。随着硬件性能的提升和算法的持续创新，未来计算机视觉有望在更多领域发挥重要作用，为社会创造更大的价值。

五、知识表示与推理

在人工智能的框架中，知识表示与推理是构建智能系统不可或缺的一部分。它们涉及如何在计算机内部有效地存储和操作信息，以及怎样利用这些信息进行逻辑推导或决策制定（韩敏 等，2021）。传统上，这一领域主要依赖于符号主义方法，即通过形式化的语言来表达概念、关系和规则。然而，随着深度学习和其他新兴技术的发展，混合型的知识处理模式正在逐渐成为主流，结合了符号逻辑的精确性和神经网络的学习能力。

知识图谱（Knowledge Graph）是一种现代的知识表示方式，它以图形结构来组织实体及其之间的关系。每个节点代表一个具体的对象或概念，而边则表示它们之间存在的关联。例如，在一个关于电影的知识图谱中，演员、导演、电影等都是节点，出演、执导则是连接这些节点的边。相比传统的数据库，知识图谱更易于理解和扩展，并且能够支持复杂的查询操作。Google Knowledge Graph 和百度百科等大型在线平台都采用了这种技术，为用户提供丰富的背景资料和关联信息。

本体论（Ontology）提供了对特定领域内事物及其相互关系的形式化描述，它定义了一套标准化的概念层次结构和属性集合，确保不同来源的数据可以互操作。在医疗保健、生物信息学等领域，本体论帮助建立了统一的知识体系，促进了跨学科的研究合作。例如，Gene Ontology（GO）就是一个广泛使用的生物学本体，它涵盖了基因的功能、参与的生物过程及细胞组分等多个方面，对于基因注释和比较基因组学研究具有重要意义。

推理引擎（Inference Engine）是实现自动推理的核心组件，它根据预先设定的知识库和推理规则来进行演绎、归纳或溯因。经典的专家系统就是基于规则的推理机制的一个例子，其中包含了一系列"如果—那么"式的条件语句，用于指导问题求解过程。随着机器学习的进步，特别是深度学习与符号推理的融合，出现了新的推理范式。例如，神经符号 AI 试图将神经网络的强大表征能力和符号系统的解释性结合起来，使得模型既能从数据中学习又能进行逻辑推理，从而提高了透明度和可靠性。

概率推理（Probabilistic Reasoning）允许我们在不确定的情况下做出合

理判断。贝叶斯网络（Bayesian Networks）是一种常用的概率图形模型，它用有向无环图表示变量间的因果关系，并通过条件概率分布来量化不确定性。这种方法特别适合处理复杂系统的风险评估、故障诊断等问题。此外，马尔可夫决策过程（Markov Decision Processes，MDP）为动态环境中优化序列决策提供了一个数学框架，广泛应用于机器人导航、资源分配等领域。

除了上述几种典型的知识表示与推理方法外，还有一些新兴趋势值得关注。例如，自然语言生成（Natural Language Generation，NLG）技术使得机器可以根据给定的语义内容自动生成连贯的文本，这不仅增强了人机交互体验，也为自动化报告撰写、摘要生成等任务提供了可能。同时，知识蒸馏（Knowledge Distillation）作为一种模型压缩策略，可以让较小的学生模型继承大型教师模型的知识，实现了性能与效率之间的良好平衡。总之，知识表示与推理正朝着更加灵活、高效的方向发展，不断推动着人工智能领域的边界向前拓展。

六、强化学习

强化学习（Reinforcement Learning，RL）是一类特殊的机器学习方法，它关注的是智能体如何在一个环境中采取行动以最大化累积奖励的问题。不同于监督学习需要大量标注数据，或者无监督学习旨在发现数据内在结构，RL强调通过试错的方式探索环境，并逐步优化行为策略（刘江 等，2023）。这种方法非常适合解决那些具有明确目标但缺乏直接指导信号的任务，如游戏竞赛、机器人控制等。

马尔可夫决策过程（Markov Decision Process，MDP）是强化学习的基础理论模型之一，它假设环境状态之间存在马尔可夫性质，即当前状态包含了预测未来所需的所有信息。在此基础上，可以定义出价值函数（Value Function），用来衡量某个状态下预期可以获得的总回报；以及策略（Policy），指示智能体在给定状态下应采取的最佳行动。为了找到最优策略，通常采用动态规划算法，如值迭代（Value Iteration）和策略迭代（Policy Iteration），但这些方法仅适用于小规模问题，因为它们需要遍历所有可能的状态空间。

Q-learning是另一种重要的强化学习算法，它属于一类无须模型的方法，意味着不需要事先了解环境的具体动态特性。该算法通过更新动作价值函数 Q（s，a），直接估计每一对状态—动作组合的价值，从而避免了显式地构建环境模型。Deep Q-Networks（DQN）进一步将 Q-learning 与深度神经网络相结合，利用后者强大的特征提取能力来逼近复杂的 Q 函数，显著提升了处理高维输入（如图像）的能力。AlphaGo 的成功很大程度上归功于其使用了类似 DQN 的技术，再加上蒙特卡洛树搜索（Monte Carlo Tree Search，MCTS）作为辅助手段，最终击败了人类围棋冠军。

策略梯度方法（Policy Gradient Methods）提供了一种直接优化策略参数的方式，而不是间接通过价值函数来调整策略。这类方法包括 REIN-FORCE、Actor-Critic 等变体，它们允许连续动作空间中的应用，因此其非常适合模拟物理世界中的任务，如机械臂操控等。此外，近端策略优化（Proximal Policy Optimization，PPO）作为一种改进版本，通过限制每次更新幅度，确保了训练过程的稳定性和快速收敛性。

多智能体强化学习（Multi-Agent Reinforcement Learning，MARL）探讨了多个独立智能体如何协同工作以达成共同目标的情况。与单智能体设置相比，MARL 面临更多挑战，比如通信成本、非平稳环境等问题。近年来，研究人员提出了一些创新性的解决方案，如中心化训练去中心化执行（Centralized Training with Decentralized Execution，CTDE）、对抗性训练（Adversarial Training）等，以应对这些难题。在实际应用中，MARL 已经被证明能够在交通流量管理、团队协作机器人等领域发挥重要作用。

总的来说，强化学习以其独特的解决问题思路，为人工智能带来了新的可能性。尽管其目前仍处于发展阶段，但它已经在许多前沿领域取得了令人瞩目的成就，并将继续引领未来的科研方向。

七、数据挖掘与大数据技术

随着信息技术的迅猛发展，现代社会产生了前所未有的海量数据。这些数据不仅数量庞大，而且种类繁多、来源广泛，涵盖了从社交媒体互动到金融交易记录等各个方面。如何有效地处理和利用这些数据成为研究机构关注的核心问题。数据挖掘与大数据技术正是为了解决这一挑战而诞生的，它们提供了强大的工具和实用的方法，使得我们可以从庞杂的数据集中发现有价值的信息，进而支持决策制定、业务流程优化，并创造新的商业机会。

数据挖掘是指从大量数据中提取出隐含的、先前未知的且潜在有用的信息的过程，它包括多种技术和算法，如分类、聚类、关联规则学习等。分类任务旨在根据已知样本将新对象分配给预定义类别；聚类则是为了找出数据中的自然分组，包括事先并不知道具体的类别标签的数据；关联规则学习用于揭示事物之间的相关性或依赖关系，例如，购物篮分析可以告诉我们哪些商品经常一起被购买。此外，还有异常检测、回归分析等其他类型的数据挖掘技术，每一种都有其特定的应用场景和技术特点。

大数据技术则侧重于解决数据存储、管理和处理方面的难题（赵春晖等，2024）。传统的关系型数据库在面对 PB 级甚至更大规模的数据时显得力不从心，因此需要全新的架构来支撑高效的数据操作。分布式文件系统（Distributed File System，DFS）如 Hadoop HDFS 允许多台计算机协同工作，共同管理海量文件；NoSQL 数据库（Not Only SQL）突破了 SQL 数据库的限制，提供了更加灵活的数据模型，适用于非结构化或半结构化数据；流式处理框架（Streaming Processing Framework）如 Apache Kafka 和 Apache Flink 能够实时处理连续到达的数据流，满足即时响应的需求。

机器学习与数据挖掘密切相关，在大数据背景下两者更是相辅相成。一方面，机器学习算法可以通过训练从大规模数据中自动获取模式，提高预测精度；另一方面，数据挖掘过程本身也常常依赖于机器学习提供的功能，如特征选择、降维等。两者结合，形成了一个完整的数据分析链条，从原始数据开始，经过清洗、转换、建模到最后的结果解释，每一个环节都不可或缺。

数据挖掘与大数据技术已经深刻改变处理信息的方式，并将继续推动各行各业向着智能化方向发展。未来，随着 5G 网络、物联网（IoT）等新一代信息技术的发展，将迎来更多样化的数据源和更复杂的数据形态，这无疑会为数据挖掘与大数据技术带来新的机遇与挑战。研究人员和从业者们将不断探索创新，努力构建更加智能、安全、高效的数字世界。

八、优化算法

优化算法是人工智能领域中用来寻找最优解或近似最优解的关键技术之一。无论是在机器学习模型的参数调整、神经网络的设计还是路径规划等问题上，优化算法都扮演着至关重要的角色。通过不断迭代改进解决方案，优化算法能够在有限的时间内尽可能接近全局最优值，从而提高系统的性能和效率。以下是几种常见的优化算法及其应用场景（陈春梅 等，2020）：

一是梯度下降法（Gradient Descent）。它是最基本的优化算法之一，广泛应用于监督学习中的权重更新。该方法基于损失函数对参数求导数，然后沿着负梯度方向逐步调整参数，直至收敛至局部最小点。虽然简单直观，但标准梯度下降法存在收敛速度慢、容易陷入鞍点或平坦区域等问题。为此，人们提出了随机梯度下降（Stochastic Gradient Descent，SGD）及其变体，如 Mini-Batch SGD，通过每次只用部分样本计算梯度来加速训练过程，同时保持良好的泛化能力。

二是进化算法（Evolutionary Algorithms，EAs）。它模拟自然界生物进化的原理，采用选择、交叉、变异等操作来生成新的候选解群体。遗传算法（Genetic Algorithm，GA）就是 EAs 的一个典型代表，它特别适合解决组合优化问题，如旅行商问题（Travelling Salesman Problem，TSP）。相比传统的解析方法，GA 具有更强的鲁棒性和适应性，因为它不需要假设目标函数的形式，也不受初始解的影响。然而，由于搜索空间巨大，GA 可能需要较长时间才能找到满意的结果。

三是粒子群优化（Particle Swarm Optimization，PSO）。它借鉴了鸟群觅食的行为模式，每个粒子代表一个潜在解，并根据自身历史最佳位置和群体整体最佳位置调整飞行轨迹。PSO 易于实现且参数较少，适用于连续变量优化问题。但它也可能遭遇早熟收敛现象，即过早地停止在次优解附近。为了克服这个问题，研究人员开发了多种改进策略，如自适应惯性权重、混沌映射初始化等。

四是模拟退火（Simulated Annealing，SA）。它来源于冶金学中的退火过程，通过逐渐降低温度参数来控制接受较差解的概率，从而避免陷入局部极小值。SA 具有全局搜索能力强的特点，尤其对于那些含有多个局部极小值的问题效果显著。不过，由于其本质上是一种随机搜索算法，所以通常需要较长的计算时间才能获得高质量的解。

五是蚁群算法（Ant Colony Optimization，ACO）。它模仿蚂蚁寻找食物时留下的信息素痕迹，构建了一种正反馈机制来指导后续个体的选择。ACO 非常适合解决图论中的最短路径、网络路由等问题。随着时间的推移，信息素浓度较高的路径会被更多蚂蚁选择，最终形成一条最优或近似最优路径。尽管如此，ACO 也需要合理设置参数，如信息素挥发率、启发因子等，以确保算法的有效性和稳定性。

综上所述，不同的优化算法各有优劣，适用于不同类型的问题。在实际应用中，选择合适的优化算法往往取决于具体任务的特点、数据规模以及可用计算资源等因素。随着人工智能研究的深入，优化算法也在不断发展和完善，这为解决日益复杂的现实问题提供了坚实的理论基础和技术支持。这标志着我们在追求智能化的路上又向前迈进了一步，也为未来的科技创新开辟了广阔的空间。

第三节　人工智能对就业市场结构及趋势的宏观影响

一、就业市场结构的重塑

（一）产业结构的深度调整

随着人工智能（AI）技术的迅猛发展，各行业的运作模式正在经历深刻的变革（蔡自兴 等，2024）。在制造业中，智能机器人和自动化系统的广泛应用显著改变了劳动力需求的格局。传统上依赖大量人工操作的生产线逐渐被自动化系统取代，减少了对于简单重复性劳动的需求。然而，这并不意味着就业岗位总量的减少，而是岗位性质发生了根本性的转变。

新出现的工作机会集中在智能设备的研发、安装、维护以及管理等方面。这些职位不仅要求劳动者拥有机械工程的基础知识，还需要他们掌握编程、数据分析等跨学科技能。例如，在汽车制造领域，工人不再仅仅是组装零件，还可能涉及编写机器人控制程序或优化生产流程中的算法。这类工作需要一定的教育背景和技术专长，同时也提供了更好的薪资待遇和发展前景。

服务业同样受到了 AI 技术的影响，特别是在金融行业。智能客服系统的引入使得客户服务变得更加高效和个性化，而风险评估算法的应用则提高了金融机构的风险管理水平。人工客服的需求因此有所下降，但与此同时，新的职业如金融科技工程师应运而生。这些专业人士不仅要了解金融市场运作的基本原理，还要能够利用先进的计算工具来进行复杂的数据分析和模型构建。对于那些既有计算机知识又有金融专业知识的人来说，这是一个充满机遇的新领域。

值得注意的是，产业结构的变化给不同层次的劳动者带来了截然不同的影响。低技能劳动者往往面临着更大的失业风险，因为他们所从事的工作更容易被自动化替代。相反，高技能劳动者则获得了更多晋升的机会。

以计算机和金融专业背景的人才为例，他们在金融科技领域的竞争力尤为突出，可以享受到更广阔的职业发展空间和更高的收入水平。

（二）职业分类的显著变化

除了改变特定行业内的岗位设置外，AI 还促使整个社会的职业分类发生了重大变化。以教育行业为例，教师的角色从单纯的知识传授者转变为学习引导者和技术支持者。在线教育平台和 AI 辅助教学工具的广泛应用，使得教师们必须具备信息技术和教学设计的能力。这意味着未来的教师不仅要精通自己教授的科目，还需学会使用多媒体资源、虚拟现实（VR）、增强现实（AR）等先进技术来丰富课堂体验，并有效地整合各种数字资源，以满足不同学生的学习需求。

同时，一些全新的职业类别也因为 AI 技术的发展而诞生。医疗影像分析师就是这样一个结合了医学专业知识与先进计算能力的职业。通过应用复杂的机器学习算法，影像分析师可以帮助医生更快速准确地诊断疾病。为了胜任这份工作，从业者不仅需要深入了解医学影像学的基本原理，还要掌握如何运用现代算法进行图像处理和分析。此外，他们还需要持续关注最新的研究成果和技术进展，确保自己的技能始终处于行业前沿。

职业分类的变化对职业教育和培训体系提出了新的要求。教育机构开始调整课程设置，将信息技术纳入师范类专业的必修课，使未来的教师能够在职业生涯中更好地适应数字化转型。医学相关专业也开始融入更多关于 AI 的内容，如医学影像处理技术和算法基础等课程，为学生将来从事影像分析等相关工作打下坚实的基础。这种变化反映了教育界对未来劳动力市场需求的敏锐洞察力及其积极应对的态度。

二、就业机会的动态分布

（一）地域间的不均衡与平衡策略

人工智能产业的发展呈现出明显的集聚效应，科技发达的城市和地区成为 AI 企业的首选落户地。例如，北京、上海、深圳等一线城市凭借其完善的基础设施、丰富的科研资源和大量的高端人才储备，吸引了众多国内外知名的 AI 企业在此设立研发中心或分支机构。这些地区不仅在硬件设施上具备优势，而且拥有浓厚的创新氛围和活跃的资本市场，为 AI 企业提供了理想的生长土壤。

在这种情况下，就业机会集中在高端技术研发、创新应用开发以及复杂的数据分析等领域，对求职者的学历背景和技能水平有着较高的要求。这类职位往往需要候选人具备深厚的计算机科学知识、熟练掌握编程语言，并且能够独立解决复杂的算法问题。因此，这些地区的劳动力市场上充斥着高技能、高收入的工作岗位，进一步推动了当地经济的快速发展。

相比之下，经济欠发达地区在吸引 AI 产业方面遇到了较大的挑战。由于这些地区缺乏必要的科技设施和优秀人才的储备，企业的入驻意愿较低，就业机会相对较少。例如，在中国中西部的一些小城市，尽管当地政府试图通过招商引资来促进经济发展，但由于地理条件、政策环境等因素的限制，企业在选择落户地点时往往会优先考虑那些具有更好发展前景的大都市圈。这种情况加大了区域间经济发展水平的差距，进而影响到了就业市场的均衡性。

这种地域间的不均衡不仅体现在数量上，还反映在质量上。发达地区提供的工作机会更倾向于技术密集型和知识创新型的职业，而欠发达地区提供的工作机会则主要集中在劳动密集型的传统行业。这种差异使得不同地区的劳动者面临着截然不同的职业发展路径和发展前景，也加剧了人才流动的趋势——更多的人才从欠发达地区流向发达地区，以寻求更好的职业机会和更广阔的个人发展空间。

（二）行业间的差异与流动趋势

不同行业受到人工智能冲击的程度和方式都不同。金融行业作为最早一批拥抱新技术的领域之一，近年来已经广泛采用了 AI 解决方案，包括但不限于智能投顾、反欺诈系统等。这不仅提高了金融服务的质量和效率，也为金融科技人才创造了大量的就业机会。与此同时，传统银行柜员的需求显著下降，许多重复性和规则明确的任务被自动化处理取代。

农业领域虽然整体上仍属于传统产业范畴，但也正逐步引入精准农业的理念和技术手段，如无人机监测土壤湿度、卫星遥感监测作物生长状况等，从而增加了对农业技术和数据分析人才的需求。精准农业的应用不仅可以提高农作物的产量和质量，还能减少资源浪费，实现可持续发展目标。此外，农业供应链管理也开始借助大数据和物联网技术优化物流配送，从而提升整个产业链的运作效率。

值得注意的是，随着 AI 技术的不断发展，行业间就业机会存在明显的流动趋势。当某些传统行业因技术革新而失去部分工作岗位时，其从业人员可能会转向其他受 AI 驱动的新兴行业寻求出路。例如，制造业工人可能转行成为软件工程师或自动化设备维护人员；银行柜员可能转型成为金融科技产品经理或数据分析师。然而，在这个过程中，劳动者面临着诸多障碍，如技能不匹配、行业壁垒等。

一方面，新行业的技术门槛较高，要求从业者具备特定的专业知识和技能组合。例如，从制造业工人到软件工程师的转变需要掌握编程语言、算法设计等基础知识；从银行柜员到金融科技产品经理的过渡则需要了解互联网金融产品的设计思路及其背后的技术支撑体系。另一方面，不同行业之间的文化和工作模式可能存在较大差异，这会增加行业转换成本和难度。例如，科技行业通常强调快速迭代和创新能力，而传统银行业则更注重稳定性和合规性。这些因素共同作用，使得跨行业流动并非易事，但也为那些愿意学习和适应变化的劳动者提供了新的发展机遇。

三、劳动力市场供需关系的转变

（一）技能需求的新趋势

随着人工智能技术的广泛应用，劳动力市场上对技能的需求发生了显著变化（莫荣，2024）。除了原有的专业技能外，与 AI 相关的新型技能需求急剧增加。例如，数据分析能力变得至关重要。在数据驱动决策的时代，企业越来越依赖于从海量数据中提取有价值的信息。具备数据清洗、可视化和建模能力的人才成为市场的香饽饽。此外，算法设计和机器学习也成为热门技能，尤其是在金融科技、医疗健康等领域，这些技能能够帮助企业优化业务流程、提升服务质量和创新能力。自然语言处理技术的应用也日益广泛，如智能客服系统、语音助手等，这使得掌握相关技术的专业人才备受青睐。劳动者不仅需要精通编程和技术工具，还需具备跨学科的知识和综合素养，如计算机科学与人文社科知识的结合，以便更好地理解和解决复杂的社会问题。

这种技能需求的变化反映了劳动力市场对多领域知识融合的要求。过去，特定领域的专业知识可能足以支撑一个人的职业生涯，但现在，跨学科的能力变得越来越重要。例如，在金融科技领域，既懂金融又懂技术的人才更受企业欢迎；而在智能制造业，既了解机械工程又能进行数据分析的复合型人才也成为了稀缺资源。这种变化不仅体现在高技能岗位上，也逐渐渗透到中低技能的工作中，如物流配送中的路径优化算法应用、零售业中的顾客行为分析等，都对员工提出了更高的要求。

（二）劳动力供给的适应性调整

一方面，劳动力供给结构正随着人口结构变化、教育政策调整等因素而发生变化。例如，随着人口老龄化的加剧，劳动力总量可能有所减少，但同时也意味着老年护理、健康管理和康复治疗等行业将迎来发展机遇。另一方面，教育政策的变化直接影响到人才培养的方向和数量。国家加大了对 STEM（科学、技术、工程、数学）教育的支持力度，将会在未来几年内培养出更多具备理工科背景的年轻人进入职场，进而改变整个劳动力市场的供需格局。

同时，社会整体劳动力供给结构也在发生转变。随着在线教育平台的兴起，人们可以更加灵活地获取新技能，这使得劳动力市场的流动性增强。越来越多的人选择通过自我学习和职业培训来提升自己的竞争力。例如，在线课程、职业技能认证考试等形式为在职人员提供了便捷的学习途径，帮助他们跟上快速变化的技术潮流。此外，远程工作模式的普及也为求职者提供了更多的选择机会，让求职者不再局限于地理位置的限制，进一步促进了劳动力市场的全球化和多样化发展。

综上所述，人工智能对就业市场的影响是多方面的，它不仅改变了产业结构和职业分类，还重塑了地域间的就业机会分布模式，并且深刻影响了劳动力市场上的供需关系。面对这些变化，劳动力市场呈现出明显的技能升级趋势，跨学科知识和综合素养的重要性日益凸显。与此同时，人口结构和教育政策的变化也对劳动力供给产生了深远影响，推动了劳动力市场的不断演变和发展。

第四章 人工智能对就业质量的影响

第一节 人工智能对就业环境的影响

一、经济环境方面

（一）生产率与经济效益提升

人工智能技术显著提升了企业的生产率和经济效益（曹成菊，2024），推动了整体经济的增长和发展。通过引入智能机器人、自动化生产线及数据分析工具，企业实现了更高效的生产和运营。例如，在制造业中，AI 驱动的自动化系统不仅提高了生产效率，还减少了人为错误，提升了产品质量。物流配送行业受益于无人驾驶车辆和无人机的应用，大幅提高了运输效率并降低了成本。具体而言，亚马逊在其仓库中广泛应用了机器人技术，使得订单处理速度显著提升，同时减少了人工操作中的错误率。这种高效运作方式不仅增强了企业的市场竞争力，也改善了消费者的购物体验。在金融领域，摩根大通利用自然语言处理（NLP）技术开发了一个名为 COiN 的合同解析工具，能够在几秒钟内分析和解释法律文件，而这项工作过去需要律师团队花费数千小时完成。这种效率的提升不仅节省了时间和金钱成本，还使得公司能够更快地响应市场需求。此外，AI 技术在客户服务中的应用，如智能客服系统，可以 24 小时提供即时响应，大大提高了客户满意度，这表明 AI 对经济的正面影响是广泛且深远的。

一方面，AI 技术不仅节约了成本、提升了效率，还改变了企业的商业模式和服务方式。在线零售商亚马逊通过其先进的仓库管理系统和配送网络，结合 AI 算法优化库存管理和订单处理，实现了快速交货和高效客户服务。这种模式不仅提升了客户满意度，也为企业创造了新的收入来源。以零售业为例，沃尔玛利用 AI 技术优化供应链管理，通过预测需求和优化库存水平，有效降低了库存成本和资金占用。智能农业设备如自动播种机、无人机监测系统等，帮助农民优化耕作流程，提高作物产量。John Deere 推出的自动驾驶拖拉机可以通过 GPS 导航系统精确控制行驶路径，减少了燃料消耗和土壤压实，从而提高了农业生产效率。这些例子展示了 AI 技术如何在不同行业中实现生产率的大幅提升，进而推动经济增长。

另一方面，AI 技术的应用还带来了间接的经济效益。智能供应链管理使得企业能够更准确地预测需求并优化库存水平，从而降低库存成本和减少资金占用。在金融领域，智能投顾和风险管理工具提高了金融服务的效率，降低了金融风险，增强了金融市场的稳定性。例如，摩根大通利用 AI 算法进行交易决策，不仅加快了交易速度，还减少了人为操作带来的风险。这表明，AI 技术不仅能直接提升企业的生产率，还能通过优化资源配置和增强市场竞争力等途径，为经济发展注入新的活力和动力。未来，随着 AI 技术的不断进步，其对经济的正面影响将更加显著，其将成为推动全球经济发展的新引擎。

（二）新兴产业的崛起与区域经济协调发展

人工智能催生了一系列新兴产业和商业模式，这些新兴领域不仅为经济增长提供了新引擎，还促进了区域经济的协调发展。智能工厂、工业互联网等新型业态带动了相关配套产业的发展，如智能设备研发与维护、数据分析与管理等领域的就业需求增长。这些新兴职业不仅为科技行业注入了新的活力，也为其他行业带来了更多的就业机会。

新兴产业的崛起不仅创造了大量高附加值就业岗位，还促进了区域间的经济互动和协同发展。东部沿海地区凭借技术和人才优势，成为人工智能技术研发和应用的前沿阵地；而中西部地区则通过承接东部地区的产业转移和技术扩散，实现产业升级和经济发展。例如，成都作为中西部地区的重要城市，近年来大力发展人工智能产业，吸引了大量高科技企业和人才入驻，形成了良好的产业发展生态。这种协同效应有助于缩小地区间的发展差距，促进全国范围内的经济均衡发展。具体来说，成都在智能制造、大数据、云计算等领域取得了显著进展，通过建立多个产业园区和技术孵化器，为中小企业提供了良好的创业环境和支持服务，进一步推动了区域经济的协调发展。

此外，AI 技术推动了创新创业活动的蓬勃发展，促进了区域经济协调发展。通过降低创业门槛和技术壁垒，AI 技术使得更多创业者能够进入市场，并创造出新的商业模式和就业机会。智能家居、无人驾驶、智慧医疗等新兴领域吸引了大量初创企业和中小企业参与，为经济发展注入了新的活力。例如，中国杭州的云栖小镇专注于云计算和大数据产业，吸引了众多 AI 初创企业落户，形成了完整的产业链条，带动了当地经济的快速发展。云栖小镇的成功经验表明，AI 技术不仅促进了新兴产业的崛起，还为区域经济的协调发展提供了新的动力。

综上所述，人工智能技术不仅催生了新兴产业和新模式，还为中小企业和创业者提供了前所未有的发展机遇。通过抓住这一机遇，中小企业和创业者可以在激烈的市场竞争中脱颖而出，为经济发展和就业创造作出更大的贡献。未来，随着 AI 技术的不断进步，其对区域经济协调发展的促进作用将更加明显，其将成为推动区域经济均衡发展的重要力量。

二、技能需求变化方面

(一) 低技能岗位的替代与高技能岗位的增长

随着人工智能技术的广泛应用，就业市场的技能需求发生了显著变化。重复性、规律性强的工作岗位逐渐被智能机器替代，导致这些岗位的就业需求减少；与此同时，AI 技术的研发、应用和维护需要大量具备高技能、创新能力和跨学科知识的专业人才，这推动了就业市场对高技能劳动力的需求增长。这种就业结构的调整在短期内可能会给部分劳动者带来就业压力，但从长期来看，有助于劳动力向更具创新性和高附加值的岗位转移，从而促进就业市场的整体升级。

传统制造业中的装配工人、流水线操作员等低技能岗位，由于其工作内容简单且易于被自动化设备替代，而面临较大的失业风险。例如，富士康在中国大陆的工厂引入了大量的工业机器人，减少了对人工装配工的需求，但同时增加了对机器人维护工程师的需求。这类技术人员不仅需要掌握机械工程、电子工程等基础知识，还需具备计算机编程、数据分析、人工智能算法等方面的综合能力，以适应快速变化的技术环境。根据国际劳工组织（ILO）的数据，2020 年至 2025 年间，全球预计将新增约 960 万个与 AI 相关的高技能工作岗位，这显示出高技能岗位的增长趋势。

AI 技术改变了企业的生产模式和市场竞争格局，促使企业更加注重创新和技术研发，以提升自身竞争力。这进一步推动了新兴产业和创新型企业的发展，为就业市场带来了新的活力和机遇。例如，在金融领域，智能投顾、风险管理等新兴职业的出现，不仅为金融行业的就业市场注入了新元素，还为劳动者提供了多样化的就业选择。蚂蚁金服推出的"定投宝"产品通过 AI 算法为用户提供个性化的投资建议，提高了用户的理财收益，同时也创造了新的就业岗位。这种新型金融服务模式不仅提升了用户体验，也为金融从业者提供了新的职业发展方向。

总的来说，AI 技术的应用使得低技能岗位逐渐被替代，而高技能岗位的需求大幅增加（李砚艳，2023）。为了应对这一变化，劳动者需要不断提升自身的技能水平，以适应市场需求的变化。具体来说，劳动者应积极关注行业动态和技术发展趋势，通过参加培训课程、在线学习、学术交流等多种途径，不断更新自己的知识体系，培养跨领域思维和综合应用能力，以增强自身在就业市场中的竞争力。未来，随着 AI 技术的不断发展，这种技能需求的变化将更加明显，推动就业市场向更高层次、更专业化方向发展。

（二）跨领域知识和技能融合的需求

随着 AI 技术在各行业的深入应用，跨领域知识和技能的融合成为就业能力的关键。

在医疗领域，人工智能技术广泛应用于疾病诊断、医疗影像分析、药物研发等环节，要求医疗专业人员不仅要掌握医学专业知识，还需了解人工智能算法、数据分析方法等相关技术，以便更好地与智能医疗系统协作，提供精准医疗服务。例如，IBM Watson Health 利用 AI 技术帮助医生进行癌症诊断，大大提高了诊断的准确性和效率。这种跨领域的合作不仅提升了医疗服务质量，也为医疗从业者提供了新的职业发展方向。

在金融领域，智能投顾、风险评估等业务的开展，需要金融从业者具备金融知识与人工智能技术相结合的能力，能够运用数据分析和算法模型进行投资决策和风险管控。例如，蚂蚁金服推出的"定投宝"产品通过 AI 算法为用户提供个性化的投资建议，提高了用户的理财收益。为了适应这一变化，劳动者需要不断提升自身的就业能力，培养跨领域思维和综合应用能力，这些能力包括持续学习能力、创新能力、问题解决能力和团队协作能力等综合素质。

在教育领域，AI 技术的应用促进了跨领域知识和技能的融合。智能辅导系统、在线学习平台等工具的应用不仅提升了教学效果，还为教育工作者提供了新的职业技能培训机会。例如，Coursera 和 edX 等在线教育平台提供了大量的 AI 相关课程，涵盖了从基础编程到高级算法等多个方面，帮助学习者全面提升自己的技能水平。通过这些平台，教育工作者可以获取最新的教育理念和技术，并将其应用到实际教学中，从而提高教学质量。

在零售业中，AI 技术的应用同样推动了跨领域知识和技能的融合。智能推荐系统和个性化营销策略的应用不仅提升了用户体验，还为企业带来了更高的销售额。例如，亚马逊利用 AI 算法优化库存管理和订单处理，实现了快速交货和高效客户服务。这种高效的运作模式不仅增强了客户满意度，也为企业创造了新的收入来源。零售业从业者需要掌握数据分析、市场营销和消费者行为学等多方面的知识，以适应 AI 时代的商业环境。

总之，AI 技术在各行业的深入应用让跨领域知识和技能的融合成为就业能力的关键。为了适应这一变化，劳动者需要不断提升自身的就业能力，培养跨领域思维和综合应用能力。这不仅有助于个人职业发展，也有助于企业在激烈的市场竞争中保持优势。未来，随着 AI 技术的不断发展，这种跨领域融合的趋势将进一步加强，推动就业市场向更高层次、更专业化方向发展。

三、新兴产业与商业模式发展方面

人工智能的发展催生了一系列全新的职业类型，为劳动者提供了多样化的就业选择。这些新兴职业不仅要求劳动者具备传统的专业知识和技能，还要求其掌握人工智能相关技术，如人工智能工程师、数据分析师、算法优化师等。这些职业不仅丰富了就业市场，还促进了劳动者的技能转型和职业发展。2024 全球人才趋势报告显示，近年来，与 AI 相关的新兴职业增长迅速，其中机器学习工程师、数据科学家、AI 研究员等职业的需求增长尤为显著。这些新兴职业为各个行业带来了更多的就业机会，推动了劳动力市场的多元化发展。

在智能家居领域，有大量初创企业和中小企业参与进来，为经济发展注入了新的活力，例如上文提到的中国杭州的云栖小镇。此外，智能家居设备如智能门锁、智能照明系统的普及，不仅提高了人们的生活质量，还创造了新的就业机会，如智能家居安装工程师、系统集成商等。这些新兴职业不仅为劳动者提供了新的就业选择，也推动了相关产业的发展。

在无人驾驶领域，随着自动驾驶技术的不断进步，出现了许多新的职业类型，如无人驾驶车辆测试工程师、交通数据分析师等。这些职业不仅要求从业者具备扎实的工程技术背景，还需要他们掌握交通法规、安全标准等相关知识。例如，Waymo 作为全球领先的无人驾驶公司之一，雇用了大量的无人驾驶车辆测试工程师，他们负责测试和优化自动驾驶系统。这些测试工程师不仅需要具备编程和数据分析能力，还需要了解车辆动力学和传感器技术，以确保自动驾驶系统的安全性和可靠性。这种高度专业化的职业要求不仅提升了从业者的技能水平，也为无人驾驶行业的发展提供了坚实的人才支持。

在智慧医疗领域，智能医疗设备如可穿戴健康监测器、远程诊疗系统等，不仅提高了医疗服务的可及性和质量，还创造了新的就业机会，如远程医疗咨询师、医疗数据分析员等。例如，平安好医生利用 AI 技术提供在线诊疗服务，用户可以通过手机应用程序获得医生的专业建议，大大提高了医疗服务的便捷性和效率。远程医疗咨询师不仅需要具备医学专业知识，还需要掌握沟通技巧和服务意识，以确保患者获得高质量的医疗服务。医疗数据分析员则负责处理和分析大量的医疗数据，为医生提供有价值的参考信息，帮助他们做出更准确的诊断和治疗方案。

总的来说，AI 技术的应用催生了一系列新兴职业，为劳动者提供了多样化的就业选择。这些新兴职业不仅为科技行业注入了新的活力，也为其他行业带来了更多的就业机会，推动了劳动力市场的多元化发展。未来，随着 AI 技术的不断进步，这种新兴职业的涌现将持续推动就业市场的变革和发展，为劳动者提供更多样化的职业路径和发展空间。

第二节　人工智能对就业能力的影响

一、就业能力需求方面

（一）跨学科与多技能融合的趋势

随着人工智能技术的广泛应用，劳动力市场的就业能力需求发生了深刻变化。传统的单一技能已不足以应对快速变化的技术环境和市场需求。如今，市场更青睐那些具备跨学科知识和多种技能的复合型人才（苑大勇等，2024）。《世界就业和社会展望：2025 年趋势》指出，在太阳能和氢能投资的推动下，全球可再生能源的工作岗位已增加至 1 620 万个，这些新岗位大多需要高技能、复合型人才。这种转变促使劳动者不断更新自己的技能组合，以适应新的就业需求。例如，在智能交通系统中，工程师不仅需要掌握车辆工程的基础知识，还需熟悉数据分析、物联网技术和智能控制算法；在医疗领域，AI技术的应用推动了精准医疗的发展，医生不仅要具备深厚的医学专业知识，还需了解机器学习和数据挖掘技术，以便更好地分析患者数据并制定个性化治疗方案，例如，通过使用深度学习算法，医生可以预测疾病发展趋势，提前采取预防措施。

（二）创新能力与问题解决能力的重要性

创新能力与问题解决能力是劳动者在AI时代取得成功的关键能力。尽管AI技术可以处理大量重复性和规律性强的任务，但在面对复杂和不确定的问题时，人类的创造力和判断力仍然不可替代。例如，在新产品开发过程中，创新思维能够帮助团队突破传统思维模式，提出更具竞争力的产品设计。同样，在解决突发问题时，灵活的问题解决能力可以帮助企业迅速应对挑战，减少损失。许多企业在招聘过程中越来越重视候选人的创新能力。例如，苹果公司在招聘软件工程师时，除了考察候选人的编程技能外，还会通过实际操作测试其创新能力。这种做法不仅有助于选拔出最适合公司文化的人才，也为员工提供了展示自己独特才能的机会。通过鼓励员工进行创新实践，企业可以激发内部活力，推动技术创新和发展。

创新能力还可以体现在工作流程优化和效率提升上。例如，亚马逊通过引入机器人技术和智能算法，大幅提高了仓库管理和物流配送的效率。这背后不仅是技术的进步，更是员工不断创新的结果。通过持续改进工作流程，企业不仅可以提高生产率，还能为员工提供更多的发展机会，形成良性循环。

（三）软技能的重要性日益凸显

在现代职场中，软技能的重要性日益凸显。沟通能力、团队协作能力和领导力等软技能成为评价员工综合素质的重要标准。例如，在项目管理中，项目经理不仅需要具备技术背景，还需要出色的沟通技巧来协调不同部门之间的合作。良好的沟通能力可以减少误解，提高工作效率。团队协作能力则有助于营造积极的工作氛围，促进成员间的互助和支持。领导力则体现在带领团队克服困难、实现目标的能力上。通过培养这些软技能，劳动者可以在复杂的团队环境中更好地发挥作用，提升个人的职业竞争力。

心理韧性和情绪管理能力也变得尤为重要。AI 时代的职场充满了不确定性，员工需要具备较强的心理韧性，以应对快速变化的工作环境和技术挑战。情绪管理能力则帮助员工保持良好的心态，增强抗压能力。例如，谷歌公司非常重视员工的心理健康，设立了专门的心理咨询和支持服务，帮助员工在高压环境下保持良好的状态。

AI 时代的就业能力需求发生了深刻变化，跨学科与多技能融合的趋势愈加明显。创新能力与问题解决能力是劳动者取得成功的关键素质，而软技能的重要性也不容忽视。通过不断提升自身的能力，劳动者可以在快速变化的技术环境中保持竞争力，为企业和社会创造更多价值。

二、学习与提升途径方面

（一）终身学习理念的普及

AI 时代的来临进一步强调了终身学习的理念。为了适应不断变化的工作环境和技术需求，劳动者需要持续学习新知识和新技能。在线教育平台的兴起为终身学习提供了便利条件。华为云开发者学堂、中国大学 MOOC、Coursera、edX、Udacity 等平台提供了丰富的课程资源，涵盖了从基础编程到高级算法等多个领域。通过这些平台，学习者可以根据自己的兴趣和需求选择合适的课程，随时随地进行学习，大大提高了学习的灵活性和效率。

企业也在积极推动员工的终身学习。微软设立了"微软学习"平台，为员工提供各种培训资源和技术认证课程。通过这种方式，员工可以不断提升自己的技能水平，更好地适应公司的发展需求。同时，企业还鼓励员工参加外部培训和学术交流活动，拓宽视野，获取最新的行业动态和技术趋势。例如，华为公司定期组织技术研讨会和培训课程，邀请业内专家分享最新研究成果，帮助员工紧跟技术前沿。

（二）个性化学习路径的构建

个性化学习路径的构建为劳动者提供了更加灵活和高效的学习方式。每个劳动者的学习需求和起点不同，因此，个性化学习路径的构建显得尤为重要。通过大数据分析和智能推荐系统，教育机构和企业可以为每位学习者量身定制适合自己的学习计划。例如，LinkedIn Learning 利用用户的职业背景和兴趣爱好，为其推荐相关的课程和学习资源，帮助用户更高效地提升技能；Degreed 整合了多种学习资源，包括在线课程、书籍、视频等，为用户提供了一个全面的学习平台，用户可以根据自己的职业目标和学习进度，自由选择学习内容，制定个性化的学习计划。个性化学习路径不仅可以提高学习效果，还能增强学习者的积极性和主动性。这种灵活的学习方式不仅满足了不同学习者的需求，也促进了知识的广泛传播和应用。例如，一家科技公司设立了内部学习社区，员工可以在平台上分享自己的学习心得和工作经验，还可以互相解答问题。公司还设立了导师制度，由资深员工担任导师，帮助新人更快地融入团队并提升技能。通过这种方式，企业不仅提升了员工的整体素质，还增强了团队凝聚力和创新能力。

总之，AI 时代的来临使得学习与提升的途径变得更加多样化和灵活化。终身学习理念的普及和个性化学习路径的构建为劳动者提供了更多的发展机会。通过充分利用在线教育平台、企业内部培训和导师制度等多种途径，劳动者可以在快速变化的技术环境中保持竞争力，为企业和社会创造更多价值。

第三节 人工智能对劳动报酬及社会保障的影响

一、劳动报酬方面

（一）生产力提高与劳动报酬增长

人工智能技术的应用在众多行业中显著提升了企业的生产力，为劳动报酬的增长创造了潜在条件。在制造业领域，智能生产系统的精准控制能力使得生产流程高度优化。例如，汽车制造企业引入高度自动化的机器人生产线后，生产效率实现了质的飞跃，原本需要大量人力和较长时间才能完成的汽车组装工作，在智能机器人的高效协作下，组装时间大幅缩短，产品质量也因生产过程的精准性而更加稳定。这使得企业在相同时间内能够生产出更多高质量的产品，从而显著增加了企业的收益。在农业领域，智能灌溉系统凭借对土壤湿度、气象数据等的实时监测和精准分析，实现了对灌溉水量和时间的精确调节，使农作物生长环境得到优化。精准农业技术的应用促使农作物产量显著提高，农产品的品质也因生长条件的精准控制而更加优良。这些生产力的提升为企业带来了更为丰厚的利润空间，为劳动报酬的增长奠定了坚实的物质基础。

随着企业利润的增加，部分劳动者的劳动报酬也相应得到了提高，尤其是那些具备高技能和专业知识的劳动者（黄志 等，2023）。在互联网行业，人工智能算法工程师凭借其在深度学习算法、大数据处理等方面的专业技能，能够开发出高效的数据处理和分析算法，为企业创造巨大的价值。他们的薪酬水平也随之大幅提升，成为企业高薪聘请的对象。一些企业会根据员工的绩效表现给予奖金激励，而人工智能技术可以通过对员工工作成果的多维度精准评估，使奖金分配更加科学合理。例如，一家大型电商企业利用人工智能算法，综合分析员工的销售业绩、客户满意度、订单处理效率等多个指标，对表现优秀的员工给予丰厚的奖金激励，这极大地激发了员工提升工作效率和质量的积极性。

然而，劳动报酬的增长并非在所有劳动者中均衡分布。低技能劳动者的劳动报酬增长相对较为有限。在一些传统的劳动密集型产业，如服装制造业，尽管自动化设备的引入提高了生产效率，但普通工人的工资涨幅却相对较小。这是因为这些岗位的工作内容相对单一，可替代性相对较高，劳动者在薪酬谈判中的议价能力较弱。例如，在一家拥有大量自动化缝纫设备的服装厂，普通缝纫工人的工资在引入设备后的几年内仅增长了一定幅度，而同期企业的利润增长幅度明显更大。这种不均衡的增长趋势在一定程度上加剧了劳动者之间的收入差距。

（二）收入差距扩大与社会公平挑战

人工智能的发展进一步加剧了收入差距的扩大趋势。高技能劳动者由于掌握了与人工智能相关的前沿技术，在就业市场上处于供不应求的状态，其薪酬待遇持续攀升。例如，在人工智能研发领域，数据科学家、机器学习专家等职位的年薪普遍处于较高水平，一些资深专家的年薪更是令人瞩目。而低技能劳动者的就业机会则受到了较大程度的挤压，工资增长缓慢，甚至在某些情况下出现下降。在餐饮服务行业，随着智能点餐系统、自动送餐机器人的广泛应用，部分低技能服务人员的工作岗位被削减，收入也受到了明显影响。这种收入差距的扩大对社会公平形成了一定挑战。低收入群体在教育、医疗、住房等基本生活资源的获取能力上相对较弱，可能进一步加剧社会阶层的固化。从长远来看，这不利于社会的稳定与和谐发展。例如，低收入家庭可能因经济压力无法为子女提供优质的教育资源，导致子女在未来的就业竞争中处于劣势，难以摆脱低收入的困境。政府需要通过一系列政策手段进行调节，如税收政策方面，对高收入群体征收更高比例的所得税；在转移支付方面，加大对低收入群体的教育、医疗、住房补贴力度，提升他们的就业竞争力，逐步缩小收入差距，促进社会公平。

二、社会保障方面

（一）社保服务的便捷性与效率提升

人工智能技术为社会保障服务带来了前所未有的便捷性和效率提升。社保部门利用人工智能技术开发的智能客服系统，具备强大的自然语言处理能力，能够实时、准确地解答参保人员关于社保政策、缴费标准、待遇领取等方面的各种疑问。参保人员只需在社保部门的官方网站或手机应用程序上输入问题，智能客服就能迅速理解问题并提供详尽、准确的答案，这大大节省了参保人员的时间和精力。例如，在医保报销政策咨询方面，智能客服可以根据参保人员的具体情况，详细解释报销范围、比例和流程，避免了人工客服解答可能存在的不全面或不准确的问题。

在线办理社保业务成为现实，参保人员可以通过手机或电脑轻松完成社保登记、缴费、转移接续等操作。以社保缴费为例，以往参保人员需要前往社保经办机构或银行柜台排队缴费，过程繁琐且耗时，现在通过手机应用程序，只需简单操作即可在几分钟内完成缴费，且可以随时随地进行操作，不受时间和地点限制。同时，人工智能技术还能实现社保数据的实时更新和共享，提高了社保部门的管理效率。例如，当参保人员的就业状态发生变化时，相关信息能够及时在社保系统中更新，确保社保待遇的准确发放。

（二）精准风险评估与管理

社保部门借助大数据分析和人工智能算法，能够对参保人员的风险状况进行更精准的评估和管理。通过收集参保人员的医疗记录、就业信息、收入水平等多维度数据，建立风险预测模型。例如，在医疗保险方面，利用人工智能分析参保人员的既往病史、体检数据等，可以预测其患重大疾病的风险，提前制定相应的保障措施，合理分配医疗资源。对于高风险人群，可以提供更频繁的健康检查和疾病预防指导，降低疾病发生的概率。在养老保险方面，根据参保人员的年龄、收入、职业等因素，预测养老金的收支平衡情况，为政策调整提供科学依据。如果预测到未来养老金收支可能出现缺口，社保部门可以提前采取措施，如调整缴费政策、投资策略等，确保养老保险制度的可持续性。人工智能技术还能帮助社保部门识别社保欺诈行为，通过分析参保人员的行为模式、数据异常等情况，及时发现并防范欺诈风险，保障社保基金的安全。

第四节　人工智能对劳动保护的影响

一、劳动关系方面

（一）政策实施初期的负面冲击

在人工智能开始推行的初期阶段，为了契合新技术的应用需求，常常会对既有的生产流程以及组织架构实施调整。这一变革举措极有可能致使部分员工的工作岗位发生变动，更甚者会面临失业危机，进而激发劳动争议。传统制造企业，在引入智能生产设备之后，原本高度依赖人工操作的岗位被智能机器取而代之。部分工人由于自身技能无法与新岗位要求相匹配，最终失去了工作（田思路 等，2020）。倘若在进行岗位调整的进程中，未能与员工展开充分且有效的沟通交流，并且没有提供合理恰当的安置方案，那么员工内心可能会滋生不满情绪，从而可能发生劳动纠纷。

不仅如此，新的工作模式以及工作要求的出现，可能会给员工带来颇为沉重的工作压力，进而使得员工与企业之间的矛盾不断加剧。比如，部分企业引入了人工智能监控系统，用于对员工的工作表现实施实时监测。这种做法可能会使员工陷入过度紧张和压抑的状态，严重影响他们的工作积极性以及工作满意度。若企业在制定相关监控政策时，没有充分考量员工的感受，缺乏人性化的管理理念，那么极有可能进一步加剧员工与企业之间的对立情绪，增加劳动争议发生的可能性。

（二）长期和谐劳动关系的建立

从长远的发展角度审视，人工智能技术的应用实则为劳动者维护自身合法权益提供了更多的途径与手段。随着电子劳动合同的广泛普及，合同的签订、存储以及管理流程变得更加便捷高效且规范有序。劳动者能够在任何时间查阅自己的合同信息，有力确保了自身权益不受侵害。智能考勤系统的应用，则能够精准无误地记录员工的出勤状况，杜绝了人工考勤可能产生的误差以及争议。

在线劳动纠纷调解平台借助人工智能算法与大数据分析技术，能够迅速为劳动纠纷精准匹配适宜的调解人员，为劳动者搭建起高效、公正的纠纷解决渠道。举例而言，当劳动者与企业之间发生工资纠纷时，劳动者可以通过在线平台提交申诉。平台会依据纠纷的类型以及双方的实际情况，推荐专业的调解员，并提供相关的法律法规条文以及类似案例作为参考，助力双方更为妥善地解决问题。这种透明化、便捷化的纠纷解决机制，有助于切实增强劳动者对企业的信任程度，有力推动劳动关系朝着和谐稳定的方向持续发展。

二、工作条件与员工福利方面

（一）健康与安全标准的提升

人工智能技术在工作场所的应用，对工作环境的健康与安全标准提升有着积极显著的推动作用。在工业生产领域，智能传感器和监测系统犹如敏锐的"安全卫士"，能够实时监测设备的运行状态，提前敏锐地发现潜在的安全隐患，并及时发出预警信号。如此一来，便能迅速采取措施进行维修和维护工作，从而有效降低意外事故发生的概率。以化工生产企业为例，智能传感器能够精准检测到设备的温度、压力等关键参数的异常变化，一旦这些参数超过安全阈值，系统会立即通知操作人员进行及时处理，成功避免了因设备故障可能引发的爆炸、泄漏等严重事故，切实保障了员工的生命安全。

智能机器人能够承担一些高风险、高强度的工作任务，从而大幅降低劳动者面临的职业伤害风险。在建筑行业，高空作业机器人可以完美替代工人进行外墙清洗、建筑安装等危险作业，极大减少了工人从高处坠落的风险，为建筑工人的生命安全筑牢了防线。在矿山开采领域，智能采矿设备能够在恶劣的环境下稳定工作，有效避免了矿工暴露在粉尘、有毒气体等有害环境中，为矿工的身体健康提供了坚实保障。

（二）心理健康支持与压力管理

人工智能驱动的情绪识别与干预工具宛如贴心的"心理守护者"，可以为员工提供即时有效的心理健康支持。当下，部分企业在办公场所精心安装了智能摄像头和传感器，这些设备通过对员工的面部表情、语音语调、行为动作等多方面进行细致分析，能够实时监测员工的情绪状态。一旦察觉到员工出现焦虑、抑郁等负面情绪迹象，系统会即刻提醒企业管理者或人力资源部门，以便他们能够及时采取相应的干预措施，如提供专业的心理咨询服务、合理调整工作安排等。

虚拟心理健康助手以聊天机器人等形式呈现，为员工打造了随时随地都能获取心理支持和压力缓解建议的便捷通道。员工可以在工作间隙与虚拟助手畅所欲言，尽情倾诉工作中遭遇的烦恼和压力，进而获取应对压力的实用方法和技巧。例如，当员工面临工作任务过重、人际关系紧张等棘手问题时，虚拟助手能够根据员工的具体情况，为其量身定制个性化的放松练习方案、提供科学合理的时间管理建议等，全力帮助员工调整心态，使其始终保持良好的工作状态，显著提升员工的工作与生活的平衡感。

随着人工智能技术在工作场所的不断深入应用，其在劳动保护方面的积极影响将愈发凸显。积极拥抱这些技术变革，充分发挥人工智能在保障劳动者权益、提升工作条件和员工福利方面的优势，实现企业发展与员工利益的双赢局面。同时，社会各界也应密切关注人工智能对劳动领域的影响，共同努力构建一个更加公平、安全、和谐的工作环境，让劳动者能够充分享受科技发展带来的红利，推动社会经济的可持续发展。

第五节　人工智能对就业质量评价的影响

一、就业质量评价全面性方面

（一）传统方法的局限性剖析

传统就业质量评价方法在多方面表现出一定的局限性。一方面，传统方法常常依赖有限的调查样本。例如，通过发放纸质问卷的方式进行就业质量调查，往往只能覆盖到一部分员工，而且问卷的回收率也难以保证。即使采用线上问卷的形式，也可能因为各种原因导致参与调查的员工数量有限。另一方面，进行小规模访谈虽然可以深入了解个别员工的情况，但样本量过小，难以代表整体就业人群的状况。

主观判断的影响不可忽视。在传统评价过程中，无论是问卷设计还是结果解读，都不可避免地受到评价者主观因素的影响。不同的评价者由于个人经验、价值观、认知水平的差异，对同一就业情况可能会给出截然不同的评价。比如，在评价工作环境时，有的评价者可能更注重办公空间的大小和舒适度，而另一些评价者可能更关注团队氛围和沟通效率。这种主观判断的差异会导致评价结果的偏差，从而降低评价的准确性和可靠性。

（二）人工智能的独特优势展现

强大的大数据分析能力是人工智能的显著优势之一。在当今数字化时代，数据量呈爆炸式增长，而人工智能能够高效地处理海量数据。以员工的在线行为为例，通过分析员工在企业内部办公软件上的操作记录、与同事的沟通频率和内容等，可以洞察员工的工作习惯、协作能力以及对工作的投入程度。从信息论的角度，这些大量的多源数据包含着丰富的信息熵，人工智能通过数据挖掘算法能够提取其中有价值的信息，减少信息的不确定性。社交网络互动数据也能为就业质量评价提供有价值的信息。例如，员工在专业社交平台上的交流内容、参与行业讨论的活跃度等，可以反映出员工的专业素养、职业发展意愿以及在行业内的影响力。

先进算法的应用使得人工智能能够挖掘出更多隐藏信息。机器学习算法和深度学习算法可以从复杂的数据中提取出有价值的特征和模式。例如，利用深度学习算法对员工的工作绩效数据进行分析，可以发现一些隐藏的规律和趋势。比如，通过对员工在不同项目中的表现数据进行分析，可能会发现某些员工在特定类型的项目中表现更为出色，这可能暗示着他们在某些领域具有特殊的才能和潜力。此外，人工智能还可以通过对大量文本数据的分析，提取出员工对工作的情感倾向，如满意度、压力感等，从而为就业质量评价提供更全面的视角。

（三）互补效应的具体体现

传统方法与人工智能相结合，为就业质量评价提供了更全面、客观的视角。传统方法在某些方面仍然具有不可替代的作用。例如，通过深度访谈可以了解员工的内心感受和真实需求，这些定性的信息对于理解就业质量的深层次内涵至关重要。而人工智能则可以提供大量的定量数据和客观的分析结果。通过对员工的工作数据、在线行为数据、社交网络数据等进行综合分析，可以得到关于员工工作满意度、职业发展潜力、团队协作效率等方面的量化指标。两者结合起来，能够从多个角度全面地了解就业质量的各个方面，为评价结果提供更丰富的依据。

这种互补效应显著提升了评价结果的准确性和可靠性。一方面，传统方法中的定性信息可以为人工智能的分析结果提供验证和解释。例如，如果人工智能分析显示某员工的工作满意度较高，但通过访谈发现该员工对工作中的某些方面存在不满，那么就可以进一步深入分析原因，调整评价结果。另一方面，人工智能的客观分析可以减少传统方法中主观判断的影响。通过综合运用多种数据源和分析方法，可以更准确地把握就业质量的真实情况，避免单一方法可能带来的偏差。例如，在评价员工的职业发展潜力时，结合员工的工作绩效数据、培训记录以及在线学习行为等多方面信息，可以更全面地评估员工的发展潜力，提高评价结果的准确性和可靠性。

二、就业质量评价时效性方面

（一）就业市场的快速变化态势

当今的就业市场处于快速变化之中，新的技术、政策和市场趋势不断涌现，对就业质量产生着重大而深远的影响。首先，随着科技的飞速发展，人工智能、大数据、区块链等新兴技术的出现，不仅改变了许多行业的工作方式和业务模式，也对就业岗位的需求和要求产生了巨大的冲击。技术进步理论表明新技术的应用会使生产要素的组合和生产效率发生变化，从而促使企业对劳动力的技能和数量需求进行调整，影响就业岗位的分布和要求。例如，随着人工智能技术在制造业的广泛应用，一些重复性、规律性强的工作岗位可能会被自动化设备所取代，而同时也会创造出一些与人工智能技术相关的新岗位，如数据分析师、算法工程师等。其次，政策的调整也会对就业质量产生重要影响。政府为了促进经济发展、保障就业稳定，会不断出台各种政策措施。例如，税收优惠政策可能会鼓励企业扩大生产规模，增加就业岗位；职业培训补贴政策可能会提高员工的技能水平，提升就业质量。最后，市场趋势的变化也会影响就业质量。例如，消费者对绿色环保产品的需求增加，可能会促使企业加大对环保产业的投入，创造出更多与环保相关的就业岗位，同时也对员工的环保意识和技能提出了新的要求。

及时获取和分析最新数据对于准确评价就业质量至关重要。在这样快速变化的环境下，只有及时了解就业市场的动态变化，才能做出准确的评价和决策。如果评价结果滞后于实际情况，可能会导致决策失误，影响企业的发展和员工的利益。例如，企业如果不能及时了解市场对某种技能的需求变化，可能会继续招聘不需要的人才，或者错过招聘急需人才的机会，从而影响企业的竞争力和员工的职业发展。

（二）人工智能的实时数据采集和分析能力

人工智能具备强大的实时数据采集能力。通过与企业内部管理系统、在线招聘平台、社交媒体等多种数据源的对接，人工智能可以实时获取大量的就业相关数据。例如，与企业内部管理系统连接，可以实时了解员工的工作状态、绩效表现、岗位变动等信息；与在线招聘平台对接，可以获取招聘需求、薪资水平、人才流动等数据；与社交媒体平台连接，可以收集员工对工作的评价、行业动态等信息。这些实时数据为及时评价就业质量提供了丰富的信息来源。

快速分析能力是人工智能的另一大优势。利用先进的算法和强大的计算能力，人工智能可以迅速分析大量的实时数据，得出就业质量的变化趋势。例如，通过对历史数据和实时数据的对比分析，可以发现员工流动率的变化趋势、招聘需求的热点领域等。同时，人工智能还可以利用机器学习算法进行预测分析（高璇，2017），例如，预测未来一段时间内的就业市场趋势、某一行业的薪资水平变化等，为政府、企业和个人提供前瞻性的决策依据。基于数据挖掘和机器学习理论中的时间序列分析方法，通过分析数据的趋势、季节性等特征来预测未来的发展趋势，在就业市场分析中可预测就业相关指标的变化。

（三）与传统定期调查方法的互补作用

传统的定期调查方法在就业质量评价中仍然具有一定的价值，但也存在明显的局限性。例如，季度或年度的员工满意度调查可以提供一定的信息，但由于时间间隔较长，往往不能及时反映市场变化。而且，传统调查方法通常需要耗费大量的时间和人力成本，数据收集和分析的周期较长，难以满足快速变化的就业市场对时效性的要求。

人工智能与传统方法形成互补，可以使就业质量评价更加及时地反映市场变化。在定期调查的基础上，结合人工智能的实时数据采集和分析，可以及时发现问题和趋势，为政府、企业和个人提供更具时效性的决策依据。例如，当人工智能系统检测到员工流动率突然提高时，可以立即触发警报，相关人员可以迅速进行深入分析，找出原因，如薪资待遇问题、工作环境不佳、职业发展空间受限等，并采取相应的措施，如调整薪资政策、改善工作环境、提供更多的培训和晋升机会等，以稳定员工队伍，提高就业质量。

三、就业质量评价个性化维度方面

（一）个性化需求的重要意义

每个人对于就业质量的感受和需求都存在差异，个体差异理论强调个体在社会环境中的独特经历和发展轨迹，因此个体在职业选择和对就业质量的期望上呈现出多样性。不同的人在工作环境、薪酬福利、职业发展机会等方面有着不同的期望和偏好。例如，有些人注重工作的稳定性，希望在一个稳定的企业中长期工作，享受稳定的收入和福利；而有些人则更注重职业发展的机会，愿意挑战高风险、高回报的工作岗位，以获取更快的职业晋升和个人成长。

传统评价方法难以满足个性化的需求。传统方法通常采用统一的标准和指标来评价就业质量，无法充分考虑到每个人的特殊情况。这可能会导致评价结果与个人的实际感受不符，影响评价的有效性和实用性。例如，传统的员工满意度调查可能会询问一些通用的问题，如对工作环境的满意度、对薪资待遇的满意度等，但这些问题可能无法准确反映每个员工的具体需求和感受。对于一个注重工作与生活平衡的员工来说，灵活的工作时间和良好的办公环境可能对他的满意度影响更大；而对于一个追求职业发展的员工来说，培训机会和晋升空间可能是他更关心的问题。

（二）人工智能的精准分析能力

人工智能可以根据个人的特定情况进行精准分析。从人才测评理论出发，通过多种测评方法和工具对员工的能力、素质等进行评估，人工智能借助大数据和先进算法拓展了人才测评的维度和精准度，实现个性化就业质量评价。通过分析个人的工作经历、技能水平、职业偏好等因素，人工智能可以为每个员工提供个性化的就业质量评价报告。例如，对于一个有丰富项目管理经验的员工，人工智能可以重点分析他在项目管理方面的表现和发展潜力。通过对他过去参与的项目进行分析，评估他的项目管理能力、团队协作能力、沟通能力等，并结合市场对项目管理人才的需求趋势，为他提供针对性的职业发展建议，如参加高级项目管理培训课程、争取领导更大规模的项目等。

结合传统的群体评价方法，可以更好地理解不同群体之间的差异和共性。传统的群体评价方法可以提供一些宏观的信息，例如不同行业、不同年龄段、不同性别的员工在就业质量方面的差异。而人工智能的个性化分析可以深入了解每个个体的情况。两者结合起来，可以为制定针对性的政策和企业管理策略提供支持。例如，通过对不同年龄段员工的群体评价，可以发现年轻员工更注重职业发展机会和工作环境的创新性，而年长员工更注重工作的稳定性和福利待遇。在此基础上，结合人工智能对每个员工的个性化分析，可以进一步了解每个年龄段员工中的个体差异，从而为企业制定更具针对性的人力资源管理策略提供依据。

（三）个性化评价的应用场景

为员工提供个性化的职业发展建议是人工智能个性化评价的重要应用之一。根据员工的个性化就业质量评价报告，企业可以为员工制定个性化的职业发展计划，帮助员工提升自己的就业质量。例如，对于一个有技术专长但沟通能力有待提高的员工，企业可以为他提供沟通技巧培训和项目领导机会，以提升他的综合能力。同时，企业还可以根据员工的职业发展需求，为他们提供个性化的培训课程、导师指导、内部晋升机会等，帮助员工实现自己的职业目标。

政府制定针对性的就业政策也可以受益于人工智能的个性化评价。政府可以根据不同群体的就业质量评价结果，制定针对性的就业政策，促进就业公平的实现和就业质量的提升。例如，对于一些就业困难群体，如残疾人、退役军人、低收入家庭等，政府可以通过人工智能分析他们的就业需求和困难，提供更多的培训和就业援助，提高他们的就业质量。同时，政府还可以根据不同地区、不同行业的就业质量差异，制定相应的产业政策和区域发展政策，促进就业资源的合理配置和就业质量的整体提升。

企业优化人力资源管理策略也是个性化评价的重要应用场景。企业可以利用个性化的就业质量评价结果，优化人力资源管理策略，提高员工的满意度和忠诚度。例如，对于一些对工作环境要求较高的员工，企业可以改善办公条件，提供更舒适的工作环境；对于一些注重职业发展的员工，企业可以提供更多的晋升机会和培训资源；对于一些注重薪酬福利的员工，企业可以调整薪资结构，提供更有竞争力的福利待遇。通过满足员工的个性化需求，企业可以提高员工的工作积极性和创造力，提升企业的竞争力和绩效水平。

第五章　就业质量评价方法

第一节　评价方法概述

一、评价方法的分类

（一）定性评价

定性评价在就业质量评估中具有独特的作用，它侧重于通过文字描述、专业判断来揭示就业质量的特征（吴新中，2017）。这种方法能够深入挖掘那些难以用数字量化的因素，例如员工在工作中的心理体验、对企业文化的认同感等。在定性评价中，研究者通常采用深度访谈的方式，与就业者进行一对一的交流，询问他们在工作中的感受，包括工作压力的来源、对工作环境的满意度、与同事和上级领导的关系等。通过这种深入的交流，研究者可以获取丰富的文本资料，这些资料能够生动地展现就业者在工作中的真实状态。

案例分析是定性评价的重要手段。例如，研究者可以选择某一特定企业作为案例，深入研究该企业的就业质量情况。在分析过程中，会考察企业的管理模式、员工福利政策、职业发展机会等方面，并通过对企业内部员工的访谈和相关文件资料的研究，形成对该企业就业质量的全面评估。这种基于案例的定性评价能够突出企业在就业质量方面的特色和问题，为其他企业提供借鉴和启示。

定性评价依赖于专业判断。专业人员凭借自己的经验和知识，对就业质量的各个方面进行分析和评估。例如，人力资源专家在评估企业的招聘流程是否公平公正时，会综合考虑招聘信息的发布渠道、选拔标准的合理性、面试过程的规范性等多个因素，并基于自己的专业判断给出评价结果。

（二）定量评价

定量评价侧重于利用数据分析和统计方法来精确地评估就业质量。它通过设计一系列可量化的指标，将就业质量的各个方面转化为数字，从而便于进行比较和分析。平均工资、工资增长率、工作时长和加班频率，以及福利待遇等都是常见的定量指标。

在衡量员工的薪酬水平时，平均工资是一个常用的定量指标。通过收集某一企业或行业内员工的工资数据，计算出平均工资，就可以直观地了解该企业或行业在薪酬方面的情况。

除了平均工资，工资增长率也是一个重要的定量指标。它反映了员工工资随时间的变化趋势，通过对不同时间段工资数据的统计分析，可以计算出工资增长率。这一指标对于评估企业的经济效益和对员工的激励程度具有重要意义。例如，某企业连续几年保持较高的工资增长率，说明该企业在经营状况良好的同时，注重对员工的回报，这有助于提高员工的工作积极性和忠诚度。

在工作时间方面，平均每周工作时长和加班频率是常用的定量指标。平均每周工作时长能够反映员工的工作强度，例如，在一些劳动密集型行业，员工的平均每周工作时长可能超过法定工作时间，这表明该行业的工作压力较大。加班频率则可以进一步细化对工作强度的评估，通过统计员工每月或每年的加班次数，可以了解企业在生产经营过程中的人力需求情况以及对员工休息权利的保障程度。

福利待遇也是就业质量评估的重要内容，在定量评价中，法定福利覆盖率（如五险一金的缴纳情况）和企业补充福利（如企业年金、带薪休假天数等）都可以用具体的数据来表示。例如，通过统计某企业员工享有五险一金的比例，可以判断该企业在法定福利方面的执行情况；而企业提供的带薪休假天数则直接体现了企业给予员工的额外福利。

（三）主观评价

主观评价强调评价者个人的主观判断和感受，它通常基于就业者自身的体验和认知。例如，员工满意度调查就是一种典型的主观评价方法。在员工满意度调查中，会设计一系列问题，询问员工对工作的各个方面的满意程度，如对工作内容的满意度、对工作环境的满意度、对上级领导的满意度等。员工根据自己的感受对这些问题进行打分，这些分数反映了员工的主观评价。

另一种主观评价方法是自我评价。就业者会对自己的职业发展、工作能力、工作成就等方面进行自我评价。例如，一位员工可能认为自己在过去一年中在专业技能方面有了很大的提升，尽管这种提升可能没有通过客观的数据来衡量，但它反映了员工个人的主观感受。这种自我评价对于了解就业者的职业心态和个人发展需求具有重要意义。

主观评价还体现在一些定性研究中，例如，在焦点小组访谈中，一组具有相似背景的就业者聚集在一起，讨论他们对工作的看法和感受。每个参与者都会基于自己的主观体验发表意见，这些意见的交流和碰撞能够形成对就业质量某些方面的主观评价。例如，一组销售人员在焦点小组访谈中可能会分享他们对销售业绩考核制度的不满，这种不满反映了他们基于个人工作体验的主观评价。

（四）客观评价

客观评价依据客观数据和标准来进行评价，它不依赖于个人的主观感受。例如，企业的财务数据可以作为客观评价就业质量的依据之一。通过分析企业的利润率、成本控制情况等财务指标，可以间接评估企业在就业质量方面的表现。如果一个企业具有较高的利润率且成本控制合理，那么它可能有更多的资源用于改善员工的薪酬待遇和工作条件，从而提升就业质量。

劳动生产率也是一个客观评价指标，它通过计算单位时间内员工创造的价值来衡量企业的生产效率。较高的劳动生产率通常意味着企业具有良好的运营管理和技术水平，这可能会为员工带来更好的职业发展机会和工作回报。例如，在一些高科技企业，由于采用了先进的生产技术和管理模式，企业的劳动生产率较高，员工的薪酬水平和福利待遇也相对较好。

政府制定的劳动标准和法规也是客观评价的重要依据。例如，法定工作时间、最低工资标准、劳动安全卫生标准等都是衡量就业质量的客观尺度。如果一个企业严格遵守这些劳动标准和法规，那么在一定程度上可以认为该企业的就业质量是有保障的。反之，如果企业存在违反劳动法规的行为，如超时加班、低于最低工资标准支付工资等，那么其就业质量必然受到影响。

二、评价方法的选择依据

（一）目的性

评价的目的和需求是选择评价方法的首要考虑因素。如果评价的目的是了解就业者对工作的主观感受和满意度，那么主观评价方法如员工满意度调查、焦点小组访谈等将更为合适。例如，一家企业希望了解员工对新的办公环境的感受，通过设计员工满意度调查问卷，询问员工对办公空间的舒适度、办公设施的便利性等方面的满意度，就可以直接获取员工的主观评价，从而为进一步优化办公环境提供依据。

如果评价的目的是对不同企业或行业的就业质量进行比较和排名，那么定量的客观评价方法则更为适用。例如，政府部门为了掌握本地区各行业的就业质量状况，可能会采用一系列客观的定量指标，如平均工资、劳动生产率、法定福利覆盖率等，对各行业进行量化评估。通过对这些数据的分析和比较，可以清晰地了解各行业在就业质量方面的优势和差距，为制定相关政策提供数据支持。

如果评价的目的是深入剖析某一企业或行业就业质量的内在机制和影响因素时，定性评价方法可能会发挥更大的作用。例如，研究人员想要探究某新兴行业的职业发展机会和挑战，通过对该行业内多家企业进行分析，深入了解企业的人才培养模式、晋升机制以及行业内的人才流动情况等，能够揭示该行业就业质量在职业发展方面的特点和问题。

（二）可行性

评价方法的选择必须考虑现有的数据条件和资源。如果企业或研究机构已经拥有大量的内部数据，如员工工资数据、绩效数据、考勤数据等，那么可以基于这些数据采用定量评价方法。例如，一家大型企业拥有完善的人力资源管理系统，记录了员工从入职到离职的所有相关数据。在评估企业的就业质量时，就可以充分利用这些数据，计算诸如平均工资、工资增长率、员工流失率等定量指标，对企业的就业质量进行全面评估。

然而，如果数据资源有限，那么可能需要选择一些相对简单易行的评价方法。例如，对于一些小型企业，它们可能没有完善的人力资源数据系统，在这种情况下，可以采用问卷调查或简单的访谈等方法来获取员工的反馈，进行初步的就业质量评价。这种方法虽然可能不如基于大数据的定量评价方法精确，但在数据有限的情况下，仍然能够提供有价值的信息。

除了数据条件，资源还包括人力、物力和财力等方面。一些复杂的评价方法可能需要专业的研究人员和昂贵的设备，在资源有限的情况下可能无法实施。例如，进行大规模的员工心理测评可能需要专业的心理学测评工具和经过培训的测评人员，如果企业不具备这些条件，就需要考虑选择其他更可行的评价方法，如简单的员工满意度调查或焦点小组访谈。

（三）科学性

评价方法应基于科学的原理和有效的工具，以确保评价结果的可靠性和有效性。在定量评价中，统计学原理是基础。例如，在设计员工薪酬水平的评价指标时，需要运用统计学中的抽样方法和数据处理技术，确保样本的代表性和数据的准确性。如果在抽样过程中没有遵循科学的抽样原则，可能会导致样本偏差，从而使评价结果失去意义。

同时，在选择评价工具时也要保证其有效性。例如，在进行员工能力测评时，要选用经过科学验证的测评工具。这些测评工具通常经过了大量的实证研究和测试，能够准确地测量员工的相关能力。如果随意选用未经科学验证的测评工具，可能无法真实地反映员工的能力水平，进而影响对就业质量在员工能力发展方面的评估。

在定性评价中，研究方法的科学性同样重要。例如，在进行深度访谈时，访谈提纲的设计要基于相关的理论和研究问题，确保访谈能够深入地获取有价值的信息。同时，访谈过程要遵循一定的规范，如保证访谈环境的安静、对访谈内容进行准确记录等，以保证访谈数据的质量。在案例分析中，案例的选择要有代表性，分析方法要科学合理，要能够从案例中提炼出有价值的结论和启示。

（四）可操作性

评价方法应具有较强的可操作性，简单易行，便于实施。如果一种评价方法过于复杂，操作难度大，那么不仅会增加评价的成本，还可能导致评价过程中出现各种问题，影响评价结果的准确性。例如，一些复杂的心理测评工具可能需要较长的时间来完成，且对测评环境和被测者的状态有较高的要求，如果在实际操作中无法满足这些条件，就可能使测评结果出现偏差。

相比之下，一些简单的评价方法如问卷调查和简短的访谈则更容易操作。问卷调查可以通过线上或线下的方式广泛发放，以收集大量的数据。在设计问卷时，要确保问题简洁明了，便于被调查者回答。例如，在员工满意度调查问卷中，采用选择题或简单的量表题（如 1~5 分的满意度评分），能够让员工快速地完成问卷，提高问卷的回收率和数据质量。

简短的访谈也具有较高的可操作性。例如，在对新员工进行入职访谈时，通过设计一些简单的问题，如对入职培训的感受、对新工作环境的适应情况等，能够快速地了解新员工的入职体验，为企业改进人力资源管理提供及时的反馈。这种简单易行的评价方法能够在不增加过多负担的情况下，有效地获取有价值的信息，便于企业或研究机构在日常工作中实施。

三、评价方法的发展趋势

（一）数据驱动

随着信息技术的飞速发展，就业质量评价方法越来越依赖于数据分析和处理。大数据时代为就业质量评价提供了丰富的数据资源，企业内部的人事数据、财务数据，以及外部的行业数据、宏观经济数据等都可以成为评价的依据。例如，通过分析企业人力资源管理系统中的员工绩效数据和薪酬数据，可以发现绩效与薪酬之间的匹配关系，进而评估企业内部的公平性。

数据分析技术的应用也使得评价更加深入和精确。例如，运用数据挖掘技术可以从海量的数据中发现隐藏的模式和规律。在就业质量评价中，可以通过数据挖掘分析员工的工作行为数据，如员工的工作时间分配、工作任务完成情况等，来评估员工的工作效率和工作投入度。同时，利用机器学习算法可以对就业质量进行预测和分类。例如，根据历史数据建立员工离职预测模型，通过分析员工的个人特征、工作表现、薪酬待遇等因素，预测员工的离职倾向，从而为企业提前采取措施留住人才提供依据。

此外，数据可视化技术的发展也使得评价结果更加直观易懂。通过将复杂的数据以图表、图形等形式展示出来，能够让企业管理者和决策者更直观地了解就业质量的状况。例如，用柱状图展示不同部门的平均工资水平，用折线图反映企业工资增长率的变化趋势，用饼图表示员工对不同福利项目的满意度等，这些可视化的数据展示方式有助于快速发现问题和做出决策。

（二）多维度

评价就业质量是一个多维度的复杂过程，它要求从不同的角度和层面进行综合考量。这种全面性是必要的，因为就业质量不仅关乎工资水平或就业率等直接经济指标，还涉及社会、心理和个人发展等多个层面。例如，工作是否提供了足够的职业发展空间、是否与个人的生活目标和价值观相匹配、是否能够带来心理上的满足感等，这些都是评价就业质量时需要考虑的重要因素。

深入性则要求在每个维度上进行细致的分析，以确保评价结果的准确性和可靠性。这意味着我们需要收集和分析大量的数据，包括定量的数据，如工资水平、工作时间和就业率，以及定性的数据，如工作满意度、工作与生活的平衡和职业安全感。通过对这些数据的深入分析，我们可以更准确地把握就业质量的真实状况，从而为政策制定和社会规划提供坚实的依据。

采用多维度评价方法，能够更全面地理解就业质量的内涵，识别出影响就业质量的关键因素，并制定出更有效的策略来提升就业质量。这种方法强调了跨学科合作的重要性，因为它需要整合经济学、社会学、心理学等多个学科的理论和方法。通过这种跨学科的合作，可以更深入地探索就业质量的各个方面，从而为提升就业质量提供更有力的支持。

（三）动态监测

评价方法越来越注重对就业状况的动态监测和预警，以能够及时发现就业质量的变化趋势和潜在问题。通过建立动态监测系统，实时收集和分析就业相关数据，可以对就业质量进行实时评估。例如，企业可以通过实时监测员工的工作绩效数据、考勤数据等，及时发现员工在工作中可能出现的问题，如工作效率下降、频繁请假等，并采取相应的措施进行干预。

在宏观层面，政府可以通过建立就业质量监测平台，收集和分析各行业、各地区的就业数据，如就业人数、失业率、工资水平等，及时掌握就业市场的动态变化。当发现某些行业或地区出现就业质量下降的趋势时，如失业率上升、工资增长率下降等，可以及时发布预警信息，并采取相应的政策措施进行调控。

动态监测还可以通过预测模型对未来的就业质量进行预测。例如，根据宏观经济数据、行业发展趋势、人口结构变化等因素，建立就业质量预测模型，预测未来一段时间内就业质量的变化情况。这种预测可以为企业和政府提前制定应对策略提供依据，避免因就业质量突然下降而带来的负面影响。例如，预测到某一行业在未来可能会因技术升级而导致大量员工失业，企业可以提前开展员工培训和转岗计划，政府可以出台相关的再就业扶持政策，以保障就业市场的稳定和员工的权益。

第二节 主要评价方法

一、指标法

(一) 指标法的理论基础

从经济学角度来看，劳动价值论为指标法提供了重要支撑。根据劳动价值论，劳动者的劳动创造价值，而就业质量在一定程度上反映了劳动者所创造价值的回报情况。例如，工资水平这一指标直接反映了劳动者劳动价值的货币化体现，通过对工资水平的衡量，可以评估劳动者在就业过程中所获得的经济回报是否合理。在一家制造业工厂里，熟练工人通过操作复杂的生产设备，投入大量的体力和脑力劳动，生产出具有市场价值的产品。如果这些工人的工资能够与他们所付出的劳动和创造的价值相匹配，那么从就业质量角度来看，在收入这一维度上是较为合理的。同时，劳动市场均衡理论也与指标法相关。在一个均衡的劳动市场中，工资、就业人数等指标会达到一种相对稳定的状态。当我们用指标法评价就业质量时，实际上也是在考察劳动市场是否处于均衡状态以及其偏离均衡的程度。例如，在某个以传统纺织业为主的地区，随着外部市场对该地区纺织产品需求的减少，纺织企业订单量下降，导致企业不得不削减员工数量，同时为了降低成本，降低了员工的工资水平。这种情况下，该地区纺织行业的失业率上升且工资水平下降，这表明该行业的劳动市场处于非均衡状态，就业质量较低。

从社会学角度而言，社会分层理论与指标法有联系。就业质量的高低在一定程度上决定了劳动者所处的社会层次。拥有高收入、高稳定性工作的劳动者往往处于较高的社会层次。例如，金融行业的高级分析师凭借专业的金融知识和丰富的经验，能够获得高额的薪水和稳定的工作环境，在社会中通常处于较高层次。而那些收入低、工作不稳定的劳动者则处于较低的社会层次，例如，一些短期临时工往往没有稳定的收入来源，其工作也随时可能中断，他们处于社会的较低层次。通过指标法对就业质量进行评价，可以帮助我们了解社会分层的现状和演变趋势。此外，社会公平理论也与指标法相关。就业质量评价中的指标如工资差距、职业发展机会公平性等，都反映了社会公平程度。如果一个地区不同行业、不同群体之间的工资差距过大，职业发展机会极不平等，这就表明该地区在就业方面存在社会不公平现象。例如，在某个城市中，新兴的互联网行业的员工平均年薪可达数十万元，而传统的手工制造业工人的平均年薪仅有几万元，且互联网行业有着广阔的职业晋升空间和大量的培训机会，而手工制造业工人则缺乏这些职业发展条件，通过指标法可以对这种不公平程度进行量化和分析。

（二）指标法的特点与优势

一是全面性。指标法能够综合多个维度的信息，提供全面的就业质量评价。它不是单一地从某个方面来评估就业质量，而是通过多个指标涵盖就业的各个环节和要素，从收入水平、工作稳定性、工作环境到职业发展机会等都能进行考量，从而给出一个综合的、全方位的就业质量评估结果。

二是客观性。通过量化指标，指标法能够减少主观判断的影响，提高评价的客观性。量化的数据本身具有明确性，相较于依赖主观感受和经验判断的评价方法，指标法以事实和数据说话，只要数据准确可靠，就能得出相对客观公正的评价。例如，在比较两个地区的就业质量时，通过失业率、平均工资等量化指标可以清晰地做出判断，而不是凭借模糊的感觉来进行判断。

三是可比性。指标法提供了标准化的评价结果，便于不同地区、不同时间的比较。无论是横向比较不同地区的就业质量，还是纵向比较同一地区不同时期的就业质量，都可以依据统一的指标和计算方法来进行。这种可比性有助于发现就业质量的差异和变化趋势，为政策制定和研究提供有力支持。

四是动态性。指标法支持动态监测和定期更新，能够反映就业质量的动态变化。它能够随着时间的推移，根据新的数据不断更新对就业质量的评价，及时捕捉到就业市场的变化，如某行业在新技术冲击下的就业质量的快速变化，进而为相关方提供及时准确的信息。

（三）指标法的局限性与挑战

一是指标选择的主观性。尽管指标法试图减少主观判断，但指标的选择和权重分配仍然可能受到主观因素的影响。不同的研究者或评价主体可能根据自己的研究目的和价值观选择不同的指标，并且在确定权重时也可能存在一定的偏好，这可能导致即使基于相同的数据，不同的人得出的就业质量评价结果也存在差异。

二是数据的局限性。数据的质量和可获取性可能限制了指标法的应用，特别是在数据稀缺的地区或领域。在一些经济不发达地区，可能缺乏完善的就业数据统计系统，导致无法获取全面准确的数据。而且某些新兴就业形态的数据收集可能存在难度，例如，自由职业者的收入数据往往难以准确统计，这就影响了指标法对这些领域就业质量的准确评估。

三是动态调整的复杂性。随着社会经济环境的变化，指标体系可能需要不断调整和更新，这增加了评价的复杂性。社会在不断发展，新的就业形式、就业问题不断涌现，如共享经济下的就业模式、远程工作带来的工作环境和职业发展变化等，都需要及时调整指标体系来适应，但这一过程涉及多方面的考虑和复杂的技术操作，实施起来具有一定的难度。

二、调查法

（一）问卷设计

在设计调查问卷时，首先要明确调查目的。如果调查目的是了解员工对企业薪酬福利的满意度，那么问卷内容应围绕薪酬福利展开。例如，询问员工对目前工资水平的满意度，包括基本工资是否能够满足生活需求、奖金发放是否公平合理等问题。同时，还会涉及福利待遇方面，如对五险一金缴纳比例的看法、对企业提供的补充福利（如带薪休假、节日福利等）是否满意等。如果调查目的是探究员工的职业发展状况，问卷则应侧重于与职业发展相关的问题。例如，询问员工在企业内是否有明确的职业发展规划、企业是否为员工提供了足够的晋升机会、员工在过去一年中是否参加过与职业发展相关的培训等。明确的调查目的能够确保问卷内容具有针对性，从而准确地获取所需的信息。

不同的目标群体对问题的理解和回答方式可能存在差异。例如，对于年轻的员工群体，问卷语言可以更加活泼、简洁，问题的设计可以更具创新性。而对于年龄较大的员工群体，问卷语言应更加正式、通俗易懂，问题应避免过于复杂和专业。如果目标群体是企业的基层员工，问卷问题应侧重于他们日常工作中能够直接感知到的方面，如工作强度、工作环境等。如果目标群体是企业的管理人员，问卷问题则可以更多地涉及企业战略、人才管理等宏观层面的内容。例如，询问管理人员对企业人才储备和培养计划的看法，以及在企业战略调整过程中如何保障员工的职业发展等问题。

一份完整的调查问卷应涵盖就业质量的多个方面。除了上述提到的薪酬福利和职业发展外，还应包括工作环境、工作与生活平衡、员工关系等内容。在工作环境方面，问卷可以询问员工对工作场所的物理环境（如办公设施、通风照明等）和人文环境（如团队氛围、企业文化等）的感受。对于工作与生活平衡，问卷可以询问员工是否能够按时下班、是否有足够的时间陪伴家人等问题。在员工关系方面，问卷可以了解员工与同事、上级领导之间的关系是否融洽等。通过全面地设计问卷内容，能够对就业质量进行较为完整的评估。

（二）样本选择

样本选择的随机性是确保调查结果具有代表性的关键。在进行就业质量调查时，要采用随机抽样的方法从目标总体中抽取样本。例如，如果要调查某城市的企业就业质量，首先要确定该城市的所有企业构成调查的总体，然后可以采用简单随机抽样或分层随机抽样的方法抽取样本。简单随机抽样是将所有企业编号，然后通过随机数生成器等工具随机抽取一定数量的企业。分层随机抽样则是先将企业按照行业、规模等因素进行分层，然后在每一层内进行随机抽样。这种随机性能够保证每个企业都有相同的被抽中的机会，从而避免了样本选择的偏差，使调查结果能够准确地反映总体的情况。

样本的广泛性也是重要的原则。广泛性要求样本不仅要涵盖不同类型的企业，还要包括不同层次的员工。例如，在企业类型方面，要包括制造业、服务业、金融业等不同行业的企业；在企业规模方面，要既有大型企业，也有中小型企业；在员工层次方面，要包括基层员工、中层管理人员和高层领导等。只有当样本具有足够的广泛性时，调查结果才能全面地反映就业质量的实际情况。例如，如果只调查大型企业的就业质量，而忽略了中小型企业，那么得出的结论可能会片面地偏向大型企业的情况，无法真实地反映整个就业市场的质量状况。

（三）数据收集

随着互联网技术的发展，线上数据收集方式越来越普及。在线问卷调查具有便捷、高效、成本低等优点。可以通过专业的在线调查平台发布调查问卷，这些平台通常具有强大的问卷设计、发布和数据收集功能。例如，通过电子邮件、社交媒体等渠道将调查问卷链接发送给目标样本，员工可以在自己方便的时间和地点通过电脑或移动设备完成问卷填写。在线调查平台还能够实时跟踪问卷的回收情况，及时提醒未填写问卷的样本进行填写。同时，数据的录入和整理由平台自动完成，大大提高了数据收集的效率。

线下数据收集方式仍然有其重要性。对于一些无法通过线上方式获取数据的情况，或者对于一些特定的目标群体，线下调查可能更为合适。例如，对于一些年龄较大、不太熟悉互联网操作的员工群体，或者在一些网络覆盖不全面的地区，线下问卷调查或访谈可能是更好的选择。线下数据收集可以采用面对面访谈、发放纸质问卷等方式。面对面访谈可以由调查人员与被调查者进行直接交流，及时解答被调查者的疑问，确保问卷填写的质量。发放纸质问卷则可以在企业内部、招聘会现场等场所进行，方便被调查者填写。但线下数据收集方式相对较为耗时、费力，成本也较高，需要合理安排调查人员和调查时间。

（四）数据分析

描述性统计分析是数据分析的基础步骤。它主要通过对数据进行汇总、整理和描述，以展示数据的基本特征。例如，在就业质量调查数据中，可以计算各个变量的均值、中位数、众数、标准差等统计量。通过计算员工工资的均值，可以了解样本中员工的平均工资水平；中位数则可以反映工资数据的中间位置，不受极端值的影响；众数可以找出最常见的工资数值；标准差则可以衡量工资数据的离散程度，标准差越大，说明员工工资的差异越大。此外，还可以通过频率分布表和直方图等形式直观地展示数据的分布情况，如员工对工作满意度的不同等级的分布频率等。

相关性分析用于研究变量之间的相互关系。在就业质量调查中，可以分析不同因素之间的相关性。例如，分析员工工资水平与工作满意度之间的关系，可以通过计算相关系数，判断两者之间是正相关、负相关还是无相关。如果相关系数为正且数值较大，说明工资水平越高，员工的工作满意度越高；如果相关系数为负，则表示工资水平越高，员工的工作满意度反而越低；如果相关系数接近0，则表明两者之间没有明显的线性关系。相关性分析有助于发现影响就业质量的关键因素及其相互作用关系，为进一步的深入分析和决策提供依据。

差异性分析用于比较不同组之间的差异。例如，比较不同行业、不同性别、不同年龄段员工的就业质量差异，可以采用t检验、方差分析等方法进行差异性分析。如果通过 t 检验发现男性员工和女性员工在平均工资上存在显著差异，那么就需要进一步分析导致这种差异的原因是行业分布不同、职业选择差异还是存在性别歧视等因素。通过差异性分析，可以深入了解就业质量在不同群体之间的差异情况，为制定针对性的政策和措施提供数据支持。

三、计量经济模型法

（一）模型选择

回归分析是计量经济模型法中最常用的方法之一。在就业质量评估中，简单线性回归可以用于分析单个因素对就业质量的影响。例如，以员工的工资水平作为被解释变量，以员工的工作年限作为解释变量，构建简单线性回归模型。通过回归分析，可以估计出工作年限每增加一年，工资水平平均增加多少。

多元线性回归则可以考虑多个因素对就业质量的综合影响。例如，将员工的工资水平作为被解释变量，解释变量可以包括工作年限、教育程度、职业技能等级等多个因素。多元线性回归能够分析出每个因素在控制其他因素不变的情况下，对工资水平的独立影响。此外，还有非线性回归模型，用于处理变量之间存在非线性关系的情况，如工资增长与工作经验之间可能存在的先增后减的倒 "U" 形关系等。

时间序列分析适用于研究就业质量随时间的变化规律。例如，分析某地区失业率在过去几十年中的变化趋势，可以通过对失业率时间序列数据的分析，发现失业率是否存在季节性波动、长期趋势以及周期性变化等特征。时间序列分析还可以用于预测未来的就业质量。例如，利用自回归移动平均模型（ARMA）或自回归综合移动平均模型（ARIMA）等方法，根据历史数据对未来一段时间内的失业率或工资水平等就业质量指标进行预测。这种预测对于政府制定就业政策和企业进行人力资源规划都具有重要意义。

面板数据模型结合了横截面数据和时间序列数据的特点。在就业质量研究中，如果要分析多个企业或多个地区在一段时间内的就业质量变化，面板数据模型就非常适用。例如，研究不同地区的制造业企业在过去五年内的员工工资增长情况和劳动生产率变化。面板数据模型可以控制个体异质性，即不同企业或地区之间的固有差异，从而更准确地分析出时间因素和其他解释变量对就业质量的影响。它能够在考虑企业或地区特性的基础上，分析诸如技术创新投入、产业政策等因素如何影响就业质量在不同主体和不同时间上的表现。

（二）变量设定

在构建计量经济模型评估就业质量时，确定解释变量是关键步骤。解释变量是影响就业质量的因素。以工资水平作为就业质量的一个重要表征，教育程度通常是一个重要的解释变量。一般来说，受过更高教育的劳动者往往能获得更高的工资。例如，拥有大学本科及以上学历的员工比高中学历的员工的平均工资更高。工作经验也是常见的解释变量。随着工作经验的积累，员工的工作技能和工作效率可能会提高，进而影响工资水平。例如，在技术型行业，具有多年工作经验的工程师往往比刚毕业的新手能拿到更高的薪水。此外，行业类型也是重要的解释变量，例如，金融、互联网等行业的平均工资水平通常高于传统制造业。

被解释变量是我们要研究和评估的就业质量相关指标。除了工资水平外，就业稳定性也可以作为被解释变量。例如，可以用员工的平均工作年限来衡量就业稳定性。在模型中，将企业规模、行业发展趋势、地区经济发展水平等作为解释变量，分析这些因素如何影响员工的就业稳定性。员工满意度同样可以作为被解释变量。通过设计合理的员工满意度指标体系，将其量化后作为被解释变量，然后研究诸如企业文化、领导风格、福利待遇等解释变量对员工满意度的影响。此外，劳动生产率也是重要的被解释变量，分析技术创新投入、员工培训投入等解释变量与劳动生产率之间的关系，可以从侧面反映就业质量。

在设定变量时，必须充分考虑变量之间的因果关系。例如，在研究企业培训对员工工资增长的影响时，要确保是培训导致了工资的增长，而不是其他因素同时影响了培训和工资。可能存在反向因果关系的情况，比如企业可能更倾向于给工资高的员工提供培训机会，这就需要通过合适的方法来识别和处理这种因果关系。一种方法是寻找工具变量，工具变量要与解释变量相关，但与误差项不相关。例如，在研究教育程度对就业质量的影响时，如果担心存在个人能力等不可观测因素同时影响教育程度和就业质量，可以使用当地学校数量或教育政策等作为教育程度的工具变量，以准确识别教育程度与就业质量之间的因果关系。

（三）数据准备

对于计量经济模型分析，数据收集至关重要。数据来源广泛，既包括政府统计部门发布的数据，又包括企业内部数据。政府统计部门发布的数据，如国家和地方统计局公布的就业人口、工资水平、行业就业结构等数据，这些数据具有权威性和宏观性，能够为研究提供总体层面的信息。

收集到的数据往往会存在一些问题，需要进行数据清洗。一方面，收集到的数据可能存在数据缺失的情况，例如，在员工工资数据中，部分员工的奖金数据可能没有记录。对于这种缺失值，需要根据具体情况进行处理，可以采用均值替代、回归预测填充或直接删除含有缺失值的样本等方法。另一方面，收集到的数据中还可能存在异常值，如个别员工的工资过高或过低，可能是数据录入错误或特殊情况导致的。对于异常值，可以通过统计方法识别出来，如利用箱线图确定上下四分位数和四分位距，将超出一定范围的值视为异常值，然后根据实际情况进行修正或删除。

在某些情况下，需要对原始数据进行变量转换以满足模型的假设或提高模型的拟合效果。当变量存在非线性关系时，可能需要对变量进行对数转换。例如，当研究工资水平与工作经验的关系时，我们可能发现两者不是简单的线性关系，此时对工资水平取对数后，可能会使模型的拟合效果更好。另外，对于一些分类变量，如行业类型（制造业、服务业等），需要进行虚拟变量处理。将每个类别转化为一个二进制的虚拟变量，以便在回归模型中进行分析。例如，设制造业为 0，服务业为 1，这样就可以将行业类型这个分类变量纳入计量经济模型中进行分析。

（四）模型估计

模型估计通常需要借助专业的统计软件来完成。常用的统计软件有 Stata、Eviews、R 语言等。这些软件提供了丰富的函数和工具来进行计量经济模型的估计。以 Stata 为例，在进行回归分析时，只需输入相应的命令和数据，就可以快速得到回归结果，包括回归系数、标准误、t 值、p 值等。在时间序列分析中，这些软件也能方便地实现各种模型的估计。例如，在 Eviews 中，可以轻松地对时间序列数据进行平稳性检验、模型识别、参数估计和预测等操作。对于面板数据模型，R 语言提供了强大的包来处理面板数据，能够准确地估计模型参数并进行相关的统计检验。

在模型估计后，需要检验模型的稳定性。模型稳定性是指模型在不同样本或不同时间段内的参数是否保持一致。对于时间序列模型，可以通过单位根检验来判断数据的平稳性，若数据不平稳，可能会导致伪回归现象，使模型结果失去意义。还可以进行协整检验，确定非平稳变量之间是否存在长期稳定的均衡关系。对于面板数据模型，可以进行 Hausman 检验来选择固定效应模型还是随机效应模型，以确保模型的合理性和稳定性。通过这些检验，可以保证模型的可靠性，使模型能够准确地反映就业质量相关变量之间的关系。

模型的预测能力也是重要的评估方面。通过将样本数据分为训练集和测试集，用训练集估计模型参数，然后用测试集来检验模型的预测效果。例如，在预测失业率的模型中，用过去的数据估计模型后，对未来一段时间的失业率进行预测，然后与实际数据进行比较。可以采用均方误差（MSE）、平均绝对误差（MAE）等指标来衡量预测误差。如果模型的预测误差较小，说明模型具有较好的预测能力，可以用于对未来就业质量相关指标的预测和分析，为政策制定和企业决策提供有价值的参考。

（五）结果解释

对模型结果进行解释时，首先要分析各个变量对就业质量的影响。以多元线性回归模型为例，如果模型结果显示教育程度的回归系数为正且在统计上显著，这意味着在其他条件不变的情况下，教育程度越高，就业质量（如工资水平）越高。再如，在分析工作环境对员工满意度（作为就业质量的一个方面）的影响时，如果代表工作环境改善的变量的回归系数为正，说明工作环境的优化能够提高员工的满意度。通过这种分析，可以确定影响就业质量的关键因素及其作用方向，为改善就业质量提供方向指引。

在解释模型结果时，不仅要关注统计意义，还要考虑实际意义。例如，在一个关于员工培训与劳动生产率关系的模型中，可能发现培训时间每增加 1 小时，劳动生产率的提升幅度在统计上是显著的，但从实际操作来看，这种提升幅度可能非常小，且并不具有实际的经济价值。或者在分析企业规模与工资水平的关系时，虽然模型显示企业规模越大，工资水平越高，但可能存在这样的情况：大企业的工资水平虽然高，但工作压力大、工作与生活失衡等问题导致员工的实际就业质量并没有显著提高。因此，在解释模型结果时，要结合实际情况，综合考虑各种因素，使模型结果能够更好地应用于实践。

第三节　评价方法的应用

一、指标法的应用

（一）政府层面

政府在评估整体就业状况时，指标法起着至关重要的作用。通过构建涵盖多领域的就业质量指标体系，政府能够全面且系统地了解就业市场动态（王维 等，2024）。例如，失业率是一个关键指标，它直观地反映了劳动力市场的供需关系。低失业率通常意味着经济较为活跃，就业机会较多；反之，则可能预示着经济衰退或行业结构调整带来的就业问题。除失业率外，劳动参与率也是重要指标，它体现了有劳动能力的人口参与经济活动的积极性。较高的劳动参与率表明社会对就业的重视程度高，且劳动力资源得到了较为充分的利用。

基于指标法所确定的各类就业指标，政府可以科学地制定和调整就业政策。例如，当发现青年失业率偏高时，政府可以针对性地出台鼓励企业招聘应届毕业生的补贴政策，或加大对青年职业技能培训的投入。通过跟踪培训后就业率这一指标，评估政策实施的效果。若培训后就业率显著上升，说明政策方向正确，可继续加强或推广；若效果不佳，则需对培训内容、培训方式或相关配套政策进行调整。又如，通过观察不同行业的平均工资增长率，若发现某些新兴行业工资增长迅猛但相关专业人才短缺，则政府可制定优惠政策吸引人才流入该行业，促进产业与人才的协同发展。

（二）企业层面

企业可以运用指标法对员工的就业质量进行量化评估。在经济待遇方面，除了基本工资，还可以考虑绩效奖金、福利补贴等综合收入指标。例如，通过计算福利补贴占员工总收入的比例，判断企业在福利方面的投入是否合理。工作时间也是重要的评估指标，平均每周工作时长和加班频率能够反映员工的工作强度。如果企业发现某部门的员工加班频率过高，可能意味着该部门工作流程存在问题，或人力配置不合理，企业可据此进行优化。

根据指标法得出的结果，企业可以有针对性地进行人力资源管理。例如，员工流失率是反映企业人才吸引力和员工忠诚度的关键指标。如果企业的员工流失率较高，通过进一步分析与之相关的指标，如职业发展机会、工作环境满意度等，企业可以找出导致员工离职的主要因素。若发现是职业发展受限导致员工离职，企业可完善内部晋升机制，增加员工培训和轮岗机会，为员工提供更清晰的职业发展路径，从而降低员工流失率，提升整体就业质量，增强企业的人才竞争力。

（三）学术研究

学者在就业质量的理论研究中广泛应用指标法，通过构建不同维度的就业质量指标，深入探讨就业质量的内涵和外延。例如，在研究就业质量与经济发展的关系时，将就业质量分解为工资水平、就业稳定性、工作环境、职业发展等多个子指标，分析它们与经济增长、产业结构升级等宏观经济变量之间的相互作用机制，从而丰富和完善就业理论体系。

在实证分析方面，指标法为学者提供了可靠的数据基础。以研究不同地区就业质量差异为例，学者可以收集各地区的相关指标数据，如各地区同行业的平均工资、法定福利覆盖率、职业培训参与率等。通过对这些数据的统计分析，如运用多元回归分析方法，研究地区经济发展水平、教育资源分布、产业结构等因素如何影响就业质量，进而验证相关理论假设，为政策制定和实践操作提供实证依据。

二、调查法的应用

（一）政策评估

政府和研究机构通过调查法能有效评估就业政策的实施效果。例如，在评估一项新的创业扶持政策时，设计专门的调查问卷，针对创业企业和创业者进行调查。问卷内容包括对政策的知晓度、政策对创业资金的帮助程度、对创业环境改善的感知等。通过对大量样本的调查和数据分析，了解政策是否真正达到了预期的促进创业、增加就业的目标。如果调查发现创业者对政策的知晓度较低，可能需要加强政策宣传力度；若创业者反映资金扶持力度仍不够，政府则可考虑调整相关政策的资金支持额度或方式。

调查法还能为政策调整提供依据。以失业保险政策为例，通过对失业人员的调查，了解他们在领取失业保险金期间的求职行为、生活状况以及再就业面临的困难等。若调查显示大部分失业人员在领取失业保险金期间缺乏有效的求职渠道和再就业培训机会，政府可在失业保险政策中增加对再就业服务的投入，如提供免费的职业技能培训、搭建更广泛的求职平台等，使失业保险政策不仅起到保障失业人员基本生活的作用，还能积极促进他们重新就业。

（二）市场调研

企业通过调查法可以深入了解员工的满意度情况。例如，设计包含工作内容、上级领导、同事关系、薪酬福利、职业发展等多方面内容的员工满意度调查问卷。通过定期开展调查，企业可以及时发现员工对工作各方面的满意程度和存在的问题。如果调查发现员工对薪酬福利的满意度较低，企业可进一步分析是工资水平、福利种类还是发放方式等方面存在问题，进而有针对性地进行调整和改进，提高员工的工作积极性和忠诚度。

在市场需求方面，企业可以通过对客户或潜在客户进行调查，了解市场对产品或服务的需求和期望。例如，一家互联网企业通过在线问卷和用户访谈，了解用户对其产品功能、用户体验、收费模式等方面的需求和意见。根据调查结果，企业可以决定产品的优化方向，如增加用户急需的功能模块，改进操作界面以提升用户体验，或者调整收费模式以提高市场接受度，从而增强企业在市场中的竞争力。

（三）社会调查

社会组织利用调查法可以对各类社会就业问题进行深入调查和研究。例如，针对就业中的性别歧视问题，社会组织可以设计调查问卷，对不同行业、不同地区的企业和就业者进行调查。问卷内容包括招聘过程中的性别偏好、工作过程中的薪酬和晋升机会是否存在性别差异等。通过对调查数据的分析，揭示就业性别歧视的现状、表现形式和影响因素，为推动性别平等的就业政策和社会舆论营造提供有力的数据支持。

基于社会调查的结果，社会组织可以策划和实施相关公益项目。例如，在调查发现农村贫困地区存在大量劳动力闲置且缺乏就业技能的问题后，社会组织可以策划针对这些地区劳动力的免费职业技能培训公益项目。在项目实施过程中，还可以通过后续调查跟踪培训效果，如培训后就业情况、收入增长情况等，不断优化项目内容和实施方式，提高公益项目的有效性和可持续性。

三、计量经济模型法的应用

（一）经济预测

政府和研究机构借助计量经济模型能够对就业趋势进行预测。例如，利用时间序列模型，通过分析过去多年的就业人数、失业率、劳动力参与率等数据，预测未来短期内这些就业指标的变化趋势。这种预测对于政府提前制定应对就业波动的政策至关重要。如果预测到未来某段时间内失业率可能上升，政府可以提前采取措施，如加大基础设施建设投资以创造更多就业岗位，或者提前开展就业援助计划，帮助失业人员尽快再就业。

在分析经济形势方面，计量经济模型可以综合考虑多个经济变量与就业质量之间的关系。例如，通过构建包含国内生产总值（GDP）增长率、通货膨胀率、利率等宏观经济变量与就业质量指标（如平均工资、就业岗位数量等）的计量模型，分析宏观经济形势变化对就业质量的影响。当GDP增长率放缓时，模型可以预测出就业岗位数量可能减少以及工资增长可能停滞等情况，帮助政府和研究机构及时把握经济形势与就业市场之间的动态联系，为制定宏观经济政策提供参考。

（二）决策支持

企业可以利用计量经济模型为人力资源管理决策提供支持。例如，在招聘决策方面，通过建立回归模型，分析招聘渠道、招聘成本、应聘者特征等因素与招聘效果（如招聘到的员工绩效表现、留用率等）之间的关系。根据模型结果，企业可以选择最有效的招聘渠道，合理控制招聘成本，提高招聘质量。在员工薪酬决策中，运用计量模型分析企业利润、行业薪酬水平、员工绩效等因素与本企业薪酬水平的关系，制定出既具有外部竞争力又符合企业内部财务状况和激励机制的薪酬策略。

在企业战略决策方面，计量经济模型也有重要应用。例如，企业在考虑进入新的行业或市场时，通过建立面板数据模型，分析该行业或市场的经济增长潜力、劳动力成本、人才供应情况等因素与企业预期收益之间的关系。如果模型预测进入该行业或市场能够带来可观的收益且人力资源相关风险可控，企业可以果断做出战略进入决策；反之，则需重新评估或调整战略方向。

（三）学术研究

学者在经济学理论研究中广泛应用计量经济模型。例如，在研究劳动经济学中的工资决定理论时，通过构建包含个人特征（如教育程度、工作经验等）、企业特征（如企业规模、行业类型等）和宏观经济因素（如地区经济发展水平、通货膨胀率等）的多元回归模型，深入探讨工资的决定机制，对传统的工资理论进行拓展和完善。这种基于计量模型的研究能够更准确地揭示经济变量之间的内在关系，推动经济学理论的发展。

在实证研究方面，计量经济模型为学者提供了严谨的分析工具。例如，在研究教育投资对就业质量的长期影响时，利用面板数据模型和长期追踪数据，控制个体异质性和时间趋势等因素，准确评估教育投资在不同时间段、不同人群中的就业质量提升效果。通过这种深入的实证研究，学者可以为教育政策制定、人力资源开发等提供更具科学性和针对性的建议。

第六章　就业质量评价指标体系构建

第一节　指标体系构建原则

一、科学性原则

首先，在构建就业质量评价指标体系时，科学性原则至关重要（宋丽贞，2016）。理论依据是就业质量评价指标选择的基石。劳动经济学为就业质量评价提供了丰富的理论源泉。例如，在分析就业者的薪资水平时，劳动经济学中的工资决定理论起到了关键作用。根据边际生产力理论，劳动者的工资取决于其边际生产力，即劳动者每增加一单位劳动投入所增加的产出。这意味着，在选择衡量薪资水平的指标时，要考虑到行业的生产效率、劳动者的技能水平等因素，这些因素是影响劳动者边际生产力进而影响工资的关键。社会学理论也不可或缺。从社会分层的角度来看，就业质量与劳动者所处的社会层次密切相关。不同社会层次的劳动者在就业机会、工作环境、职业发展等方面存在差异。因此，在构建指标体系时，要考虑到反映社会分层因素的指标，如职业声望、社会网络资源等。这些指标能够帮助我们从社会学视角更全面地评估就业质量。

其次，所选指标应经过实证研究的充分验证。例如，就业稳定性这一指标，通过对大量企业和员工的长期跟踪调查发现，较低的员工离职率往往与企业良好的发展前景、合理的薪酬福利制度以及和谐的工作氛围相关。这一实证结果验证了将离职率作为就业稳定性衡量指标的有效性。再如，职业发展机会这一指标，实证研究表明，企业为员工提供的内部培训次数、晋升渠道的透明度等因素与员工职业发展机会的多寡密切相关，这些实证研究为指标的选择提供了可靠依据。

最后，指标的数据来源必须具有科学性。在宏观层面，对于如国家和地区的失业率、就业增长率等宏观层面的就业数据，其通常来源于政府统计部门。这些部门采用严谨的抽样调查和统计方法，确保数据的准确性和可靠性。在微观层面，企业内部的人力资源数据也需要科学地收集和处理。例如，企业在记录员工的绩效数据时，要采用标准化的评估方法，避免主观随意性。同时，对于通过问卷调查获取的数据，如员工满意度等，在问卷设计、样本选择、数据收集和整理过程中都要遵循科学规范，确保数据能够真实反映就业质量状况。

二、系统性原则

系统性原则要求就业质量评价指标体系全面覆盖影响就业质量的各种因素。从经济层面来看，不仅要考虑就业者的当前收入，还要考虑其未来的收入增长潜力，即职业发展机会带来的潜在经济收益。例如，在新兴的互联网行业，员工可能会因为参与具有发展潜力的项目而获得股票期权，这虽然不是当前的实际收入，但对其长期的经济状况有着重要影响。在社会层面，除了常见的就业公平性和社会保障覆盖率外，还应考虑社会网络资源对就业质量的影响。劳动者所处的社会网络能够为其提供就业信息、职业推荐等支持，这种社会资本的作用在某些行业和地区尤为明显。例如，在一些家族企业聚集的地区，家族关系网络对成员的就业和职业发展起到重要作用，因此在指标体系中可以考虑设置反映劳动者社会网络资源丰富程度的指标，如社会关系的广度和深度、通过社会网络获取就业帮助的频率等。在个人层面，除了个体满意度、职业技能水平和工作与生活平衡外，还应考虑个人的职业价值观与工作的契合度。不同的劳动者具有不同的职业价值观，有些人更注重工作的成就感，有些人则更看重工作的稳定性。当劳动者的职业价值观与所从事的工作相契合时，他们能够从工作中获得更高的心理满足感，进而提升其就业质量。因此，可以通过职业价值观测评等方法，在指标体系中纳入反映职业价值观与工作契合程度的指标。

就业质量评价指标体系应具有清晰的层次结构。在宏观层面，国家和地区的整体就业状况指标如失业率，反映了整个劳动力市场的供求关系。失业率的高低直接影响到社会的稳定和经济的发展。例如，在经济衰退时期，失业率上升，不仅会导致家庭收入减少，还可能引发一系列社会问题。在中观层面，行业和企业就业状况指标则更为具体。以行业就业密度为例，它反映了某一行业在特定区域内吸纳劳动力的能力。在一些劳动密集型行业，如纺织业，较高的就业密度意味着该行业在当地经济中具有重要地位，能够提供大量的就业岗位。而企业员工满意度这一中观指标与企业的人力资源管理策略密切相关，直接影响企业的生产效率和员工的流失率。在微观层面，个人就业状况指标则聚焦于个体。个人收入水平直接决定了就业者的生活质量，而工作满意度则反映了就业者对自身工作的主观感受。例如，一位高收入但工作压力极大且缺乏成就感的员工，其工作满意度可能并不高，这表明其就业质量存在一定问题。

指标之间相互关联，共同反映就业质量的整体状况。例如，就业者的教育水平与职业发展机会之间存在着密切的因果关系。一般来说，较高的教育水平为就业者提供了更广阔的职业发展空间，使其有更多机会获得晋升和培训。薪资水平与工作满意度之间存在相关关系。通常情况下，较高的薪资水平会带来较高的工作满意度，但这种关系并非绝对。当薪资水平达到一定程度后，其他因素如工作环境、职业发展机会等可能会对工作满意度产生更大的影响。职业安全与工作满意度也存在一定的关联。一个工作环境安全的岗位往往会让员工感到安心，从而提高其工作满意度。这些指标之间的关联性体现了就业质量是一个由多个相互影响的因素构成的有机整体。

三、可操作性原则

可操作性原则要求就业质量评价指标的数据容易获取。在宏观层面，政府统计部门定期公布的就业数据，如就业人口数量、失业率等，是现成且可靠的数据来源。这些数据通过大规模的抽样调查和科学的统计方法得出，具有权威性和稳定性，能够为宏观层面的就业质量评估提供有力支持。在中观层面，行业协会通常会收集和发布行业相关数据，如行业平均工资、行业就业增长率等；企业内部的人力资源管理系统也能够提供丰富的数据，如员工的薪酬数据、绩效评估数据等。这些数据来源稳定，且能够方便地获取用于中观和微观层面的就业质量评价。对于一些新兴的就业形态，如网络直播行业，虽然其数据获取相对复杂，但可以通过网络平台的相关数据统计，如主播的收入流水、粉丝数量等，结合对主播的问卷调查来获取数据，确保在新兴行业也能实现数据的可获取性。

就业质量评价指标的计算方法应简单易行，便于实际操作。例如，薪资水平这一指标可以通过平均计算得出。在企业层面，可以将所有员工的工资总额除以员工总数得到平均工资；在行业层面，可以将各企业的工资数据汇总后计算行业平均工资。这种计算方法直观明了，不需要复杂的计算过程。对于职业发展机会指标中的晋升机会，可以通过计算一定时期内企业员工晋升的人数占总员工人数的比例来衡量。假设某企业每年有 10 名员工获得晋升，企业总员工数为 100 人，那么该企业的晋升比例就是 10%。这种计算方法能够直观地反映企业为员工提供的职业发展空间。

就业质量评价指标体系应能够及时反映就业市场的最新变化。在当今快速发展的数字经济时代，新兴职业不断涌现，传统职业的内涵也在不断变化。例如，随着大数据、人工智能等技术的发展，数据分析师、算法工程师等新兴职业应运而生，这些职业的就业质量评价指标需要及时纳入指标体系。政府统计部门和行业协会应加强对新兴职业的跟踪监测，定期更新相关数据。企业也需要及时更新内部的就业质量评价指标。例如，随着企业业务的拓展和技术的升级，企业对员工的技能要求会发生变化，这就需要及时调整职业技能水平相关的指标。同时，员工的工作需求和期望也在不断变化，企业应通过定期的员工调查等方式，及时了解员工对工作满意度、工作与生活平衡等方面的新需求，进而更新相应的指标体系，确保指标体系能够准确反映就业市场和企业内部的实际情况。

四、动态性原则

动态性原则首先体现在时效性上。就业市场是不断变化的，就业质量指标体系必须能够反映这种变化。例如，在当前数字化转型的时代，传统制造业对工人的需求逐渐减少，而对掌握数字技术的人才的需求增加。因此，就业质量评价指标体系应及时纳入与数字技能相关的指标，如员工的数字技术培训时长、数字技能证书获取情况等，以反映就业市场在技术变革下的新需求。

就业质量评价指标体系要能够适应不同地区、不同行业的特殊情况。不同地区的经济发展水平和产业结构存在差异，就业质量的侧重点也不同。在经济发达地区，可能更注重就业的高层次需求，如职业发展机会、工作与生活的平衡等；而在经济欠发达地区，就业者可能更关注基本的薪资水平和就业稳定性。同样，不同行业的就业特点差异明显。例如，在高风险行业如矿业，职业安全指标的权重应相对较高；而在创意产业行业，职业发展机会和工作环境的创意氛围等指标则更为重要。

就业质量评价指标体系还应具有一定的前瞻性。例如，随着人工智能技术的发展，未来可能会出现大量与人工智能相关的新职业，同时一些传统职业可能会逐渐消失。就业质量评价指标体系应能够预见这种变化趋势，提前考虑纳入与人工智能相关职业的发展潜力、就业者对新技术的适应能力等指标，以便为就业政策的制定和个人的职业规划提供前瞻性的指导。

五、公平性原则

首先，公平性原则要求就业质量评价指标体系考虑不同群体的就业状况。其一，某些行业中可能存在性别工资差距，如女性平均薪资低于男性。这不仅是性别不平等的表现，也反映了潜在的系统性问题。因此，就业质量评价指标体系应包括衡量性别工资差距的具体指标，如男女同工同酬的比例、女性高管的比例等。通过这些指标，我们可以更直观地评估和改善性别平等状况。其二，一些行业对年轻员工有明显偏好，导致中老年求职者面临就业障碍。除了招聘过程中的年龄歧视外，中老年员工在晋升和发展机会上也常常受到限制。例如，某些企业在培训和发展项目中优先考虑年轻员工，而忽略了中老年员工的需求。因此，就业质量评价指标体系应包含反映不同年龄段职业发展空间差异的指标，如各年龄段的晋升速度和参与培训的机会，以确保所有年龄段的员工都能得到公平对待。其三，不同教育背景的求职者在就业市场上存在显著差异。高学历群体通常有更多的职业选择和更高的薪资水平，而低学历求职者则面临更多限制。为了评估和改善这一状况，就业质量评价指标体系应包括反映因教育背景导致的就业质量差异的指标，如不同学历层次的就业率和薪资水平对比，这样可以揭示教育背景对就业质量的影响，促进教育和就业之间的公平性。

其次，就业质量评价指标体系应反映就业机会的均等性。平等就业机会是就业公平的重要体现。例如，在招聘过程中，应确保不同性别、种族、宗教信仰等群体在获得面试机会、录用机会等方面的平等。可以通过设置指标来衡量企业或行业在招聘过程中的公平性，如不同群体的应聘成功率、录用比例等。在职业培训和晋升方面，也应保证机会均等。例如，通过统计不同群体在企业内部获得培训和晋升的比例，来评估就业机会的均等程度。

最后，就业质量评价指标体系应反映就业者的权益保护情况。劳动权益保障是就业者最基本的权益，包括劳动合同的签订率、工作时间的合规性、加班补偿的落实情况等。例如，劳动合同签订率能够反映就业者与用人单位之间的法律保障关系，较高的签订率意味着就业者的权益在法律上得到更好的保障。在一些劳动密集型行业，如建筑业，农民工的权益保护问题较为突出，因此就业质量评价指标体系应能够突出反映这部分群体的权益保护情况，如农民工工资按时发放率、工伤保险参保率等。

第二节　指标体系框架设计

一、总体框架

（一）宏观层

宏观层主要关注国家和地区的整体就业状况，是就业质量评价的重要基础（曾湘泉，2020）。宏观层的就业质量评价指标主要有失业率、就业增长率和劳动参与率等。

失业率是宏观层最具代表性的指标之一，它反映了劳动力市场的供求关系。失业率的计算通常是用失业人口数除以劳动力人口数。例如，一个地区有100万劳动力人口，其中失业人口为5万人，那么该地区的失业率就是5%。失业率的高低直接影响社会的稳定和经济的发展，高失业率可能导致消费能力下降、社会矛盾增加等问题。

就业增长率也是宏观层的关键指标，它体现了一个国家或地区在一定时期内就业岗位的增加情况。其计算公式为

（本期就业人数－上期就业人数）/上期就业人数×100%　　（6-1）

例如，某地区上期就业人数为500万人，本期就业人数为520万人，那么该地区的就业增长率为（520-500）/500×100%＝4%。就业增长率高意味着经济发展在创造就业方面有良好表现，能够为劳动者提供更多的就业机会，进而提升整体的就业质量。

此外，宏观层还可以考虑劳动力参与率这一指标，它是指劳动力人口占劳动年龄人口的比例。较高的劳动力参与率表明该地区有更多的劳动年

龄人口愿意参与到劳动力市场中，反映了地区经济的活力和就业吸引力。例如，一个地区的劳动年龄人口为 120 万人，其中劳动力人口为 90 万人，那么劳动力参与率为 $90/120×100\% = 75\%$。

（二）中观层

中观层侧重于行业和企业的就业状况，对于深入了解就业质量具有重要意义。中观层的就业质量评价指标主要包括行业就业密度和企业员工综合满意度等。

行业就业密度是一个重要指标，它是指某一行业在特定区域内的就业人数与该区域面积的比值。例如，在某城市的高新技术产业园区，电子信息行业的就业密度较高，假设园区面积为 10 平方公里，电子信息行业就业人数为 5 万人，那么该行业的就业密度为 5 000 人/平方公里。这一指标反映了行业在当地的集聚程度和对劳动力的吸纳能力，就业密度高的行业往往在当地经济中占据重要地位。

企业员工综合满意度指标是中观层的核心指标之一。它通过大规模企业内部问卷调查与深度访谈相结合的方式收集数据。问卷调查涵盖企业战略认知、管理流程评价、企业文化感知、福利体系满意度等多板块综合性问题，深度访谈则选取不同部门、层级和工作年限员工代表探讨复杂管理与组织问题。在数据分析上运用多元统计分析方法，如因子分析归纳关键因子（如"企业战略与员工发展契合因子""管理流程与公平性因子""企业文化认同因子""福利体系满意度因子"等），并结合结构方程模型分析各因子间关系及对企业整体绩效指标影响路径。该指标从企业组织架构、管理体系与企业文化等宏观层面因素出发，考量企业战略规划与执行中员工利益契合度、内部管理流程公正性、企业文化氛围营造及福利体系完备性等对员工心理感受的综合影响。例如，企业在战略转型时，若此指标显示员工对转型战略的认知与参与热情低，则企业需加强创新文化宣传与激励机制建设；若福利体系满意度因子得分低，则需优化薪酬福利结构。企业员工综合满意度指标为企业高层管理者在战略规划、组织变革及宏观人力资源策略制定等方面提供决策依据，以提升企业整体人才竞争力与可持续发展潜力。

（三）微观层

微观层聚焦于个体就业者的就业状况，是就业质量评价的最终落脚点。微观层的就业质量评价指标主要包括个人收入水平、个人岗位工作满意度、个人的职业发展轨迹等。

个人收入水平是最直观的微观指标，它直接决定了就业者的生活质量。个人收入水平可以用月工资、年收入等形式来衡量。例如，一位软件工程师的月工资为 15 000 元，这一收入水平在一定程度上反映了他的就业质量。同时，还可以考虑个人收入的增长情况，如一位销售人员通过努力工作，其年收入从去年的 10 万元增长到今年的 15 万元，这表明他的就业质量在收入维度上有所提升。

个人岗位工作满意度是微观层的关键指标，它反映了就业者对自身工作的主观感受。工作满意度可以通过调查问卷，从工作内容、工作强度、工作环境、人际关系等多个方面进行综合评估。例如，一名教师可能因为热爱教育事业，对自己的工作满意度较高，尽管其收入可能并不比其他行业高，但从个人就业状况来看，其就业质量在工作满意度这一维度上表现较好。

个体的职业发展轨迹也是微观层的重要内容。例如，一位员工从入职时的初级岗位，经过几年的努力，晋升到了中级岗位，并且在专业技能上有了显著提升，这表明他在职业发展方面取得了较好的成果，其就业质量也相应提高。可以通过记录员工的职位晋升情况、专业技能证书获取情况等来衡量个体的职业发展轨迹。

二、指标层次结构

一级指标反映就业质量的主要方面，包括经济、社会、个人三个维度。经济维度主要关注就业者的经济回报和职业发展潜力；社会维度侧重于就业的公平性、安全性和保障程度；个人维度则着眼于就业者的个人感受和个人发展。这三个一级指标从宏观上概括了就业质量的主要构成要素，为进一步细化指标提供了框架。

二级指标是对一级指标的具体展开。在经济维度一级指标下，二级指标包括薪资水平、就业稳定性和职业发展机会。薪资水平直接反映了就业者的经济收入；就业稳定性体现了就业者在岗位上的持续工作能力；职业发展机会则展示了就业者在职业生涯中的上升空间。在社会维度一级指标下，二级指标有就业公平性、社会保障覆盖率和职业安全。就业公平性是确保不同群体在就业市场中的平等机会；社会保障覆盖率是保障就业者的基本生活权益；职业安全是保护就业者在工作中的生命健康。在个人维度一级指标下，二级指标包括个体满意度、职业技能水平和工作与生活平衡。个体满意度反映就业者对工作的主观感受；职业技能水平体现就业者的专业能力；工作与生活平衡关注就业者在工作和生活之间的协调程度。

三级指标是对二级指标的进一步细化。在薪资水平这一二级指标下，其三级指标包括月薪、年薪、奖金、津贴等具体的收入形式。在就业稳定性这一二级指标，三级指标包括离职率、合同期限等。在职业发展机会这一二级指标下，三级指标包括晋升机会（如晋升比例、晋升周期）、培训机会（如培训次数、培训时长）等。在就业公平性这一二级指标下，三级指标包括性别工资差距、不同年龄组录用比例等。在社会保障覆盖率这一二级指标下，三级指标包括养老保险参保率、医疗保险参保率等。

三、指标间关系

在就业质量评价指标体系中，存在诸多因果关系（徐瑶，2017）。例如，教育水平对就业机会有着直接的因果影响。一般而言，更高的教育水平往往能够带来更多的就业机会。从长期来看，一个人接受的教育程度越高，如获得硕士或博士学位，他在就业市场上可选择的工作岗位范围就越广。这是因为高学历通常意味着个人具备更深入的专业知识和更强的学习能力，这些素质是许多高薪、高技能要求岗位所必需的。企业在招聘时，对于一些技术研发、高级管理等岗位，往往会优先考虑具有高学历的应聘者。这种因果关系表明，教育水平是影响就业机会的重要前置因素。再如，企业的技术创新投入对员工的职业发展机会存在因果联系。当企业加大技术创新投入时，会引进新的技术和项目，这就为员工提供了更多接触新技术、参与新业务的机会。员工在这个过程中能够提升自己的专业技能，拓宽职业视野，进而获得更多的晋升和发展机会。例如，一家制药企业不断投入资金进行新药研发，其研发人员就有机会参与到前沿的药物研究项目中，随着项目的推进，他们的科研能力得到提升，在企业内获得晋升的可能性也大大增加。

薪资水平与工作满意度之间也存在显著的相关关系。通常情况下，较高的薪资水平会带来较高的工作满意度。当员工获得较为丰厚的报酬时，他们对工作的认同感和满足感会相应提高。然而，这种相关关系并非绝对的线性关系。在一些情况下，当薪资达到一定水平后，其他因素如工作环境、人际关系等对工作满意度的影响会逐渐凸显。例如，在一些高薪的金融行业，虽然员工的薪资普遍较高，但如果工作压力过大，工作时间过长，员工的工作满意度可能并不会因为高薪资而持续上升。这说明薪资水平与工作满意度之间是一种复杂的相关关系，受到多种因素的综合影响。企业规模与就业稳定性也存在相关关系。一般来说，大型企业由于其雄厚的资金实力、丰富的业务资源和完善的管理体系，往往能够为员工提供更稳定的就业环境。相比之下，小型企业可能因为资金链紧张、市场竞争激烈等原因，导致员工面临更高的失业风险。例如，大型制造业企业往往有稳定的生产订单和长期的客户合作关系，员工的工作岗位相对稳定；而一些小型的创业型企业，在市场开拓初期可能会因为业务不稳定而频繁调整员工岗位或进行裁员，就业稳定性较差。

在就业质量指标中，有些指标之间可能是相互独立的。例如，职业安全与工作满意度在某些情况下可能是相对独立的。一个工作环境安全的岗位，并不一定意味着员工对工作就会感到满意。职业安全主要取决于企业的安全生产措施、工作环境的物理条件等客观因素，而工作满意度则更多地受到员工个人对工作内容、职业发展、薪酬待遇等主观因素的影响。比如，在一些传统的制造业工厂，企业可能在职业安全方面做得很好，配备了完善的安全防护设备，工伤事故发生率很低，但员工可能因为工作单调、晋升空间有限等原因，对工作的满意度并不高。这表明职业安全和工作满意度这两个指标在一定程度上是相互独立的。

第三节　指标体系内容

一、经济指标

经济指标是就业质量评价的重要组成部分，直接反映了就业者的经济回报和职业发展潜力。经济指标主要包括薪资水平、就业稳定性和职业发展机会等。

薪资水平是反映就业者经济状况的关键指标。它通常以月薪或年薪为单位进行衡量。在实际应用中，为了更全面地反映就业者的收入情况，除了基本工资外，还应将奖金、津贴、补贴等各种形式的收入纳入考虑范围。例如，对于销售人员，其薪资可能包括基本工资和与销售业绩挂钩的提成奖金；对于在特殊环境下工作的员工，如高温、高空作业人员，他们可能会有相应的高温津贴、高空作业补贴等。此外，企业发放的福利如节日福利、住房补贴等也可以换算成货币形式计入薪资水平。在比较不同地区、不同行业或不同企业的薪资水平时，还需要考虑物价水平和生活成本的差异。例如，一线城市的平均薪资水平通常高于二、三线城市，但一线城市的生活成本也相对较高。因此，单纯比较薪资的绝对数值可能无法准确反映就业者的实际经济状况。可以采用薪资购买力平价等方法来进行更合理的比较。具体来说，就是通过计算不同城市的物价指数，将薪资水平换算成在相同生活成本标准下的可比数值。例如，计算出 A 城市的物价指数为 120，B 城市的物价指数为 100，A 城市某就业者的月薪为 8 000 元，那么换算成 B 城市的可比薪资为 8 000×（100/120）≈6 667 元，这样就能更准确地评估就业者在不同地区的实际薪资待遇。

就业稳定性衡量的是就业者在岗位上的长期稳定程度。离职率是衡量就业稳定性的常用指标之一，用一定时期内离职员工人数占员工总数的比例衡量。例如，某企业一年内有 10 名员工离职，而企业员工总数为 100人，那么该企业的离职率为 10%。离职率较低则通常意味着企业的就业稳定性较好。除了离职率外，员工的主动离职率和被动离职率也可以分别计算，以更详细地了解企业员工流动的原因。主动离职率高可能意味着企业在工作环境、职业发展等方面存在问题，而被动离职率高可能反映企业的经营状况不佳或业务调整频繁。合同类型也是影响就业稳定性的重要因素。长期合同，如无固定期限合同，能够为就业者提供更可靠的就业保障。相比之下，短期合同或临时性合同往往使就业者面临更高的失业风险。例如，在一些项目制的工作中，员工签订的是与项目周期相关的短期合同，项目结束后如果没有新的项目承接，员工就可能面临失业。此外，企业的经营状况、行业发展趋势等外部因素也会对就业稳定性产生影响。例如，在经济不景气时期，一些行业如旅游业、酒店业可能会受到较大冲击，导致企业裁员，就业稳定性下降。企业的财务状况、市场份额、产品竞争力等内部因素同样关系到就业稳定性，财务状况良好、市场份额稳定且产品具有竞争力的企业通常能够为员工提供更稳定的就业岗位。

职业发展机会评估的是就业者在职业生涯中的上升空间。晋升机会是职业发展机会的重要体现之一，可以通过晋升比例和晋升周期来衡量。例如，某企业每年有 10% 的员工能够获得晋升，且平均晋升周期为 3 年，这表明该企业为员工提供了一定的晋升机会。晋升比例高说明企业内部的人才晋升渠道较为畅通，员工有较多机会获得职位提升；而较短的晋升周期则意味着员工能够在相对较短的时间内实现职业晋升，有利于激发员工的工作积极性和创造力。培训机会也是职业发展机会的关键组成部分。企业为员工提供的培训包括专业技能培训、管理能力培训等多种类型。培训次数和培训时长可以作为衡量培训机会的量化指标。例如，一家企业每年为员工提供不少于 20 小时的专业培训，这有助于员工提升自身能力，为职业发展打下基础。此外，企业内部的职业规划指导、人才轮岗机制等也会影响员工的职业发展机会。例如，企业为员工提供明确的职业规划路线图，并且定期进行人才轮岗，让员工在不同岗位上积累经验，这些措施都能够拓宽员工的职业发展道路。企业还可以通过与外部机构合作，为员工提供进修、学习新技术的机会，这也有助于提升员工的职业发展潜力。

二、社会指标

社会指标反映了就业质量的社会层面因素，对于保障就业者的权益和促进社会公平具有重要意义。社会指标包括就业公平性、社会保障覆盖率、职业安全等方面。

就业公平性是社会指标的重要内容，它涉及性别、年龄、教育背景等多方面的公平。在某些行业中，女性的录用率显著低于男性，反映出招聘过程中的性别不平等。这种差距不仅限制了女性的职业发展，也影响了企业的多元化和创新能力。为改善这一状况，政策和企业实践应推动性别平等，确保招聘过程的透明和公正。新兴行业偏好年轻员工，忽视了中老年求职者的丰富经验和稳定性。尽管年轻员工可能更适应快速变化的技术环境，但过分强调年龄会限制中老年劳动力的职业发展，并造成人力资源的浪费。因此，社会指标应关注不同年龄段的就业情况，鼓励企业在招聘和晋升过程中综合考虑多种因素，而非单纯依赖年龄。教育背景显著影响就业机会和薪资水平。例如，在金融行业，名校毕业生更容易进入大型金融机构，而较低学历的求职者多集中在小型企业和相关服务行业。这种基于教育背景的就业差距可能导致社会阶层固化，限制低学历群体的上升通道。

社会保障覆盖率反映了就业者享受社会保障的情况，它涉及养老保险、医疗保险、失业保险、生育保险和工伤保险等。其中，养老保险是保障就业者退休后生活的重要制度。养老保险参保率是衡量养老保险覆盖程度的指标，计算方式为参加养老保险的员工人数除以员工总数。例如，某企业有 800 名员工参加了养老保险，而企业员工总数为 1 000 人，那么该企业的养老保险参保率为 80%。较高的养老保险参保率意味着更多的员工在退休后能够获得经济保障，可以减轻社会和家庭的养老负担。医疗保险也是重要的社会保障项目，能够为就业者在患病时提供医疗费用的支付保障。医疗保险参保率的计算方法与养老保险类似。在一些劳动密集型行业，如建筑业，由于农民工流动性较大，部分企业为了降低成本，可能存在未为农民工足额缴纳医疗保险的情况，这会影响农民工在患病时的医疗保障。为了保障劳动者的合法权益，政府应加强对企业医疗保险缴纳情况的监管。失业保险是保障就业者在失业时的基本生活的制度。失业保险参保率反映了就业者在失业时能够获得失业保险金支持的可能性。例如，在经济结构调整时期，一些传统行业的员工可能面临失业风险，此时失业保险的覆盖程度就显得尤为重要。如果员工参加了失业保险，在失业后就可以按照规定领取一定期限和金额的失业保险金，维持基本生活。此外，生育保险、工伤保险等其他社会保险的参保率也是衡量社会保障覆盖率的重要指标，它们分别保障了就业者在生育和工伤等特殊情况下的权益。

职业安全评估的是工作环境的安全性，它涉及工伤发生率、职业病发生率等。工伤发生率是衡量职业安全的重要指标之一，计算方式为一定时期内工伤事故发生的次数除以员工总数。例如，某建筑企业一年内发生了 5 起工伤事故，企业员工总数为 200 人，那么该企业的工伤发生率为 2.5%。较低的工伤发生率表明企业的工作环境相对安全。为了降低工伤发生率，企业需要加强安全生产管理，如对员工进行安全培训、设置安全警示标志、配备安全防护设备等。职业病发生率也是反映职业安全的关键指标。职业病是长期从事某种职业而导致的疾病，如尘肺病在采矿业、建筑业等粉尘较多的行业较为常见。职业病发生率的计算方法为一定时期内患职业病的员工人数除以员工总数。例如，某矿山企业在过去 10 年中有 20 名员工患上了尘肺病，企业平均员工总数为 500 人，那么该企业的职业病发生率为 4%。为了降低职业病发生率，企业需要采取有效的防护措施，如为员工提供防尘口罩、定期进行职业健康检查等。同时，政府也应加强对高风险行业的监管，督促企业落实职业病防治措施。

三、个人指标

个人指标与就业者的个人感受和个人发展密切相关，是从个体角度评估就业质量的重要依据。个人指标包括个人岗位工作满意度、职业技能水平、工作与生活平衡等方面。

个人岗位工作满意度是通过调查问卷等方式评估就业者对工作的满意程度。调查问卷通常涵盖工作的多个方面，包括工作内容、工作环境、薪酬待遇、职业发展、人际关系等。例如，在一份工作满意度调查问卷中，会设置诸如"您对目前的工作内容感兴趣吗？""您对工作环境的舒适度评价如何？""您认为目前的薪酬待遇是否公平？"等问题，员工根据自己的感受进行回答。在分析个体满意度数据时，可以采用多种统计方法。例如，可以通过计算各项问题的平均分来了解员工对不同工作方面的总体满意度。如果员工对工作内容的平均满意度为 3 分（满分 5 分），对薪酬待遇的平均满意度为 2 分，这表明员工对工作内容相对更满意，而对薪酬待遇的满意度较低。还可以通过因子分析等方法，找出影响个体满意度的关键因素。例如，通过因子分析发现，在某企业中，职业发展机会是影响员工个体满意度的最重要因素，企业可以据此重点完善员工的职业发展通道，提高员工的满意度。此外，还可以通过聚类分析将员工分为不同的满意度群体，针对不同群体采取差异化的管理措施。

职业技能水平衡量的是就业者的专业技能和职业资格。首先，职业资格证书是衡量职业技能水平的直观指标之一。例如，在建筑行业，施工员、造价师等职业资格证书表明持证人具备相应的专业知识和技能。拥有高级职业资格证书的员工通常在技术能力和工作经验方面更为突出，能够承担更复杂的工作任务。不同行业有不同的职业资格证书体系，这些证书往往是通过专业考试或评审获得的，具有一定的权威性。其次，培训经历也是反映职业技能水平的重要因素。员工参加的专业培训次数、培训的专业领域以及培训所达到的效果等都可以反映其职业技能水平。例如，一名软件工程师参加了多次关于最新编程语言和软件开发框架的培训，这表明他在不断提升自己的专业技能，能够适应行业技术的快速发展。再次，员工在实际工作中所表现出的解决问题的能力、创新能力等也是衡量职业技能水平的重要方面。例如，在一家科技企业中，能够快速解决技术难题、提出创新技术方案的员工通常被认为具有较高的职业技能水平。最后，企业还可以通过内部技能评估、项目成果考核等方式来衡量员工的职业技能水平。

工作与生活平衡评估的是就业者在工作与个人生活之间的协调程度。首先，工作时长是衡量工作与生活平衡的重要指标之一。例如，在一些互联网企业，员工每周工作时长可能达到 40~60 小时甚至更多，这种长时间的工作会导致员工用于个人生活、休息和娱乐的时间减少，影响工作与生活的平衡。长期的工作与生活失衡可能会导致员工出现身心疲劳、工作效率下降、家庭关系紧张等问题。其次，休假情况也是反映工作与生活平衡的关键因素。休假包括法定节假日、带薪年假、病假等。例如，如果一家企业能够严格按照国家规定保障员工的带薪年假和病假权益，并且鼓励员工合理休假，则有助于员工在工作之余能够有足够的时间放松身心，维持工作与生活的平衡。再次，弹性工作制度也对工作与生活平衡有积极影响。例如，一些企业实行弹性工作制，员工可以根据自己的生活需求选择合适的工作时间，这在一定程度上缓解了工作与生活的冲突。最后，企业还可以通过提供员工福利设施，如健身房、母婴室等，帮助员工更好地平衡工作和生活。

第四节　指标权重确定方法

一、专家评估法

（一）专家选择

专家评估法首先要解决的是专家选择问题。在就业质量评价指标权重确定中，应选择具有相关专业背景和实践经验的专家。这些专家包括劳动经济学领域的学者，他们对就业理论有深入的研究，能够从理论层面分析各个指标的重要性。例如，对于研究就业市场结构和工资决定机制的学者，可以根据他们的理论知识判断薪资水平、就业稳定性等指标在就业质量评价中的权重。

人力资源管理专家也是重要的选择对象。他们在企业人力资源管理实践方面有丰富的经验，熟悉企业在招聘、培训、薪酬、员工发展等方面的运作。他们能够从企业管理的角度评估职业发展机会、员工满意度等指标的权重。例如，在确定职业发展机会的权重时，人力资源管理专家可以结合企业内部人才培养和晋升机制，给出合理的权重建议。

此外，还应包括行业专家。行业专家了解特定行业的就业特点和发展趋势，能够针对行业差异确定指标权重。例如，在制造业，行业专家能够根据制造业对技能工人的需求特点，确定职业技能水平在制造业就业质量评价中的权重；而在金融行业，行业专家则会根据金融行业对学历、专业资质等的要求，合理确定相关指标的权重。

（二）打分方法

在确定专家后，需要采用合适的打分方法。常用的方法是李克特量表。例如，对于就业质量评价指标体系中的薪资水平这一指标，专家可以根据其对就业质量影响的重要程度在李克特量表上进行打分。量表通常分为5个等级，1表示"非常不重要"，5表示"非常重要"。如果专家认为薪资水平对就业质量至关重要，他可能会给该指标打5分。

除了对单个指标进行打分外，还可以通过比较法让专家对指标进行两两比较打分。例如，比较薪资水平和就业稳定性两个指标，专家需要判断在就业质量评价中哪个指标更重要，并给出相应的分值。这种两两比较的方法能够更细致地反映专家对指标重要性的判断，但也需要专家进行更多的思考和比较操作。

（三）权重计算

采用加权平均法计算每个指标的权重。假设选择了5位专家对就业质量评价的5个指标（薪资水平、就业稳定性、职业发展机会、个体满意度、职业安全）进行打分。每位专家对每个指标都给出了1~5分的分值。例如，对于薪资水平指标，5位专家的打分分别为4分、5分、4分、3分、4分。首先计算该指标的平均分：（4+5+4+3+4）/5=4分，然后用每个指标的平均分除以所有指标平均分的总和，则得到该指标的权重。假设经过计算所有指标的平均分总和为20分，那么薪资水平指标的权重为4/20=0.2。通过这种方法，可以确定每个指标在就业质量评价中的权重。

二、德尔菲法

（一）匿名性原则

德尔菲法的核心特点之一是匿名性。在确定就业质量评价指标权重时，组织者会向选定的专家发放问卷，专家们在不透露自己身份的情况下对指标权重进行独立判断（林光科 等，2019）。例如，专家们收到包含薪资水平、就业稳定性、职业发展机会等就业质量评价指标的问卷后，各自根据自己的专业知识和经验，在不受其他专家影响的情况下，对每个指标的重要性进行评估并给出权重建议。这种匿名性避免了专家之间可能存在的相互影响，确保了每位专家能够充分表达自己的独立见解。

（二）多轮反馈机制

德尔菲法采用多轮反馈机制。第一轮问卷回收后，组织者会对专家的意见进行整理和统计。例如，计算每个指标权重的平均值、标准差等统计量。然后，将这些统计结果反馈给专家们，同时附上其他专家的意见分布情况，但不透露具体专家的身份。专家们根据反馈信息，在第二轮问卷中重新考虑自己的判断。例如，如果在第一轮中某专家给薪资水平指标赋予了较高权重，但发现其他专家的权重赋值普遍较低，且标准差较小，说明其他专家在该指标权重上意见较为一致，该专家就会在第二轮中重新审视自己的判断，考虑是否调整权重。这种多轮反馈机制有助于专家们不断修正自己的观点，使最终确定的指标权重更加合理。

（三）收敛性判断

在经过多轮反馈后，需要判断专家意见是否收敛。通常采用观察指标权重的标准差是否趋于稳定来进行收敛性判断。如果在多轮反馈后，各个指标权重的标准差逐渐变小，趋近于一个稳定值，说明专家们的意见逐渐趋于一致，达到了收敛状态。例如，经过三轮反馈后，薪资水平指标权重的标准差从第一轮的 0.5 降到了第三轮的 0.1，且其他指标权重的标准差也都达到了较小值，这表明专家们对薪资水平指标的权重判断已趋于一致。当所有指标权重的标准差都满足收敛条件时，即可确定最终的指标权重。在收敛性判断过程中，除了标准差这一指标外，还可以结合变异系数等其他统计量进行综合判断，以确保收敛结果的可靠性。

三、层次分析法（AHP）

（一）构建层次结构模型

在运用层次分析法确定就业质量评价指标权重时，首先要构建层次结构模型（王改华，2024）。其中，目标层为就业质量评价这一总体目标；准则层则包括经济、社会、个人三个主要方面，这是从宏观角度对就业质量进行的分类。在经济准则下，有薪资水平、就业稳定性、职业发展机会等二级指标；在社会准则下，有就业公平性、社会保障覆盖率、职业安全等二级指标；在个人准则下，有个体满意度、职业技能水平、工作与生活平衡等二级指标。对于某些二级指标，还可进一步细分出三级指标，如薪资水平下可细分为基本工资、奖金、津贴等。以企业内部的就业质量评价为例，在构建层次结构模型时，要考虑企业自身的特点和行业属性。例如，对于一家科技研发企业，在职业发展机会这一二级指标下，可能会重点关注技术创新能力提升、参与前沿项目机会等三级指标，因为这些因素对于科技研发企业员工的职业发展至关重要。

（二）一致性检验

构建判断矩阵是层次分析法的关键步骤。在比较各指标相对重要性时，通过专家打分等方式构建判断矩阵。例如，在比较薪资水平和就业稳定性对就业质量的重要性时，专家可能认为薪资水平比就业稳定性稍微重要一些，给予薪资水平相对于就业稳定性的判断值为 3，而就业稳定性相对于薪资水平的判断值则为 1/3。这样就构建了一个 2×2 的判断矩阵。

对判断矩阵进行一致性检验是确保权重确定合理的重要环节。通过计算判断矩阵的最大特征根和一致性指标（Consistency Index，CI），并与平均随机一致性指标（Random Index，RI）进行比较，得出一致性比例（Consistency Ratio，CR）。若 CR 小于 0.1，则认为判断矩阵具有满意的一致性。例如，在计算某一判断矩阵的一致性指标时，发现 CI 值为 0.08，对应阶数的 RI 值为 0.9，计算得到 CR=0.08/0.9≈0.09<0.1，说明该判断矩阵的一致性可以接受，所确定的指标权重是可靠的。在进行一致性检验的过程中，如果发现 CR 大于 0.1，说明判断矩阵存在不一致性，需要对专家打分进行重新调整。这可能是由于专家在打分时存在主观偏差或者对指标间关系理解不准确造成的。可以通过与专家沟通，重新审视打分依据，对判断矩阵进行修正，直至通过一致性检验。

（三）权重计算

采用特征向量法计算指标权重。对于通过一致性检验的判断矩阵，其最大特征根对应的特征向量经过归一化处理后，即为各指标的权重向量。例如，在一个包含三个指标（A、B、C）的判断矩阵中，经过计算得到最大特征根对应的特征向量为 [0.5，0.3，0.2]，将其归一化处理后，得到 A、B、C 三个指标的权重分别为 0.5、0.3 和 0.2。

在实际应用中，层次分析法能够综合考虑各指标之间的层次关系和相对重要性，合理地确定就业质量评价指标的权重。例如，在比较不同行业的就业质量时，通过层次分析法确定的权重可以更准确地反映各行业在就业质量各方面的差异，为行业发展和就业政策制定提供科学依据。

四、数据包络分析法（DEA）

（一）构建生产可能集

在数据包络分析中，首先要构建生产可能集。对于就业质量评价而言，构建生产可能集就是将各个决策单元（可以是不同企业、不同地区等）的输入和输出数据进行整合。输入数据可能包括企业的人力资源投入（如员工培训费用、招聘成本等）、物质资源投入（如办公设备投入等）；输出数据则包括就业质量相关的指标，如员工平均薪资、员工满意度等（王以梁 等，2017）。

例如，假设有 5 家企业作为决策单元，企业 A 在员工培训方面投入 100 万元，招聘成本为 50 万元，办公设备投入 200 万元，其员工平均薪资为 8 000 元，员工满意度评分为 4 分；而其他企业有不同的投入和产出数据。将这些企业的数据汇总起来，就构成了一个生产可能集，其中包含了不同投入水平下可能达到的就业质量产出情况。

（二）确定效率前沿面

通过线性规划方法确定效率前沿面。效率前沿面代表了在给定投入下，能够实现最优就业质量产出的边界。对于每个决策单元，通过求解线性规划问题，判断其是否位于效率前沿面上。

例如，对于上述 5 家企业，运用线性规划算法，计算每家企业相对于效率前沿面的位置。如果企业 C 在当前投入下，其就业质量产出能够达到效率前沿面上的水平，那么企业 C 被认为是相对有效的；而如果企业 D 的产出低于效率前沿面所对应的产出，说明企业 D 存在效率损失，在就业质量产出方面还有提升空间。

（三）权重计算

根据效率评价结果计算各指标的权重。在数据包络分析中，每个决策单元的效率值是通过投入和产出数据计算得出的，这些效率值与指标权重相关。例如，通过计算发现企业 A 的效率值较高，说明其在当前投入下实现了较好的就业质量产出。进一步分析可以得出，在企业 A 的投入和产出结构中，员工培训费用投入对其就业质量产出起到了重要作用，那么在就业质量评价指标体系中，与员工培训相关的指标权重就会相对较高。这种基于数据包络分析确定的权重能够反映出不同投入和产出因素对就业质量的实际影响程度。同时，数据包络分析还可以通过对投入和产出指标的调整和优化，为企业和地区提高就业质量提供决策支持，例如，确定合理的资源投入方向和规模，以实现就业质量的提升。

第五节 综合评价

一、线性加权综合法

（一）基本原理与应用

线性加权综合法是将各个指标按照权重合成一个综合评价指数的常用方法。设就业质量评价指标有 X_1，X_2，$\cdots$，X_n，对应的权重为 W_1，W_2，$\cdots$，W_n，那么就业质量综合评价得分 S 可以表示为 $S = W_1X_1 + W_2X_2 + \cdots + W_nX_n$。

例如，在一个简单的区域就业质量评价中，有平均工资（X_1）、就业稳定性（X_2）、社会保障覆盖率（X_3）三个指标，权重分别为 0.4、0.3、0.3。假设该区域的平均工资为 4 000 元（$X_1 = 4\ 000$），就业稳定性通过离职率衡量（假设离职率为 10%），为了便于计算，将就业稳定性量化为 90（假设就业稳定性满分为 100，则 $X_2 = 100 - 10 = 90$），社会保障覆盖率设为 80%（$X_3 = 80$）。那么该区域的就业质量综合评价得分 $S = 0.4 \times 4\ 000 + 0.3 \times 90 + 0.3 \times 80 = 1\ 600 + 27 + 24 = 1\ 651$。

这种方法能够将多个不同性质、不同量纲的指标综合为一个单一的评价指数，便于对不同区域、不同企业的就业质量进行直观的比较和排名。例如，可以根据上述计算方法分别计算多个区域的就业质量综合得分，然后对这些区域进行排名，得分高的区域就业质量相对较好。在实际应用中，还可以根据不同的评价目的和对象，调整指标和权重的设置，以适应具体的就业质量评价需求。

（二）优缺点分析

线性加权综合法的优点如下：一是计算方法简单直观，容易理解和操作。二是只需要确定指标和权重，按照公式进行计算即可得到综合评价结果。三是能够综合考虑多个指标的影响。四是通过赋予不同指标相应的权重，可以反映出各个指标在就业质量评价中的相对重要性。

线性加权综合法的缺点如下：一是权重确定具有主观性。权重通常是通过专家评估、经验判断等方法确定的，可能存在一定的主观性，不同的权重确定方法可能导致不同的评价结果。二是对指标的线性关系假设可能不符合实际情况。在现实中，就业质量评价的各指标之间可能存在复杂的非线性关系，而线性加权综合法无法很好地处理这种非线性关系。

二、模糊综合评价法

（一）基本原理与应用

模糊综合评价以模糊数学为基础，用合成原理量化模糊因素，综合多因素评事务隶属等级（石冬喜，2018）。由于就业质量评价中存在很多模糊概念，如员工对工作环境的舒适程度的感知、对企业管理的合理程度的感知等，模糊综合评价法具有独特的优势。

首先，确定评价因素集（如工作环境、薪酬待遇、职业发展等）和评语集（如优秀、良好、中等、较差、很差）。例如，在对某企业的就业质量进行评价时，评价因素集包括工作环境（X_1）、薪酬待遇（X_2）、职业发展（X_3）。评语集设为优秀（V_1）、良好（V_2）、中等（V_3）、较差（V_4）、很差（V_5）。

其次，建立模糊关系矩阵。通过对企业员工进行问卷调查等方式，收集员工对每个评价因素在不同评语下的隶属度。例如，对于工作环境的评价，经过调查发现有30%的员工认为是"优秀"，40%的员工认为是"良好"，20%的员工认为是"中等"，10%的员工认为是"较差"，0%的员工认为是"很差"，那么工作环境对应的模糊向量为 [0.3, 0.4, 0.2, 0.1, 0]。同理可得到薪酬待遇和职业发展的模糊向量，从而构成模糊关系矩阵 R。

最后，根据各个评价因素的权重，通过模糊合成运算，得到关于就业质量的模糊综合评价结果。假设通过层次分析法等方法确定工作环境、薪酬待遇、职业发展的权重分别为 0.3、0.4、0.3，则权重向量为 A = [0.3，0.4，0.3]。通过模糊合成运算（如采用最大−最小合成法），得到模糊综合评价结果 B = A×R。

（二）优缺点分析

模糊综合评价法的优点如下：一是能够很好地处理就业质量评价中的模糊性和不确定性。对于一些难以用精确数值衡量的指标，如员工满意度、工作环境舒适度等，通过模糊综合评价法可以得到较为合理的评价结果。二是考虑了多个评价因素的综合影响。与线性加权综合法类似，通过确定评价因素的权重，可以综合考虑各个因素对就业质量的影响。

模糊综合评价法的缺点如下：一是隶属函数的确定存在一定主观性。在确定模糊关系矩阵时，隶属函数的选择和确定会影响评价结果，而隶属函数通常是根据经验或专家判断确定的，具有一定主观性。二是计算过程相对复杂。相比线性加权综合法，模糊综合评价法涉及模糊关系矩阵的建立和模糊合成运算，计算过程较为繁琐。

三、综合评价方法的比较与选择

（一）线性加权综合法与模糊综合评价法的比较

1. 评价结果的精确性

线性加权综合法得到的是一个精确的数值，该数值作为就业质量的综合评价得分。这种精确性在进行简单的比较和排序时较为方便。例如，在比较几个地区的就业质量时，通过线性加权综合法得出的具体分数可以直接表明哪个地区的就业质量更高。然而，这种精确性是建立在对指标量化和权重确定相对简单的基础上的，可能会忽略一些实际存在的模糊因素。

模糊综合评价法则是给出一个关于就业质量在不同评语集上的隶属度分布，它更能反映出就业质量的模糊特性。例如，通过模糊综合评价法得出某企业的就业质量在"良好"这一评语上的隶属度为 0.4，在"中等"上的隶属度为 0.3 等，这种结果能够更全面地展示就业质量在不同程度上的表现，但在进行简单比较时不如线性加权综合法直观。

2. 权重确定的主观性

线性加权综合法中权重确定往往依赖于专家评估等主观方法。虽然有一些客观方法辅助，但整体上主观性较为明显。例如，在确定薪资水平和职业发展机会的权重时，不同专家可能由于自身经验和专业背景的差异，给出差异较大的权重值。

模糊综合评价法中权重确定同样存在主观性，而且在隶属函数的确定上也存在主观因素。在确定工作环境"舒适"程度的隶属函数时，不同的人可能会有不同的划分标准，进而影响模糊关系矩阵的构建和最终评价结果。

3. 对指标关系的处理

线性加权综合法假设指标之间是线性关系，通过简单加权来合成综合评价。但在实际就业质量评价中，很多指标之间并非简单的线性关系。例如，薪资水平和工作满意度之间可能在一定范围内是正相关关系，但当薪资达到一定高度后，其他因素对工作满意度的影响会改变这种线性关系。

模糊综合评价法没有对指标关系做严格的线性假设，它通过模糊关系矩阵和合成运算来处理指标之间的关系，更适合处理复杂的、非线性的指标关系。

4. 数据要求和计算复杂性

线性加权综合法对数据的要求相对简单，主要是各指标的量化值。计算过程也较为简单，只需按照加权公式进行计算。例如，只要知道各个地区的平均工资、就业稳定性量化值等指标数据，就可以快速计算出综合评价得分。

模糊综合评价法的数据获取较为复杂，需要通过调查等方式确定各指标在不同评语集下的隶属度。计算过程也相对繁琐，涉及模糊关系矩阵的建立和模糊合成运算。例如，在对企业进行模糊综合评价时，需要对大量员工进行问卷调查来获取数据，然后进行复杂的运算。

（二）综合评价方法的选择依据

1. 评价目的和应用场景

如果评价目的是为了对不同地区或企业的就业质量进行简单的排名和比较，且指标数据相对清晰、明确，则线性加权综合法较为合适。例如，政府部门在宏观层面比较各地区的就业质量总体情况，以便进行政策资源分配时，线性加权综合法可以快速给出各地区的排名。

如果需要深入了解就业质量在不同方面的详细情况，尤其是涉及一些模糊概念和复杂关系时，则模糊综合评价法更有优势。例如，企业为了改进自身的人力资源管理，深入了解员工对就业质量各方面的感受时，模糊综合评价法能够提供更丰富的信息。

2. 数据可获取性和质量

如果数据容易获取且质量较高，能够准确量化各指标，则线性加权综合法能够很好地利用这些数据进行评价。例如，从政府统计部门可以直接获取到准确的失业率、平均工资等数据时，线性加权综合法可以方便地进行计算。

如果数据存在模糊性，获取的数据多为定性描述或者难以精确量化的数据，则模糊综合评价法更能适应这种数据特点。例如，在评估一些新兴行业的就业质量时，其行业发展迅速，数据不太规范，员工对工作的感受多为一些模糊的表述，此时模糊综合评价法可以更好地处理这些数据。

3. 决策者和使用者的偏好

如果决策者或使用者更倾向于直观的、简单的评价结果，则线性加权综合法更符合这种偏好。例如，一些企业管理者希望快速了解企业就业质量在行业中的大致位置，线性加权综合法的单一数值结果能够满足这种需求。

如果决策者或使用者希望深入挖掘就业质量背后的原因和细节，能够接受相对复杂的评价过程和结果，模糊综合评价法则是更好的选择。例如，人力资源专家在研究企业就业质量提升策略时，模糊综合评价法得出的详细隶属度分布可以为其提供更多的分析依据。

第七章　数据预处理与特征分析

第一节　数据收集与清洗

一、数据来源

（一）政府统计数据

政府统计数据是宏观就业形势的重要反映（张翕，2023）。国家统计局会定期公布一系列就业相关数据，如地区性的就业人口数量、失业率等。例如，在经济波动时期，通过观察失业率数据的变化，可以了解就业市场的整体松紧程度。若某地区失业率从 3% 上升到 5%，表明该地区就业机会减少，就业压力增大，这会对整体就业质量产生负面影响。不同行业的平均工资数据能够为就业质量评价提供重要参考。以信息技术行业和传统制造业为例，政府统计数据显示信息技术行业平均年薪可能达到 20 万元，而传统制造业平均年薪为 8 万元。这些数据可以帮助我们在宏观层面比较不同行业的就业质量在经济报酬方面的差异。劳动参与率数据同样具有重要意义，它反映了一个地区或国家内劳动年龄人口中参与经济活动的比例。例如，一个国家的劳动参与率为 60%，意味着在所有劳动年龄人口中，有 60% 的人参与了就业或正在积极寻找工作。这一数据可以从侧面反映出就业市场的活力和潜在的就业压力。

（二）企业人力资源管理系统

企业内部的人力资源管理系统是微观就业数据的重要宝库。员工的工资数据是最直接的信息。一家大型企业的人力资源管理系统详细记录了每个员工的基本工资、绩效工资、奖金、津贴等。通过分析这些数据，可以发现同一企业内不同部门、不同岗位之间的薪资差异，例如，销售部门可能因业绩提成导致工资波动较大，而行政部门工资相对稳定。企业通常会制定多维度的绩效评估体系，例如，生产企业对一线工人的绩效评估可能包括产品合格率、生产效率等指标；对管理人员的绩效评估可能涉及团队绩效、项目完成情况等。这些绩效数据与员工的职业发展密切相关，高绩效员工往往有更多晋升机会和奖励。培训记录包括培训时间、培训内容、培训讲师、培训效果评估等详细信息，反映了企业对员工技能提升的投入，例如，一家科技企业的培训记录显示，某些员工频繁参加新技术培训，这不仅有助于提升员工个人的职业技能水平，也可能影响企业整体的创新能力和竞争力，进而对就业质量产生积极影响。

（三）在线招聘平台

在线招聘平台汇聚了海量的招聘信息和求职者数据。招聘信息中包含了招聘单位对岗位的详细要求，如学历、工作经验、专业技能，以及岗位提供的薪资范围、福利待遇、工作地点等内容。以互联网行业的招聘数据为例，根据某在线招聘平台上的数据，热门技术岗位（如算法工程师、数据挖掘工程师）通常要求求职者具有硕士及以上学历，且有相关项目经验，这些岗位提供的年薪普遍在30万~50万元。

求职者简历数据则提供了丰富的个人就业相关信息。从求职者的简历中可以获取他们的工作经历、职业转换情况、教育背景等信息。例如，通过分析大量简历可以发现，在某些行业中，员工的职业转换频率较高，这可能暗示该行业的就业稳定性相对较低，或者职业发展机会较多促使员工不断寻找更适合自己的岗位。这些信息对于构建就业质量评价模型中的就业稳定性和职业发展机会等指标具有重要意义。

（四）调查问卷

自行设计并发放的调查问卷是获取一手数据的重要手段。例如，可以针对企业员工设计关于工作满意度的调查问卷，问卷内容包括对工作内容、工作环境、同事关系、上级管理风格、职业发展前景等方面的满意度评价。以一家制造企业为例，通过对员工发放调查问卷，发现有相当一部分员工对工作环境的满意度较低，主要原因是车间噪音大、通风条件差。这些调查数据直接反映了员工对工作的主观感受，是就业质量评价中个体满意度维度的关键数据来源。

针对求职者的调查问卷也能提供有价值的数据。例如，询问求职者在求职过程中遇到的困难，如是否因为年龄、性别、学历等因素受到歧视，对不同行业招聘公平性的感受等。通过对大量求职者的调查反馈分析，可以了解就业市场的公平性状况，这对于就业质量评价中的就业公平性指标有重要的参考价值。

二、数据清洗

（一）处理缺失值

在数据集中，缺失值是常见的问题。例如，在收集企业员工培训记录数据时，可能会发现部分员工的某几次培训记录缺失。如果这些数据相对不太重要，且缺失比例较小（如小于5%），可以考虑直接删除含有缺失值的记录。但如果数据较为重要，如员工的绩效数据出现缺失，且缺失比例适中（如10%~20%），则可以采用填充的方法。

对于数值型数据，常见的填充方法有均值填充、中位数填充和众数填充（钱余发 等，2023）。例如，对于员工年龄数据，如果存在缺失值，且年龄数据近似呈正态分布，可以采用均值填充。假设某部门员工年龄的均值为35岁，当发现某员工年龄数据缺失时，可将其年龄填充为35岁。如果数据存在偏态分布，中位数可能是更好的选择。对于分类变量，如员工的岗位类别数据缺失，可以采用众数填充，即选择该变量出现频率最高的类别进行填充。

当数据缺失比例较大（如超过30%）时，简单的填充方法可能会引入较大误差，此时可以考虑使用插值法。例如，对于员工工资数据在某时间段内的缺失，如果工资数据呈现一定的线性趋势，可以采用线性插值法。假设员工A在2022年1月和2022年3月的工资数据分别为5 000元和5 500元，而2月工资数据缺失，那么通过线性插值可计算出2月工资约为5 250元。

（二）处理异常值

异常值可能会对数据分析和模型构建产生较大干扰。以员工工资数据为例，可以通过箱型图分析来识别异常值。箱型图的上边缘（$Q3+1.5×IQR$）和下边缘（$Q1-1.5×IQR$）确定了数据的正常范围（其中$Q1$是下四分位数，$Q3$是上四分位数，IQR是四分位距）。如果发现某员工的工资远远超出这个范围，比如，在一家普通零售企业中，大部分员工工资在3 000~8 000元，但有个别员工工资达到20 000元，那么这可能是一个异常值。对于这种异常值，需要进一步分析其产生的原因。如果是因为数据录入错误，如小数点位置错误导致工资数据异常高，则应更正数据。如果是真实的特殊情况，如该员工是企业高薪聘请的专业顾问，且具有特殊技能，那么在数据处理时，可以考虑将其作为特殊样本单独处理，或者根据业务知识对其进行合理的调整，比如在分析企业普通员工工资水平和就业质量关系时，可以将该特殊员工的数据排除在外。

此外，还可以通过标准差方法识别异常值。例如，对于员工的绩效数据，如果数据近似服从正态分布，通常可以认为在均值±3倍标准差范围外的数据为异常值。假设某企业员工绩效数据的均值为80，标准差为10，那么绩效值小于50或大于110的数据可能被视为异常值，对这些异常值需按照上述方法进行合理处理。

（三）处理重复记录

在数据整合过程中，可能会出现重复记录的情况。例如，从企业不同部门的数据库中收集员工信息时，可能会因为数据同步问题导致同一员工的信息多次出现。在处理这种重复记录时，首先需要确定判断重复记录的依据，通常可以根据员工的唯一标识（如员工编号）来判断。

一旦发现重复记录，需要对其进行合并处理。如果重复记录中的数据完全一致，那么可以直接删除多余的记录。但如果重复记录中的某些数据存在差异，如在不同部门记录的员工培训记录不同，就需要进一步核实数据。例如，一个员工在部门A的培训记录显示其参加了一次技术培训，而在部门B的记录中没有显示，经过核实发现是部门B的数据更新不及时导致的遗漏，那么就应以部门A的记录为准进行数据合并。

（四）处理格式错误

格式错误在数据中也较为常见。例如，在收集在线招聘平台数据时，招聘岗位的薪资范围可能存在格式不一致的情况，有的记录为"5 000~8 000元/月"，有的记录为"5K~8K/月"，还有的记录为"月薪5 000元~月薪8 000元"。这种格式不一致会给后续的数据处理和分析带来困难。

对于这种格式错误，需要进行统一的格式化处理。可以编写数据清洗程序，将所有的薪资范围的格式统一转换为"下限~上限"的数值形式，如"5 000~8 000元/月"。再如，日期格式也可能存在不一致，有的记录为"2024/01/01"，有的记录为"01-01-2024"，可以将其统一转换为"2024-01-01"这种标准格式，以便后续的数据处理和分析。

三、数据整合

（一）解决数据不一致性

当从不同来源收集数据时，数据不一致性问题经常出现。例如，从企业人力资源管理系统获取的员工工资数据是以月为单位计算的，而从在线招聘平台获取的同行业工资数据可能是以年为单位计算的。在整合这些数据时，需要进行单位换算，将其统一为月工资数据，以便进行统一分析。

不同企业对员工绩效评价的标准可能不同，从而出现数据不一致问题。例如，企业 A 采用百分制来评价员工绩效，而企业 B 采用 A、B、C、D、E 五个等级来评价员工绩效。在整合这两家企业的数据时，需要将企业 B 的等级评价转换为与企业 A 类似的数值形式，从而解决数据在绩效评价标准上的不一致性。

（二）解决数据冗余

在数据整合的过程中，可能会出现数据冗余的情况。例如，从企业的多个业务系统中收集员工信息时，可能会有多个系统记录了员工的基本信息（如姓名、性别、年龄等）。在这种情况下，需要对数据进行去重处理，保留一份最准确或最完整的员工基本信息记录，删除其他冗余数据。

有时，不同来源的数据可能存在部分重叠但不完全相同的情况。例如，企业人力资源管理系统和在线招聘平台都有关于员工工作经验的记录，但人力资源管理系统记录的是员工在本企业内的工作年限，而在线招聘平台记录的是员工的总工作年限。在整合这两个数据时，需要根据具体的分析目的进行处理。如果是分析员工在本企业内的职业发展情况，那么应以企业人力资源管理系统的数据为准；如果是分析员工在整个就业市场中的职业竞争力，可能需要将在线招聘平台的总工作年限数据与企业内工作年限数据进行合理的整合和调整，避免数据冗余带来的分析误差。

（三）数据融合

数据融合是将来自不同数据源的数据有机地结合在一起，形成一个完整的数据集。例如，将政府统计的行业平均工资数据、企业人力资源管理系统中的员工工资和绩效数据，以及在线招聘平台的岗位薪资要求和求职者期望薪资数据进行融合。在融合过程中，需要考虑数据的相关性和互补性。例如，政府统计的行业平均工资数据可以作为一个宏观背景，帮助我们了解行业的整体薪资水平；企业内部数据则可以反映企业自身的薪酬策略和员工的实际收入情况；在线招聘平台的数据可以反映市场供需关系对薪资的影响。通过将这些数据融合，我们可以更全面地分析就业质量中的薪资水平维度，从宏观、中观和微观多个层面综合评估就业质量。

第二节　数据标准化

一、归一化

（一）最小-最大缩放

最小-最大缩放（Min-Max Scaling）是一种在数据预处理领域广泛应用的归一化方法。其核心目的是将原始数据的数值范围映射到一个特定的、较小的区间内，通常是 [0，1]。该方法基于一个简单而有效的线性变换公式

$$X_{norm} = \frac{X - X_{min}}{X_{max} - X_{min}} \tag{7-1}$$

其中，X 表示原始数据集中的任意一个数据点，X_{min} 和 X_{max} 分别是该数据集的最小值和最大值。

从数学原理上看，公式（7-1）通过计算原始数据点与最小值的差值，并将该差值与数据范围（最大值减去最小值）相除，实现了数据的线性缩放。这种缩放方式确保了原始数据中的最小值被映射为 0，最大值被映射为 1，而其他数据点则按照其在原始数据范围内的相对位置被映射到 [0，1] 区间内的相应位置。

考虑一个企业的员工绩效评分场景。假设企业在进行绩效评估时，不同部门的业务性质和评估标准存在差异，导致绩效评分数据的范围各不相同。例如，技术部门的绩效评分范围可能在 [20，90] 分之间，而行政部门的评分范围可能在 [30，70] 分之间。

当综合比较不同部门员工的绩效水平时，这种数据范围的差异会成为一个显著的障碍。通过最小-最大缩放，我们可以对这些数据进行归一化处理。对于技术部门中绩效评分为 50 分的员工，已知 $X_{min} = 20$，$X_{max} = 90$，根据公式可得其归一化后的分数 $X_{norm} = \frac{50 - 20}{90 - 20} = \frac{30}{70} \approx 0.43$。同样，对于行政部门中绩效评分为 40 分的员工，若 $X_{min} = 30$，$X_{max} = 70$，则其归

一化后的分数为 $X_{\mathrm{norm}} = \dfrac{40-30}{70-30} = \dfrac{10}{40} = 0.25$。

经过这种归一化处理后,所有员工的绩效评分都被统一到了 $[0,1]$ 的范围内,从而消除了不同部门之间绩效评分量级差异的影响。这使得我们能够在一个公平、统一的尺度上对员工绩效进行比较和分析,无论是进行数据可视化、构建绩效评估模型,还是进行其他基于数据的决策过程,这种归一化处理都为我们提供了极大的便利。

此外,最小-最大缩放方法在处理具有不同量级和范围的数据时具有显著优势。例如,在分析企业不同业务单元的运营数据时,可能涉及销售额(可能在数百万甚至数千万量级)和客户满意度评分(通常在 0~100 之间)等不同类型的数据。通过最小-最大缩放,可以将这些数据转换到相似的量级范围,便于综合分析和挖掘数据中的潜在关系。

(二)Z 分数标准化

Z 分数标准化(Z-Score Normalization),也被称为标准分数法,是另一种重要的数据归一化手段。它基于统计学原理,通过计算每个数据点与数据集均值的差值,并除以数据集的标准差,得到相应的 Z 分数。其计算公式为

$$Z = \frac{X - \mu}{\sigma} \tag{7-2}$$

其中,X 是原始数据点,μ 是数据集的均值,σ 是数据集的标准差。

以企业员工的年龄数据为例,假设某企业员工年龄数据的均值 μ 为 35 岁,标准差 σ 为 5 岁。对于年龄为 40 岁的员工,根据公式计算其 Z 分数为:$Z = \dfrac{40-35}{5}$。这意味着该员工的年龄比平均年龄大 1 个标准差。

在本部分的应用场景中,Z 分数标准化主要聚焦于数据本身的分布特征呈现正态分布或近似正态分布的情形下,深入挖掘数据在均值周围的分布细节以及单个数据相对于均值的偏离程度。当数据呈现正态分布时,经 Z 分数标准化后的数据将以 0 为均值,以 1 为标准差形成标准正态分布。这种标准化方式在人力资源管理等领域的应用较多,如分析员工年龄与职业发展的关系时,通过将员工年龄转换为 Z 分数,精准定位员工年龄在整体员工年龄分布中的相对位置,进而深入剖析年龄因素如何对员工的职业发展路径、晋升机会以及其他与职业发展相关的指标产生细致入微的影响。例如,Z 分数为 1.5 的员工,表示其年龄比平均年龄大 1.5 个标准差,

由此可进一步探究这种年龄差异可能导致的职业发展速度、岗位适配性等方面的变化。

从数据分析和建模的角度审视，Z分数标准化在这一情境下主要是为了满足特定统计模型和机器学习算法对数据正态分布的严格假设要求。例如，在一些基于正态分布假设的统计推断方法中，或者在运用某些对数据分布高度敏感的机器学习算法（如高斯混合模型）时，Z分数标准化能够促使数据完美符合算法的前提条件，从而极大地提升模型的准确性与可靠性。它紧紧围绕数据分布的理论假设以及特定算法对正态性的需求来施展其作用，凸显数据的正态性及与算法的精准适配性，为后续基于正态分布假设的数据处理与分析筑牢基础（杨寒雨 等，2023）。

二、标准化

（一）Z分数标准化

在企业内部，员工的工资数据往往具有复杂的分布特征，特别是在不同部门之间，员工的工资水平可能存在较大差异。以某企业为例，销售部门由于其业务性质依赖业绩提成，员工工资波动范围较大，从 3 000 元到 15 000 元不等；而后勤部门的工资相对稳定，大致在 3 000 元到 5 000 元。当尝试对企业整体的工资数据进行分析时，例如研究工资与员工满意度之间的关系，若直接采用原始工资数据，部门间的巨大工资差异将掩盖数据背后可能存在的真实关系，致使分析结果出现偏差。

通过 Z 分数标准化，可以对每个员工的工资数据进行转换。例如，某销售部门的员工 A 的工资为 9 000 元，已知该部门工资均值为 7 000 元，标准差为 2 000 元，根据公式得出员工 A 的工资的 Z 分数为：$Z = \dfrac{9\,000 - 7\,000}{2\,000} = 1$。同样，某后勤部门的员工 B 的工资为 4 000 元，该部门工资均值为 4 000 元，标准差为 500 元，则员工 B 的工资的 Z 分数为：$Z = \dfrac{4\,000 - 4\,000}{500} = 0$。

经过 Z 分数标准化后，不同部门员工的工资数据均被转换到具有相同均值（0）和标准差（1）的标准正态分布下。这种标准化处理使得在企业整体层面能够对员工工资进行统一分析，有效避免了因部门工资差异导致的分析偏差，从而更为精准地揭示工资与其他相关因素（如员工满意度、绩效表现等）之间的内在联系。

在数据分析和模型构建进程中，此部分的 Z 分数标准化的核心在于全力消除数据的量纲和尺度差异，以确保在多因素综合分析场景下各个因素能够得到公平、合理的对待。这对于众多基于距离度量的算法和基于正态分布假设的统计模型尤为关键。例如，在运用 K-近邻算法进行员工分类（如高绩效员工与低绩效员工分类）时，工资数据的量级差异若未加以处理，可能会使距离度量失去意义，导致算法过度聚焦工资因素，而忽略其他同样重要但量级较小的因素。通过 Z 分数标准化，各个因素在距离计算中的权重能够得到科学合理的调配，使算法能够全面、精准地考量所有相关因素，避免因单一因素量级问题而造成的分析失衡。

同样，在构建线性回归模型预测员工离职率时，若不对工资数据进行标准化处理，工资数据的较大数值范围和差异可能会主导模型的训练过程。这可能致使模型过度拟合工资因素，而无法正确捕捉其他因素（如工作环境、团队协作等）对离职率的影响。通过 Z 分数标准化，能够使各个因素在模型中得到平等的考量机会，提升模型的泛化能力与预测准确性，确保模型能够综合、客观地反映各因素与员工离职率之间的真实关系，为企业人力资源管理决策提供可靠依据。在此处，Z 分数标准化着重于在多因素复杂分析场景下，巧妙平衡各因素在模型中的作用与影响，以保障模型的有效性、可靠性以及全面性。

（二）Q 分数标准化

Q 分数标准化（Q-Score Normalization）与 Z 分数标准化有相似之处，但在计算方法和应用场景上存在一定区别。Q 分数标准化主要基于数据的四分位数等统计特征来进行数据转换。

当处理具有长尾分布的数据时，Q 分数标准化展现出独特的优势。例如，在收集某行业内企业的利润数据时，常常会发现这些数据呈现出明显的长尾分布特征，即少数大型企业的利润极高，而大多数中小企业的利润相对较低。对于这种类型的数据，常规的标准化方法可能无法很好地处理极端值和非正态分布的问题。

Q 分数标准化的计算过程较为复杂，旨在将数据映射到一个具有特定均值和标准差的分布上，并且在处理过程中充分考虑数据的实际分布特征，特别是对长尾部分的数据进行了合理的处理，使其能够更好地符合后续分析模型的假设和要求。通常使用以下公式进行

$$Q = \frac{X - Q1}{IQR} \tag{7-3}$$

或者更常见的是

$$Q = \frac{X - Q2}{IQR/2} \tag{7-4}$$

其中，X 是原始数据点；$Q1$ 是下四分位数（第 25 百分位数）；$Q3$ 是上四分位数（第 75 百分位数）；$IQR = Q3 - Q1$ 是四分位距（Interquartile Range），表示中间 50% 数据的范围；$Q2$ 是中位数（第 50 百分位数）。

在构建行业就业质量与企业利润关系模型时，企业利润数据的标准化是一个关键步骤。使用 Q 分数标准化处理利润数据后，能够有效地避免利润数据的极端值和非正态分布特性对模型造成的干扰。

例如，在分析企业利润与员工福利水平之间的关系时，未经处理的利润数据由于存在少数大型企业的超高利润值，可能会使模型产生偏差，无法准确反映出一般企业利润水平与员工福利之间的真实关系。而经过 Q 分数标准化的利润数据，能够使模型更合理地考虑不同企业利润水平对员工福利的影响，从而更准确地捕捉两者之间的内在联系，为行业研究和企业决策提供更可靠的依据（李寅龙 等，2024）。

三、编码分类变量

（一）独热编码

独热编码（One-Hot Encoding）是处理分类变量的一种常用方法，使用 N 位状态寄存器来对 N 个状态进行编码（梁杰 等，2019）。当面对具有多个类别的分类变量时，独热编码将每个类别转换为一个二进制向量，向量的长度等于类别数，并且只有对应类别的位置为 1，其余位置为 0。

例如，在一个企业中存在三个部门：研发部、市场部和财务部。将部门信息作为分类变量进行独热编码时，研发部的员工对应的编码为 [1,0,0]，市场部员工的编码为 [0,1,0]，财务部员工的编码为 [0,0,1]。

这种编码方式通过将非数值型的分类信息转化为数值型数据，为后续的数据分析和机器学习模型处理提供了便利。从本质上讲，独热编码是一种将类别信息以一种离散的、相互独立的方式进行数值表示的方法，它能够清晰地表示出每个类别之间的差异，而不会引入任何人为的顺序关系。

在构建预测员工绩效的模型时，部门因素可能对绩效产生影响。如果直接将部门信息以简单的数字（如1、2、3）形式表示并输入模型，模型可能会错误地将这些数字视为具有大小关系的数值，从而导致错误的分析结果。

通过独热编码将部门信息转换后，模型能够正确地识别和处理部门这一分类变量。例如，在使用逻辑回归模型预测员工绩效是否优秀时，独热编码后的部门变量能够以正确的方式参与到模型的训练和预测过程中。模型可以分别学习到研发部、市场部和财务部员工在绩效表现上的特点和规律，避免了因错误的数值表示而产生的偏差。这种编码方式有助于提高模型的准确性和可靠性，使其能够更好地捕捉分类变量与目标变量（如员工绩效）之间的潜在关系。

（二）标签编码

标签编码（Label Encoding）也是处理分类变量的一种方法。标签编码相对简单直接，它是将分类变量的不同类别按照一定顺序赋予一个整数标签。以企业部门为例，我们可以将研发部编码为0，市场部编码为1，财务部编码为2。这种编码方式适用于某些对类别顺序有一定逻辑关系的分类变量。例如，在分析员工的晋升路径时，如果企业内部的员工的晋升路径通常是从市场部晋升到财务部，那么标签编码可以在一定程度上反映这种顺序关系。通过这种简单的整数赋值，能够在一定程度上体现出类别之间的顺序信息，便于在数据分析和模型构建中进行相关处理。

然而，标签编码需要谨慎使用。因为它人为地赋予了类别一种顺序，在不恰当的场景下使用可能会导致错误的分析结果。例如，在分析不同部门员工的工作满意度时，如果使用标签编码，模型可能会仅仅是因为编码数字的大小关系而错误地认为财务部员工（编码为2）的满意度比市场部员工（编码为1）高，然而实际上部门与满意度之间并没有这种必然的联系。

因此，在使用标签编码时，必须要确保类别之间的顺序关系是符合数据背后的实际逻辑的。在没有充分依据表明类别存在顺序关系的情况下，应避免使用标签编码，以免在数据分析和模型中引入不必要的偏差，从而影响分析结果的准确性和可靠性。

（三）二进制编码

二进制编码（Binary Encoding）在处理具有多个类别且类别之间存在一定层次关系的分类变量时具有独特的优势。假设企业有不同级别的岗位，包括初级岗位、中级岗位、高级岗位和专家级岗位，采用二进制编码时，将初级岗位编码为00，中级岗位编码为01，高级岗位编码为10，专家级岗位编码为11。这种编码方式基于二进制的数字表示原理，每个编码位都有其特定的含义，与岗位级别的层次结构相对应。例如，从编码上可以直观地看出高级岗位（10）的级别比中级岗位（01）的级别更高，因为在二进制的比较中，10大于01。通过这种方式，二进制编码能够在一定程度上保留类别之间的层次关系信息，同时将分类变量转换为数值型数据供模型使用。

在构建一个分析员工薪资与岗位级别关系的模型时，二进制编码后的岗位级别数据可以更好地被模型所利用。模型能够更准确地捕捉到岗位级别与薪资之间的潜在关系。例如，在使用线性回归模型进行分析时，二进制编码的岗位级别变量可以作为一个有意义的自变量参与到模型中。模型可以通过学习不同二进制编码对应的薪资模式，准确地预测出不同岗位级别员工的薪资水平，并且能够反映出岗位级别层次结构对薪资的影响。这种编码方式有助于挖掘数据中深层次的关系，提高模型对数据的拟合能力和预测准确性。

第三节　特征提取

一、特征选择

（一）过滤法

过滤法是依据某种统计学指标对特征进行筛选（唐运军 等，2020）。例如，在就业质量评价中，我们有众多潜在特征，如员工的学历、工作年限、培训次数、绩效评分、岗位类别等。可以通过计算每个特征与就业质量评价目标（如员工满意度）之间的皮尔逊相关系数来进行特征选择。如果发现员工的绩效评分与员工满意度之间的皮尔逊相关系数较高，比如达到0.7，说明绩效评分这个特征与员工满意度有较强的线性相关性，那么在构建模型时，绩效评分就是一个很有价值的特征，应该被保留。相反，如果某个特征与目标的相关性很低，比如员工的籍贯与员工满意度的相关系数接近于0，那么这个特征就可以考虑被过滤掉，以减少数据的维度和模型的复杂度。

　　除了皮尔逊相关系数，还可以使用方差分析（ANOVA）来筛选特征。例如，在比较不同性别员工的薪资水平时，如果通过方差分析发现性别因素对薪资水平有显著影响（p 值小于设定的显著性水平，如 0.05），那么性别这个特征在研究薪资相关问题时就具有一定的重要性，值得保留。

　　（二）包装法

　　包装法是将模型的预测效果作为评估特征子集的标准。以构建预测企业员工离职率的模型为例，我们可以采用递归特征消除法（RFE）这种包装法。首先将所有可能的特征（如员工年龄、工资水平、岗位晋升机会、部门氛围等）都放入模型中进行训练，然后根据模型的预测结果，每次去除对预测结果影响最小的一个或一组特征，再重新训练模型，不断重复这个过程，直到达到预定的特征数量或者模型的预测效果不再提升。例如，在这个过程中发现，当去除部门氛围这个特征后，模型对员工离职率的预测效果并没有明显下降，那么就可以考虑将部门氛围这个特征从最终的模型特征子集中剔除。

　　另一种常用的包装法是前向选择和后向消除。前向选择是从空特征集开始，逐步添加对模型预测效果提升最显著的特征；后向消除则是从包含所有特征的集合开始，逐步剔除对模型预测效果影响最小的特征。这些方法都旨在找到一个最优的特征子集，以提高模型的性能。

　　（三）嵌入法

　　嵌入法是将特征选择过程嵌入到模型的训练过程中。例如，使用基于树的模型（如随机森林）来进行就业质量相关的预测时，随机森林本身在构建决策树的过程中，会对每个特征的重要性进行评估。

　　假设我们要预测员工的职业发展潜力，输入特征包括员工的专业技能水平、沟通能力、团队协作能力、项目经验等。在随机森林模型训练过程中，会自动计算出每个特征的重要性得分。如果专业技能水平这个特征的重要性得分明显高于其他特征，比如专业技能水平的平均减少杂质（Mean Decrease Impurity）指标远大于其他特征，这就表明专业技能水平在预测员工职业发展潜力方面起着至关重要的作用，模型在训练过程中会更倾向于依据这个特征进行决策，我们也就可以优先选择这个特征用于后续的分析和建模。

　　类似地，在支持向量机（Support Vector Machine，SVM）中，可以通过分析特征权重来进行特征选择。对于线性可分的情况，SVM 的决策边界由特征向量的线性组合构成，权重较大的特征对决策边界的影响更大，也就更具有重要性。

二、特征构造

（一）多项式特征

多项式特征构造可以从现有特征中挖掘出更多的信息。例如，在分析员工工资与工作年限的关系时，我们可以构造多项式特征。假设员工的工作年限为 x，原始的线性模型可能是 $y=ax+b$（y 为工资），通过构造多项式特征，可以得到如 $y=a_1x+a_2x^2+a_3x^3+b$ 这样的模型。比如，对于一个工作了 5 年的员工，$x=5$，我们可以计算出 5、$5^2=25$、$5^3=125$ 等多项式特征值。这种构造方式可以捕捉到工作年限与工资之间可能存在的非线性关系。

又如，在员工工作的初期，工资可能随着工作年限呈线性增长，但随着工作年限的增加，由于员工经验积累、技能提升等因素，工资增长可能会呈现出二次函数或三次函数的增长趋势，多项式特征能够更好地拟合这种复杂关系。在实际应用中，可以使用 sklearn 库中的 PolynomialFeatures 类来方便地进行多项式特征的构造（王贝伦，2021）。

（二）交互特征

交互特征是考虑两个或多个特征之间的相互作用对目标变量的影响。例如，在研究员工的绩效时，我们考虑员工的培训次数和岗位级别这两个特征。可以构造交互特征，如培训次数×岗位级别。假设岗位级别分为 1—5 级，员工 A 的岗位级别为 3，培训次数为 4，那么交互特征值就是 $3×4=12$。这种交互特征能够反映出不同岗位级别的员工在接受不同次数的培训后对绩效的综合影响。

比如，高岗位级别且接受多次培训的员工可能会有更高的绩效表现，通过交互特征可以更好地捕捉到这种复杂的关系，而不是单纯地分别考虑培训次数和岗位级别对绩效的影响。在实际建模中，可以通过手动计算交互特征或者使用一些机器学习库中提供的函数来生成交互特征。

（三）聚合特征

聚合特征是对一组数据进行汇总统计后得到的特征。例如，在分析企业内不同部门的就业质量时，我们有每个员工的工资数据、绩效数据等。可以构造聚合特征，如部门平均工资、部门绩效得分的中位数等。对于一个销售部门，如果有 10 名员工，其工资分别为〔5 000，5 500，6 000，

4 800，5 200，5 800，6 200，4 500，5 300，5 700］，那么该部门平均工资就是（5 000＋5 500＋6 000＋4 800＋5 200＋5 800＋6 200＋4 500＋5 300＋5 700）／10＝5 400 元。

这种聚合特征可以从部门层面反映就业质量相关的信息，有助于在部门之间进行比较和分析，例如，通过比较销售部门和研发部门的平均工资和绩效中位数，进而分析不同部门的就业质量差异。在处理大规模数据集时，高效地计算聚合特征对于快速了解数据的整体特征非常重要。

三、降维

（一）主成分分析（PCA）

主成分分析（PCA）是一种常用的降维方法（余大龙，2017）。例如，在评估就业质量时，我们有多个相关的特征，如员工的基本工资、奖金、津贴、福利等收入相关特征，这些特征之间可能存在较高的相关性。

通过 PCA，我们可以将这些特征转换为一组新的不相关的主成分。假设原始数据在二维空间（如基本工资和奖金）中分布，PCA 会找到一个新的坐标轴方向，使得数据在这个新坐标轴上的方差最大，这个新坐标轴对应的就是第一主成分。然后再找到与第一主成分垂直且方差次大的坐标轴，对应第二主成分，以此类推。

在实际操作中，我们可以根据主成分所解释的方差比例来决定保留多少个主成分。例如，如果前两个主成分能够解释原始数据 80% 的方差，那么我们就可以将数据从原来的多个特征维度降到二维，这既简化了数据结构，同时又保留了大部分的信息，有利于后续的模型构建和分析。例如，在构建预测员工对薪酬满意度的模型时，使用降维后的主成分数据可以避免特征之间的多重共线性问题，从而提高模型的稳定性和预测精度。

PCA 的计算过程通常包括：首先对数据进行标准化处理（如 Z-score 标准化），然后计算协方差矩阵，接着对协方差矩阵进行特征值分解，最后根据特征值和特征向量确定主成分。在实际应用中，可以使用 Python 中的 scikit-learn 库来方便地实现 PCA 算法。

（二）线性判别分析（LDA）

线性判别分析（LDA）主要用于分类问题中的降维。例如，我们根据员工的某些特征（如年龄、工资水平、工作年限等）将员工分为高绩效组和低绩效组。

LDA 的目标是找到一个投影方向，使得在这个方向上，不同组（高绩效组和低绩效组）之间的距离尽可能大，而同一组内的数据点尽可能聚集，然后通过计算类间散度矩阵和类内散度矩阵，找到最佳的投影向量。

假设经过 LDA 计算后，我们将员工的原始特征数据从三维（年龄、工资水平、工作年限）降到一维，在这个一维空间上，高绩效员工和低绩效员工能够更好地被区分开来，便于后续的分类模型（如逻辑回归、支持向量机等）进行准确的分类操作，从而提高模型对员工绩效分类的准确性。LDA 在处理具有类别标签的数据时非常有效，它充分利用了类别信息来进行降维。

（三）t-分布随机邻域嵌入（t-SNE）

t-分布随机邻域嵌入（t-SNE）是一种非线性降维方法，特别适用于高维数据可视化和探索性数据分析。例如，在分析员工的多方面特征（如工作技能、性格特点、职业发展轨迹等）时，这些特征可能构成一个高维空间。

通过 t-SNE，我们可以将高维数据映射到低维空间（通常是二维或三维），同时尽可能保留数据点之间的局部结构和相对距离关系。在二维可视化结果中，我们可能会发现具有相似职业发展轨迹的员工在图中聚集在一起，而不同职业发展路径的员工则分布在不同的区域。

这有助于我们直观地发现数据中的潜在模式和关系，例如，在研究企业内部人才流动规律时，t-SNE 可以帮助我们从高维的员工特征数据中发现哪些类型的员工更容易在不同部门或岗位之间流动，从而为企业的人力资源管理提供有价值的参考。t-SNE 的计算过程相对复杂，它基于概率分布来度量高维空间和低维空间数据点之间的相似性，并通过优化目标函数来找到最佳的低维嵌入。

第四节　多变量特征分析

一、相关性分析

（一）皮尔逊相关系数

皮尔逊相关系数用于度量两个变量之间的线性相关程度。例如，在研究员工的工资水平和工作满意度之间的关系时，我们通过以下公式计算它们的皮尔逊相关系数：

$$r = \frac{Cov(X, \ Y)}{\sigma X \sigma Y} \tag{7-5}$$

其中，Cov $(X, \ Y)$ 是 X 和 Y 的协方差；σX 和 σY 分别是变量 X 和 Y 的标准差。

假设我们收集了 100 名员工的工资数据和他们对工作满意度的评分。通过公式计算出皮尔逊相关系数为 0.6，这表明工资水平和工作满意度之间存在较强的正相关关系。也就是说，一般情况下，员工的工资越高，其工作满意度也越高。

这种相关性分析可以帮助企业了解哪些因素对员工的工作满意度有重要影响，从而在制定薪酬策略等人力资源管理政策时有所依据。然而，皮尔逊相关系数只适用于线性关系的度量，如果两个变量之间存在非线性关系，如员工的工作压力和工作效率之间可能存在一种倒 "U" 形的关系（工作压力适中时工作效率最高），此时皮尔逊相关系数可能无法准确反映这种关系，需要结合其他方法进行分析。

在计算皮尔逊相关系数时，需要注意数据的分布情况。如果数据存在异常值，可能会对相关系数的计算结果产生较大影响。因此，在计算之前，通常需要对数据进行预处理，如去除异常值或进行数据转换等操作。

（二）斯皮尔曼等级相关系数

斯皮尔曼等级相关系数主要基于变量的秩次（即排序）来计算相关性。例如，在分析员工的学历和晋升速度之间的关系时，我们可以采用斯皮尔曼等级相关系数。假设我们将员工的学历分为高中、大专、本科、硕士、博士几个等级，将员工的晋升速度分为几晋升非常快、较快、一般、较慢、非常慢几个等级。通过对这些等级数据进行计算，我们得到斯皮尔曼等级相关系数。如果系数为 0.4，表明员工的学历和晋升速度之间存在一定的正相关关系，即学历越高，晋升速度可能相对越快。

斯皮尔曼等级相关系数不受变量分布形态的影响，对于存在单调关系（不一定是线性关系）的变量之间的相关性有较好的度量效果。例如，即使学历和晋升速度之间不是简单的线性关系，而是一种较为复杂的单调递增关系，斯皮尔曼等级相关系数也能较好地反映这种关系。

在实际应用中，当数据不满足皮尔逊相关系数的线性假设或者数据是有序分类变量时，斯皮尔曼等级相关系数是一种很好的替代方法。它能够从变量的顺序关系中挖掘出潜在的相关性。

（三）肯德尔等级相关系数

肯德尔等级相关系数也是基于变量的秩次来计算相关性的方法，它侧重于分析变量之间的一致性。例如，在研究企业不同部门对员工的评价一致性时，我们可以使用肯德尔等级相关系数。

假设有销售部、市场部和人力资源部三个部门对员工的综合能力进行评价，每个部门都将员工分为高、中、低三个等级。通过计算，如果肯德尔等级相关系数较高，则表明三个部门对员工综合能力的评价具有较高的一致性，即他们对员工能力的排序较为相似。

肯德尔等级相关系数在处理小样本数据和存在较多相同秩次的数据时具有一定优势。例如，当企业员工数量较少，且不同部门在评价员工时可能出现较多相同等级的情况时，肯德尔等级相关系数能够更准确地反映部门间评价的相关性。

肯德尔等级相关系数在社会科学研究和一些需要评估多个评判者之间一致性的场景中应用广泛，它能够帮助我们判断不同评判者（或不同部门）在评价标准上是否具有一致性。

二、聚类分析

（一）K-means 算法

K-means 算法是一种常见的聚类方法（杨佳润，2017）。例如，在对企业员工进行聚类分析时，我们以员工的工资、年龄和工作年限为特征。首先确定要聚成的类别数 K，假设 $K=3$。然后随机初始化 K 个聚类中心，例如三个点分别代表高工资—高年龄—长工作年限、中等工资—中等年龄—中等工作年限、低工资—低年龄—短工作年限。接着根据每个员工与聚类中心的距离（通常使用欧几里得距离）将其分配到最近的聚类中。最后在分配完所有员工后，重新计算每个聚类的中心，然后重复上述分配和更新聚类中心的过程，直到聚类中心不再发生变化或达到预定的迭代次数。通过 K-means 聚类，我们可以将员工分为不同的群体，如高工资—高年龄—长工作年限的员工可能是企业的核心老员工群体，低工资—低年龄—短工作年限的员工可能是新入职的年轻员工群体等。

企业可以根据不同群体的特点制定针对性的人力资源管理策略，例如，为年轻员工群体提供更多的培训和职业发展机会，为老员工群体提供更好的福利和保留计划等。在使用 K-means 算法时，需要注意 K 值的选择对聚类结果的影响，通常可以通过尝试不同的 K 值并评估聚类效果来确定最佳的 K 值。

（二）层次聚类

层次聚类不需要预先指定聚类的数量。例如，在分析企业内不同岗位的相似性时，我们以岗位所需的技能、知识、责任等为特征。层次聚类开始时，每个岗位都被视为一个单独的类，然后通过计算类间的距离（如最短距离、最长距离、平均距离等方法）来合并相似的类。在这个过程中，会形成一个树形的聚类结构，称为聚类树（dendrogram）。通过观察聚类树，我们可以根据实际需要确定合适的聚类数量。例如，从聚类树中发现，当把岗位聚成 4 类时，能够很好地将企业内的管理岗位、技术研发岗位、市场营销岗位和后勤保障岗位区分开来。

层次聚类能够清晰地展示出各个类之间的层次关系，对于了解数据的内在结构和分布有很大帮助。例如，在企业进行岗位重组或设计新的岗位体系时，层次聚类可以提供一个基于岗位特征的分类框架，帮助企业更好地规划岗位设置和人员配置。在计算类间距离时，不同的距离度量方法可能会导致不同的聚类结果，因此需要根据数据特点和分析目的选择合适的距离度量方式。

（三）基于密度的空间聚类（DBSCAN）算法

基于密度的空间聚类（Density-Based Spatial Clustering of Applications with Noise，DBSCAN）算法基于数据点的密度来进行聚类。例如，在分析在线招聘平台上的求职者分布时，我们以求职者的期望薪资、工作经验、专业技能等为特征。DBSCAN 算法会找出数据集中的高密度区域，并将这些区域划分为不同的聚类。如果一个区域的数据点密度超过某个阈值（称为邻域半径内的最小点数），则这些点构成一个聚类。

与 K-means 和层次聚类不同，DBSCAN 能够发现任意形状的聚类，并且能够识别出数据集中的噪声点（即不属于任何聚类的孤立点）。例如，在求职者数据中，那些具有特殊技能组合或期望薪资与经验不匹配的求职者可能会被识别为噪声点。

这些信息可以帮助招聘平台更好地为求职者提供个性化的服务和建议，同时也有助于企业在招聘时更准确地筛选候选人。不过，DBSCAN 算法对于数据的密度分布较为敏感，在数据密度不均匀的情况下，可能需要仔细调整参数才能得到理想的聚类结果。

三、因子分析

(一) 主成分分析法 (PCA)

在因子分析中,主成分分析法是一种常用的方法(刘照德 等,2019)。例如,在评估员工工作满意度时,我们可能有多个指标,如对工作内容的满意度、对工作环境的满意度、对同事关系的满意度、对上级管理的满意度等。通过 PCA 进行因子分析,我们可以将这些多个相关的满意度指标转换为少数几个不相关的因子。假设经过 PCA 分析后,我们发现可以提取出两个主成分,第一个主成分可能主要反映了员工对工作环境和同事关系的综合感受,第二个主成分可能主要体现了员工对工作内容和上级管理的综合评价。这两个主成分作为新的因子,能够在很大程度上概括原始多个满意度指标的信息。企业可以根据这些因子来针对性地改进管理策略。例如,如果第一个因子得分较低,说明企业在工作环境和同事关系方面可能存在问题,企业可以通过改善办公设施、组织团队建设活动等方式来提升员工在这方面的满意度。

在应用 PCA 进行因子分析时,需要注意主成分的解释性。虽然主成分是通过数学方法计算得出的,但在实际应用中,需要结合业务知识对其进行合理的解释,以便更好地服务于企业决策。

(二) 最大似然法

最大似然法在因子分析中用于估计因子模型的参数。例如,在分析影响员工绩效的潜在因素时,假设存在几个不可观测的因子(如员工的内在动力、工作适配度等)影响着可观测的绩效指标(如工作完成质量、工作效率等)。通过最大似然法,我们可以根据样本数据来估计这些潜在因子与观测指标之间的关系参数。它基于这样的原理:在给定模型的情况下,寻找一组参数使得观察到样本数据出现的可能性最大。例如,对于一组员工绩效数据和相关潜在因素的假设数据,利用最大似然法计算得到员工内在动力这个潜在因子对工作完成质量的影响系数为 0.6,这意味着员工的内在动力越强,工作完成的质量越高的可能性越大。

最大似然法在数据符合一定分布假设(如正态分布)时,能够提供较为准确的参数估计,有助于深入挖掘影响就业质量相关变量的潜在因素。然而,如果数据不满足分布假设,可能会导致估计结果不准确,因此在使用前需要对数据的分布进行检验。

（三）最小二乘法

最小二乘法在因子分析中也有重要应用。例如，在构建员工职业发展潜力评估模型时，有多个相关变量，如员工的学历、培训经历、项目经验等，这些变量可能受到某些潜在因子（如员工的学习能力、职业规划意识等）的影响。

最小二乘法通过最小化误差的平方和来寻找数据的最佳函数匹配。在因子分析中，就是要找到潜在因子与观测变量之间的关系，使得观测变量的预测值与实际值之间的误差平方和最小。例如，在上述员工的职业发展潜力评估中，使用最小二乘法得到学历变量与学习能力潜在因子之间的关系方程，假设方程为学历＝0.3×学习能力+误差项，这可以帮助我们理解学历在一定程度上反映了员工的学习能力，并且可以通过这个方程来预测和评估员工的职业发展潜力。

最小二乘法的计算相对简单，在数据线性关系较为明显的情况下，最小二乘法能够有效地进行因子分析和模型构建。但当数据存在较强的非线性关系时，可能需要对数据进行预处理或采用其他更适合的方法。

通过以上对数据预处理与特征工程各个环节的详细阐述，我们能够对就业质量评价相关的数据进行科学合理的处理和分析，为构建准确可靠的就业质量评价模型奠定坚实的数据基础。在实际应用过程中，需要根据数据的特点和研究目的灵活选择和组合这些方法，不断优化数据处理和分析的流程，以实现对就业质量的精准评估。

在实际的就业质量评估项目中，我们首先要全面收集数据，确保数据来源的多样性。对于收集到的数据，我们要仔细地进行清洗，去除其中的噪声和不一致性。然后根据数据的分布和模型需求进行标准化处理，使不同特征的数据具有可比性。在特征提取阶段，我们要综合运用特征选择、构造和降维方法，挖掘出对就业质量评价最有价值的特征。最后通过多变量特征分析方法深入研究特征之间的关系，为模型构建提供更深入的洞察。

同时，随着数据的不断更新和业务场景的变化，我们需要持续监控和调整数据处理和分析的方法。比如，当企业的业务拓展导致员工结构发生重大变化时，可能需要重新评估数据的分布情况，进而调整数据标准化和特征提取的方法，以确保就业质量评价模型的准确性和有效性。

第八章 机器学习模型构建

第一节 机器模型选择的考量因素

一、数据集的特点

（一）数据集大小的影响

在就业质量评价的机器学习实践中，数据集大小是模型选择的关键起始点。对于小规模数据集，例如一些新兴创业公司，其员工数量有限，所收集的就业质量相关数据可能仅有几百个样本。这种情况下，选择过于复杂的模型极易导致过拟合。

举例来说，假设一家小型创意设计公司想要评估员工的工作满意度，其收集的数据包括员工的基本信息、项目参与情况和简单的满意度问卷调查结果。如果采用深度学习模型，由于数据量小，模型可能会过度拟合数据中的随机噪声和个别样本的特殊情况。比如，模型可能会记住个别员工在某个特殊项目中的表现，并将其作为普遍规律，导致在面对新员工或新情况时无法准确预测。

相反，简单模型如决策树或朴素贝叶斯在小数据集场景下往往更具优势。决策树可以基于有限的数据进行有效的特征划分，找到影响工作满意度的关键因素，如工作时长、与领导的沟通频率等。朴素贝叶斯则基于概率理论，对小样本数据能够进行相对稳定的分类。

（二）数据维度的考量

数据维度涉及就业质量评估中所包含的特征数量。在实际场景中，这可能涵盖员工的个人背景（年龄、性别、教育程度、婚姻状况等）、工作相关特征（岗位类型、工作年限、绩效评分、加班时长等）、工作环境因素（办公设施、团队氛围、公司文化等）以及薪酬福利（工资、奖金、福利种类等）等多个方面。

当数据维度较高时，例如在大型企业集团进行跨区域、跨业务板块的就业质量综合评估时，可能会收集到成百甚至上千个特征。对于这样的高维数据，简单的线性模型可能无法充分挖掘特征之间的复杂关系。

以支持向量机（SVM）为例，它在处理高维数据时具有独特的优势。SVM 通过核技巧，能够将原始的高维数据映射到更高维的特征空间，在这个空间中寻找最优的分类超平面。例如，在区分高绩效和低绩效员工群体时，SVM 可以将员工的多维度特征（包括工作技能水平、人际关系处理能力、团队协作贡献等）进行有效地映射和分类。

当数据维度较低时，简单的线性回归或逻辑回归模型可能就能够很好地捕捉数据中的规律。例如，在小型企业中，仅考虑员工的工作年限和工资水平来评估其薪酬满意度时，线性回归模型可以较为准确地描述两者之间的关系。

（三）噪声水平的应对

就业质量数据中的噪声可能来自多个源头。在数据采集过程中，可能由于调查方法不当、员工填写不认真或数据记录错误等原因产生噪声。例如，在员工对工作压力的自我评估调查中，部分员工可能随意填写，导致数据出现偏差。

对于存在噪声的数据，不同模型的表现各异。朴素贝叶斯模型对噪声具有一定的鲁棒性。这是因为朴素贝叶斯基于贝叶斯定理，假设特征之间相互独立，它主要关注特征在不同类别下的概率分布。

例如，在判断员工是否处于工作压力过大的状态时，即使存在部分员工不准确的压力评估数据，朴素贝叶斯模型仍能依据其他相关特征（如工作时长、近期项目紧急程度等）的概率分布来相对稳定地判断员工的工作压力情况。

相比之下，一些对数据准确性要求较高的模型，如基于精确距离度量的 K-近邻模型，在噪声较多的数据上可能表现不佳。因为噪声数据可能会导致距离度量的失真，从而影响模型的分类或预测准确性。

二、模型的解释性

（一）政策制定的需求

在政府制定就业相关政策时，模型的解释性至关重要。政策制定者需要了解就业质量受哪些因素影响，以及这些因素的影响程度如何，以便制定出科学合理的政策。

线性模型在这种场景下具有显著优势。例如，通过线性回归分析劳动力市场数据，我们可以得到各个因素与就业质量之间明确的线性关系。假设我们以地区的平均工资水平、失业率、劳动参与率等作为自变量，以就业质量综合指数作为因变量进行线性回归。模型的系数能够直观地反映每个因素对就业质量的影响方向和程度。如果平均工资水平的系数为正且数值较大，这表明提高平均工资水平对提升就业质量有显著的正向作用。政策制定者据此可以考虑通过制定最低工资标准调整政策、工资增长激励政策等来提高就业质量。

同样，在分析职业培训对就业质量的影响时，线性模型可以展示出培训投入（如培训时长、培训资源投入等）与就业质量提升幅度之间的关系。如果培训投入的系数为正，说明增加职业培训能够有效提升就业质量，政策制定者可以加大对职业培训的扶持力度。

（二）企业管理的应用

在企业内部管理中，可解释的模型有助于管理者做出精准的决策。以员工绩效评估为例，决策树模型能够清晰地呈现出不同因素如何影响员工绩效。

例如，一家制造企业通过决策树模型分析员工绩效，模型可能显示出：当员工的技术操作熟练度达到一定水平（如通过技能测试分数衡量），且产品质量合格率高于某一阈值，同时每月的工作时长达到一定标准时，其绩效等级为优秀。企业管理者可以根据其模型结果，有针对性地制定员工培训计划。对于技术操作熟练度不够的员工，企业可以为其提供专业技能培训；对于产品质量合格率较低的员工，企业可以对其进行质量控制方面的辅导；对于工作时长不足的员工，企业可以分析其工作效率问题并提供相应解决方案。

再如，在分析员工离职倾向时，逻辑回归模型可以给出各个因素（如工资待遇、工作环境满意度、职业发展机会等）对离职概率的影响。如果工资待遇的系数为负且绝对值较大，说明工资待遇对员工离职倾向有较大的抑制作用。企业管理者可以据此考虑合理调整薪酬策略，以降低员工离职率，提升企业的就业质量和稳定性。

三、性能与资源的平衡

（一）深度学习模型的性能与资源需求

深度学习模型在处理复杂的就业质量评价问题时，往往能够取得令人瞩目的准确率。在大型企业中，当涉及对员工长期职业发展潜力的综合评估时，深度学习模型可以充分发挥其优势。

例如，企业可以收集员工的大量数据，包括日常工作行为数据（如通过办公软件记录的操作频率、操作类型、操作时间等）、长期的绩效数据（季度绩效、年度绩效等）、培训记录（培训次数、培训内容、培训效果评估等）以及员工的社交数据（与同事的沟通频率、参与团队活动情况等）。基于这些多维度、大规模的数据，深度学习模型（如多层神经网络）可以深入挖掘其中的复杂关系。通过多层的网络结构和非线性激活函数，模型能够自动学习到不同因素之间的潜在联系，从而更准确地预测员工的长期职业发展潜力。

然而，深度学习模型的训练需要消耗大量的计算资源和时间。以构建一个基于卷积神经网络（CNN）的员工工作行为分析模型为例，为了处理大规模的办公软件操作数据，可能需要使用高性能的图形处理单元（GPU）集群进行数周甚至数月的训练。并且，深度学习模型通常需要大量的标注数据来进行训练，以避免过拟合。在就业质量评价中，获取高质量的标注数据往往需要耗费大量的人力和时间成本。例如，对员工工作行为数据进行标注，需要专业人员根据企业的业务规则和工作要求对每个操作行为进行准确分类和标注，这是一项艰巨的任务。

（二）传统模型的性价比

相比之下，一些传统的机器学习模型在性能和资源需求之间能够达到较好的平衡。以随机森林模型为例，在处理中等规模的就业质量评价数据时，它能够在较短的时间内取得不错的预测效果。

例如，在分析企业某部门员工的工作满意度时，随机森林模型可以综合利用员工的个人信息（年龄、性别、学历等）、工作任务分配情况（任务难度、任务量等）、近期的团队协作项目成果（项目完成质量、项目进度等）等数据。在普通的计算机上，经过几个小时的训练，随机森林模型就能得到较为准确的满意度预测结果。而且，随机森林模型在训练过程中能够自动评估各个特征的重要性，这对于企业管理者理解影响员工工作满意度的关键因素非常有帮助。

再如，在小型企业进行简单的员工绩效分类（如分为高、中、低绩效）时，决策树模型可以快速地根据员工的基本工作数据（如工作完成数量、工作失误次数等）进行分类，并且模型的解释性强，便于企业管理者根据模型结果采取相应的管理措施，如对低绩效员工进行针对性的辅导和培训。

第二节　模型选择

一、支持向量机

（一）原理与应用场景

支持向量机（SVM）的核心原理是在特征空间中寻找一个最优的分类超平面，使得不同类别之间的间隔最大化（汪海燕 等，2014）。这一原理基于结构风险最小化原则，旨在保证分类准确性的同时，尽可能提高模型的泛化能力。

在就业质量评价中，SVM 适用于处理复杂数据集。例如，在区分高满意度和低满意度的员工群体时，SVM 可以将员工的多维度特征作为输入。这些特征可能包括工作环境特征（如办公空间大小、办公设施的完善程度、噪音水平等）、个人职业发展特征（如晋升机会、培训机会、职业规划的明确性等）以及薪酬福利特征（如工资水平、奖金结构、福利待遇等）。

通过构建合适的核函数（如线性核、多项式核、高斯核等），SVM 能够将这些特征映射到高维空间。以高斯核为例，它能够将原始数据映射到一个无限维的特征空间，在这个空间中寻找能够准确区分两类员工的超平面。

例如，在一家综合性企业中，员工来自不同的部门和岗位，其工作满意度受到多种因素的交织影响。SVM 可以有效地处理这种复杂的数据关系，准确地将高满意度员工和低满意度员工区分开来，为企业了解员工的工作感受和改进管理措施提供依据。

（二）模型优势与局限性

SVM 的主要优势在于它对高维数据和非线性数据有出色的处理能力。在处理就业质量评价中的复杂数据时，能够避免维度灾难问题。即使在特征数量远大于样本数量的情况下，SVM通过核技巧仍能有效地进行分类。例如，在分析员工的职业发展潜力时，可能会涉及员工的众多特征，如专业技能水平（包含多种专业技能的评估）、人际关系处理能力（通过与同事、上级和客户的互动评估）、领导能力（对于有管理职责的员工）等，SVM能够很好地处理这些高维特征数据，找到与职业发展潜力相关的模式。

然而，SVM也存在一些局限性。一方面，当数据集非常大时，SVM的训练时间会显著增加。这是因为SVM需要求解复杂的二次规划问题来确定最优的分类超平面。例如，在大型企业集团进行全员就业质量评估时，数据量可能达到数万甚至数十万条记录，使用SVM进行训练可能需要耗费大量的时间。另一方面，SVM的模型解释性相对较差。虽然可以通过一些方法（如分析支持向量）来尝试解释模型，但很难直观地说明各个特征是如何影响分类结果的。这在企业管理者需要深入了解影响就业质量因素的场景下，可能会成为一个不足之处。

二、随机森林

（一）原理与应用场景

随机森林是一种集成学习方法，它通过构建多个决策树并结合它们的预测结果来提高整体性能。其基本原理是在构建每棵决策树时，采用随机抽样的方式从原始数据集中抽取样本，并随机选择部分特征来生长树（方匡南 等，2011）。

在就业质量评价中，随机森林可以处理大量的数据和特征。例如，在对大型企业的员工满意度和绩效评价进行分类时，随机森林可以综合考虑员工的众多特征。员工的个人信息方面，包括年龄、性别、学历、工作年限等；工作表现方面，包括绩效分数、项目完成数量、工作失误次数、创新成果数量等；团队合作情况方面，包括团队协作评分、与同事冲突次数、在团队项目中的角色和贡献等。

通过构建多个决策树，每棵树基于不同的随机样本和特征子集进行训练，随机森林能够充分利用数据中的信息，减少过拟合的风险。例如，在一家拥有数千名员工的跨国企业中，随机森林可以对不同地区、不同部门的员工满意度进行准确的分类和预测，为企业制定针对性的人力资源管理策略提供数据支持。

(二) 模型优势与局限性

随机森林的主要优势在于，其一，它能够处理高维数据和大规模数据，具有较好的抗过拟合能力。在训练过程中，由于每棵树都是基于随机样本和特征子集构建的，不同的树之间具有一定的独立性，这使得随机森林能够避免对训练数据的过度拟合。其二，随机森林能够自动评估各个特征的重要性。通过对所有决策树在节点分裂时使用特征的情况进行统计分析，可以得到每个特征的重要性得分。这对于理解就业质量的关键影响因素非常有帮助。例如，在分析影响员工绩效的因素时，随机森林可以指出是工作经验、专业技能还是团队协作等因素更为重要。

随机森林也存在一定局限性。其一，模型相对复杂，在训练和预测时所需的计算资源较多。随着数据量和特征数量的增加，训练随机森林模型所需的时间和内存消耗会显著增加。其二，当数据中存在大量噪声时，可能会影响决策树的构建，进而影响随机森林的预测准确性。因为噪声数据可能会导致决策树在生长过程中选择错误的特征进行分裂，从而影响整个随机森林模型的性能。

三、逻辑回归

(一) 原理与应用场景

逻辑回归是一种广义线性模型，它基于线性回归，通过引入逻辑函数（如 Sigmoid 函数）将线性回归的结果映射到 [0, 1] 区间，用于解决二分类问题。其基本原理是假设数据服从伯努利分布，通过极大似然估计法来估计模型的参数。

具体来说，对于给定的输入特征向量 $x = (x_1, x_2, \cdots, x_n)$，逻辑回归模型的线性部分为

$$z = \omega_0 + \omega_1 x_1 + \omega_2 x_2 + \cdots + \omega_n x_n \tag{8-1}$$

其中，ω_0 为截距项，ω_1，ω_2，$\cdots$，ω_n 为特征的权重。通过 Sigmoid 函数 $\sigma(z) = 1/[1+\exp(-z)]$ 将 z 转化为概率值，即 $y = \sigma(z)$，这个 y 值表示样本属于某一类别的概率。

在就业质量评价中，逻辑回归常用于处理一些相对简单且具有明确线性关系的分类问题。例如，在判断员工是否有离职倾向时，将员工的一些基本特征作为输入。这些特征可以包括员工的工资水平、工作年限、近期绩效考核结果等。

假设工资水平较低、工作年限较短且近期绩效考核不佳的员工更有可能产生离职倾向，逻辑回归可以通过学习这些特征与离职倾向之间的关系，构建出一个能够预测员工离职概率的模型。例如，对于某一员工，根据其工资水平、工作年限和绩效考核结果代入模型，得到其离职概率为0.3，企业就可以据此采取相应的措施来挽留员工，如提供工资调整方案或职业发展规划等。

（二）模型优势与局限性

逻辑回归模型的优势在于，其一，它较为简单直观。逻辑回归模型的参数具有明确的含义，模型的权重可以反映出每个特征对分类结果的影响方向和程度。例如，在上述离职倾向预测模型中，如果工资水平对应的权重为负，则表明工资水平越高，员工离职的概率越低；如果工作年限对应的权重为正，说明随着工作年限的增加，离职概率会有所上升（可能存在工作年限长但发展受限等情况导致离职倾向增加）。其二，逻辑回归的训练和预测速度相对较快。因为它的模型结构简单，不需要复杂的计算过程。在处理大规模数据时，相比一些复杂的模型，如支持向量机在大数据集下的训练效率优势明显。例如，在对一家拥有大量基层员工数据的企业进行离职倾向快速筛查时，逻辑回归可以在较短的时间内给出结果，帮助企业人力资源部门及时发现潜在的人员流失风险。

逻辑回归的主要局限性在于，其一，它只能处理线性可分的数据。对于就业质量评价中存在的复杂非线性关系，逻辑回归的表现往往不佳。例如，在考虑员工工作满意度时，工作满意度可能受到工作环境、人际关系、职业发展等多个非线性相关因素的影响。如果仅使用逻辑回归，可能无法准确地捕捉到这些因素之间的复杂关系，导致预测结果不准确。其二，逻辑回归假设特征之间相互独立，但在实际的就业质量相关数据中，很多特征是相互关联的。比如，员工的工资水平和工作绩效可能存在相互影响的关系，这就违反了逻辑回归的假设条件，进而影响模型的准确性和可靠性。

四、决策树

（一）原理与应用场景

决策树是一种基于树结构进行决策的模型（张棪 等，2016）。它通过对数据集进行递归划分，从根节点开始，根据不同的特征属性和其对应的取值来不断地将数据集分成子节点，直到满足停止条件（如子节点中的样本都属于同一类别，或者达到预设的树深度等）。

例如，在判断员工是否适合晋升时，从根节点开始，可能首先根据员工的绩效分数进行划分，如果绩效分数大于某一阈值，则进入左子节点继续判断；如果小于该阈值，则进入右子节点。在左子节点中，可能再根据员工的领导能力进行划分，如此类推，最终在叶子节点得到员工是否适合晋升的决策结果。

在就业质量评价中，决策树可以用于解决各种分类和回归问题。例如，在评估员工的薪酬水平是否合理时，可以将员工的工作经验、技能水平、岗位重要性等特征作为输入。通过构建决策树，根据这些特征对员工进行分组，进而判断不同组别的员工薪酬是否处于合理区间。又如，在分析员工的职业发展方向时，以员工的专业背景、兴趣爱好、已取得的工作成果等为特征，通过决策树可以为员工推荐适合的职业发展路径，比如是向技术专家方向发展，还是向管理岗位方向发展等。

（二）模型优势与局限性

决策树模型的优势在于，其一，它具有很强的可解释性。它的决策过程直观易懂，通过观察决策树的结构，可以清楚地了解每个特征是如何影响决策结果的。例如，在上述员工晋升决策树中，很容易看出绩效分数和领导能力等特征在晋升决策中的重要性和作用方式。其二，决策树能够处理具有缺失值的数据。在就业质量相关数据中，往往存在部分数据缺失的情况，比如部分员工可能没有填写兴趣爱好这一信息，但决策树在划分节点时，并不要求所有特征都有值，它可以根据已有数据进行合理的划分和决策。

决策树模型也存在一定的局限性。其一，决策树容易出现过拟合现象。尤其是当树的深度过大时，决策树会对训练数据学习得过于精细，导致在测试数据上的表现不佳。例如，在一个小型企业的员工薪酬评估决策树模型中，如果树的深度设置过大，可能会把一些只适用于个别员工的特殊情况作为通用规则，导致对其他员工的薪酬评估出现错误。其二，决策树对于数据中的微小变动可能会比较敏感。当数据集中存在少量噪声或数据分布发生轻微变化时，可能会导致决策树的结构发生较大改变，进而影响模型的稳定性和预测准确性。

五、K-近邻算法

（一）原理与应用场景

K-近邻（K-Nearest Neighbors，KNN）算法是一种基于实例的学习算法。其原理是对于一个待分类的样本，在数据集中找到与其距离最近的 K 个样本，然后根据这 K 个样本的类别来决定待分类样本的类别（桑应宾，2009）。

距离度量通常采用欧氏距离、曼哈顿距离等方法。例如，在二维平面上，欧氏距离的计算公式为

$$d = \sqrt{\left[(x_1 - x_2)^2 + (y_1 - y_2)^2 \right]} \tag{8-2}$$

其中（x_1，y_1）和（x_2，y_2）是两个点的坐标。在就业质量评价中，每个员工的数据可以看作是高维空间中的一个点，通过计算这些点之间的距离来寻找近邻。

在就业质量评价中，KNN 可以用于员工分类问题。例如，在对员工的工作类型进行分类时，将员工的工作技能、工作效率、工作环境等特征作为数据点。如果要对一个新员工进行工作类型归类，KNN 算法会在已有员工数据中找到与该新员工特征距离最近的 K 个员工，根据这 K 个员工的工作类型来确定新员工的工作类型。又如，在评估员工的工作满意度时，可以根据已有的满意度不同的员工数据，通过 K-近邻算法找到与目标员工最相似的 K 个员工，根据这 K 个员工的满意度情况来推测目标员工的满意度。

（二）模型优势与局限性

K-近邻算法的优势在于，其一，该算法较为简单，易于理解和实现。它不需要进行复杂的模型训练过程，只需要存储训练数据，在预测时进行距离计算和投票（对于分类问题）或平均（对于回归问题）操作即可。例如，在一个小型企业内部进行员工工作满意度的初步评估时，即使没有专业的数据分析人员，也可以较容易地应用 K-近邻算法进行简单的分类。其二，K-近邻算法对数据的分布没有特定要求，能够适应各种数据分布情况。无论是线性分布还是非线性分布的数据，KNN 都可以进行处理。例如，在企业员工的数据特征呈现出各种复杂分布形态时，KNN 都可以尝试去寻找近邻进行分类或预测。

K-近邻算法的局限性在于，其一，其计算复杂度较高，尤其是在处理大规模数据时。因为对于每个待分类样本，都需要计算它与所有训练样本

之间的距离。当数据量很大时，这个计算过程会非常耗时。例如，在一个拥有大量员工数据的大型企业中，使用 K-近邻算法进行员工分类可能会导致计算时间过长，影响工作效率。其二，K-近邻算法对特征的尺度比较敏感。如果不同特征的尺度差异较大，可能会导致距离计算结果不准确，进而影响分类或预测的准确性。例如，在员工数据中，工资水平可能在几千元的量级，而工作失误次数可能在个位数量级，若不进行特征尺度处理，工资水平对距离计算的影响会远远大于工作失误次数，导致 K-近邻算法的性能下降。

第三节　模型训练

一、训练数据准备

（一）数据清洗

在就业质量评价的数据准备过程中，数据清洗是至关重要的第一步。在收集企业员工的绩效数据时，可能会出现各种数据问题。

首先，数据录入错误是常见的问题之一。例如，在员工的绩效评分数据中，可能会出现超出合理范围的值。假设某企业的绩效评分范围是 0~100 分，但数据中可能会出现 120 分这样的错误数据。对于这种情况，我们需要通过数据清洗技术来处理。可以采用统计方法，查看数据的分布情况，确定合理的区间。对于超出区间的数据，可以根据实际情况进行修正或者直接删除。

其次，数据中的缺失值也是一个需要解决的问题。在员工的工作经历数据中，可能会有部分员工的某些工作时间段没有记录。对于缺失值，可以根据数据的特点采用不同的处理方法。如果是数值型的数据，且缺失数据量较少，则可以采用均值、中位数或众数填充。例如，某部门员工的月平均加班时长数据有少量缺失，若数据分布较为均匀，可使用该部门员工的月平均加班时长的均值进行填充；若数据存在一定的偏态，可以使用该部门员工的月加班工作时长的中位数进行填充；若存在明显的集中趋势，可以使用该部门员工的月加班工作时长的众数进行填充。

再次，还有一种常见的数据问题是数据的不一致性。例如，在员工的学历数据中，可能存在"本科""学士""大学毕业"等不同表述，但实际上它们都表示本科学历。对于这种情况，需要对数据进行标准化处理，将类似的表述统一为一种格式，以便后续的数据分析和模型训练。

最后，还可能存在文本数据错误问题。在处理员工对工作环境满意度的文本数据时，可能会出现错别字、语法错误等问题。这些错误可能会影响后续的自然语言处理和情感分析。例如，员工可能将"舒适"写成"舒式"，针对此类数据错误，在数据清洗时，需要通过拼写检查和语义校正等技术对这些错误进行修正。

（二）特征工程

特征工程是将原始数据转换为适合模型训练的特征的过程，在就业质量评价中具有重要意义。以员工的考勤数据为例，原始的考勤记录可能只包含员工的打卡时间，但我们可以通过特征工程构建出更有意义的特征。

比如，计算员工的迟到次数、早退次数、旷工次数等特征，可以反映员工的工作纪律性。还可以计算员工的平均每周工作时长、工作时长的标准差等，以反映员工的工作强度和工作时间的稳定性。

在分析员工的职业发展情况时，我们可能有员工的入职时间和当前职位信息等数据。通过特征工程，我们可以构建出员工的工作年限、在当前职位的任职时间、晋升频率（如晋升次数/工作年限）等特征，这些特征能够更有效地反映员工的职业发展轨迹和潜力。

对于员工的项目参与数据，原始数据可能只记录了员工参与的项目名称。我们可以进一步构建特征，如员工在项目中的角色（是项目负责人、核心成员还是普通成员）、项目的难度级别（根据项目的规模、技术复杂度等因素评估）、项目的完成质量（通过项目成果的验收情况和客户反馈评估）等，这些特征对于评估员工的工作能力和绩效有很大帮助。

（三）数据分割

数据分割是将数据集分为训练集、验证集和测试集，这是模型训练过程中的重要环节。以企业员工的满意度调查数据为例，合理的数据分割能够确保模型的有效性和泛化能力。

通常，我们会将大部分数据（如70%）作为训练集，用于训练模型。在训练集上，模型会学习数据中的模式和规律。例如，在构建员工满意度预测模型时，训练集包含了大量员工的个人信息、工作表现和满意度数据，模型通过对这些数据的学习，尝试找到影响满意度的因素和它们之间的关系。一部分数据（如20%）作为验证集，用于调整模型的超参数。在模型训练过程中，我们会尝试不同的超参数组合（如决策树的深度、随机森林中树的数量等），通过在验证集上评估模型的性能，选择最佳的超参数组合。例如，在使用随机森林模型预测员工满意度时，我们在验证集上比较不同树数量下模型的准确率、召回率等指标，确定最优的树数量。剩余的一小部分数据（如10%）作为测试集，用于评估最终模型的性能。测试集的数据在模型训练和超参数调整过程中是完全未被使用过的，这样可以更客观地评估模型在未知数据上的表现。例如，在训练好员工满意度预测模型后，我们在测试集上评估模型的预测准确率、均方误差等指标，以确定模型是否能够准确地预测员工的满意度。

二、模型参数调优

（一）网格搜索

网格搜索是一种全面但计算量较大的模型参数调优方法（姜璐璐 等，2024）。在就业质量评价模型中，以随机森林模型为例，它有多个参数需要调整，如树的数量（n_estimators）、每棵树的最大深度（max_depth）、内部节点再划分所需最小样本数（min_samples_split）等。网格搜索会对这些参数的所有可能组合进行尝试。例如，我们设定树的数量可能在 $[50, 100, 150, 200]$ 中取值，最大深度可能在 $[5, 10, 15, 20]$ 中取值，内部节点再划分所需最小样本数可能在 $[2, 5, 10]$ 中取值。对于这样一个简单的参数范围设定，就会产生 $4×4×3=48$ 种不同的参数组合。

在每一种参数组合下，我们使用训练集对模型进行训练，然后在验证集上评估模型的性能（如准确率、F1-score 等），通过比较所有参数组合下的验证集性能，找到最优的参数组合。例如，在预测员工绩效的随机森林模型中，经过网格搜索，发现当树的数量为150、最大深度为10、内部节点再划分所需最小样本数为5时，模型在验证集上的 F1-score 最高，那么这个参数组合就是在给定参数范围内的最优解。

虽然网格搜索能够保证找到在给定参数范围内的最优解，但当参数数量较多或参数取值范围较大时，计算量会呈指数级增长。例如，在一个有5个参数且每个参数有10种可能取值的模型中，需要评估 $10^5 = 100\ 000$ 种参数组合，这可能会耗费大量的时间和计算资源。

（二）随机搜索

随机搜索是一种在参数空间中随机选取一定数量参数组合的调优方

法，相较于网格搜索，它在处理大参数空间时更具效率。以优化支持向量机（SVM）的参数为例，SVM 的核函数参数（如高斯核的 gamma 值）和惩罚系数（C 值）等都需要调整。

随机搜索会随机生成一组参数值，如 gamma 值在 ［0.01，10］ 区间内随机取值，C 值在 ［0.1，100］ 区间内随机取值。然后在验证集上评估模型性能。通过多次随机采样和评估（如进行 100 次随机采样），找到较优的参数组合。

例如，在使用 SVM 模型对员工离职倾向进行分类时，通过随机搜索发现，当 gamma 值约为 0.5、C 值约为 10 时，模型在验证集上的准确率较高。虽然随机搜索不能像网格搜索那样保证找到全局最优解，但在实际应用中，它往往能够在较短的时间内找到接近最优的参数组合，尤其是在参数空间非常大的情况下。

与网格搜索相比，随机搜索的随机性使其有可能错过真正的最优解，但它的计算成本相对较低。例如，在一个参数空间较大的复杂模型中，随机搜索可能只需要评估几百次参数组合，而网格搜索可能需要评估数百万甚至更多的参数组合。

（三）贝叶斯优化

贝叶斯优化是一种基于概率模型的高效参数优化方法（崔佳旭 等，2018），在就业质量评价模型训练中具有重要应用。以使用神经网络预测员工流失率为例，神经网络的超参数（如学习率、隐藏层节点数量、层数等）调整可以采用贝叶斯优化。

贝叶斯优化首先会根据先验知识构建一个概率模型（如高斯过程）来描述超参数与模型性能之间的关系。例如，假设学习率在 ［0.001，0.1］ 范围内，隐藏层节点数量在 ［50，200］ 范围内，贝叶斯优化会基于初始的少量采样点（如随机选取 5～10 个参数组合进行训练和评估）构建一个关于学习率和隐藏层节点数量如何影响模型预测员工流失率准确性的概率模型。然后通过不断地在参数空间中采样，并根据采样结果更新概率模型，找到最有可能提高模型性能的超参数值。在每次采样时，贝叶斯优化会综合考虑当前概率模型的预测和探索新的参数区域，以平衡寻找最优解和避免陷入局部最优的关系。

例如，在某一轮采样中，贝叶斯优化根据当前的概率模型，发现学习率在 0.01 附近且隐藏层节点数量在 120 左右可能会有较好的模型性能，于是在这个区域进行更精细的采样和评估。通过这种方式，贝叶斯优化能够在较少的迭代次数内找到较优的参数，并提高模型训练的效率，这尤其适用于复杂模型的超参数优化。

三、模型正则化

（一）L_1 和 L_2 正则化（以线性回归为例）

在就业质量评价中，当使用线性回归模型分析员工工资与工作经验、学历等因素的关系时，可能会出现过拟合现象。例如，当模型中包含过多的特征时，线性回归可能会过度拟合训练数据，导致在测试数据上的预测效果不佳。

L_1 正则化（Lasso 回归）和 L_2 正则化（Ridge 回归）是解决这个问题的有效方法。L_1 正则化会使模型的一些系数变为 0，从而起到特征选择的作用（吕国豪 等，2014）。例如，在分析员工工资影响因素时，假设我们有员工的工作经验、学历、籍贯、行业证书数量等多个特征。在未使用正则化的线性回归模型中，所有特征都会参与模型的构建。但当应用 L_1 正则化后，可能会发现籍贯这个特征对应的系数变为 0，这意味着该特征对工资的影响不大，可以从模型中剔除。

L_2 正则化则是通过对系数的平方进行惩罚，使系数的值变小但不会变为 0。这有助于防止模型对某个特征过度依赖，使模型更加稳定。例如，在预测员工工作满意度时，使用 L_2 正则化可以防止模型过度依赖某个单一因素（如工资水平）。

假设在未正则化的模型中，工资水平的系数非常大，表明模型几乎只根据工资水平来预测工作满意度。而应用 L_2 正则化后，工资水平的系数会适当减小，同时其他因素（如工作环境、团队氛围等）的系数也会得到合理的调整，使模型能够更全面地考虑各种因素对工作满意度的影响。

（二）Dropout（对于神经网络）

在使用神经网络预测员工流失率时，为了防止过拟合，Dropout 是一种常用的正则化技术。在神经网络的训练过程中，每次迭代时随机地将一部分神经元的输出设置为 0。

例如，假设一个神经网络有三层，每层有 100 个神经元。在某一次训练迭代中，根据设定的 Dropout 概率（如 0.3），随机选择每层中的 30 个神经元将其输出设置为 0。这使得网络在每次训练时都有所不同，类似于训练多个不同的子网络。

具体来说，在第一轮训练时，可能随机选择了第一层的前 30 个神经元、第二层的中间 30 个神经元和第三层的后 30 个神经元进行 Dropout；而在第二轮训练时，又会随机选择其他不同的神经元进行 Dropout。通过这种方式，神经网络不会过度依赖某些特定的神经元连接，从而避免网络过度拟合训练数据，提高神经网络在预测员工流失率时的泛化能力。

而且，Dropout 概率的选择需要根据具体的数据和模型进行调整。如果 Dropout 概率过高，可能会导致模型欠拟合，因为过多的神经元被忽略，模型无法充分学习数据中的特征；如果 Dropout 概率过低，则可能无法有效地防止过拟合。例如，在一个简单的员工流失率预测神经网络中，经过实验发现 Dropout 概率设置为 0.2~0.3 时，模型在验证集上的性能最佳。

第四节　模型评估

一、交叉验证

（一）k 折交叉验证原理

k 折交叉验证是一种可靠且应用广泛的模型评估技术。以就业质量评价中的员工绩效预测模型为例，假设我们有 1 000 个员工的绩效数据。将数据随机分成 k 份（如 $k=10$），每次取其中的 1 份作为测试集，其余 $k-1$ 份作为训练集。这样就可以进行 k 次训练和测试，且每次都使用不同的测试集。例如，第一次将第 1 份作为测试集，用第 2~10 份训练模型，然后在第 1 份测试集上评估模型性能；第二次将第 2 份作为测试集，用第 1、3~10 份训练模型，以此类推。

在每一轮训练和测试过程中，模型都能从不同的数据子集中学到知识，并在未见过的数据上进行评估。通过这种方式，可以充分利用数据，减少数据划分对模型评估结果的影响，更全面地评估模型在不同数据子集上的性能。

而且，k 折交叉验证的结果通常是通过对 k 次评估结果进行平均得到的。例如，计算 k 次测试的准确率的平均值、召回率的平均值等，以此作为模型最终的评估指标。这样可以使评估结果更加稳定和可靠，避免单次数据划分带来的偶然性。

（二）在就业质量评价中的应用

在评估一个基于员工多维度特征（如工作经验、技能水平、团队协作能力等）预测员工是否会获得晋升的模型时，采用 k 折交叉验证可以得到更可靠的评估结果。

例如，通过 k 折交叉验证，我们可以发现模型在不同部门、不同年龄段员工的数据子集上的预测准确率。假设企业有研发、销售、行政等多个部门，通过交叉验证，我们可能会发现模型在研发部门员工的数据上的预测准确率较高，而在销售部门员工的数据上的准确率稍低。

进一步分析可能会发现，这是因为销售部门员工的绩效和晋升受到市场环境等外部因素的影响较大，而模型在训练过程中可能没有充分考虑到这些因素。基于这样的评估结果，我们可以对模型进行改进，例如增加与市场环境相关的特征，或者针对销售部门的数据进行特殊处理，以提高模型在整个企业员工晋升预测方面的准确性。

二、性能指标

（一）混淆矩阵

混淆矩阵是评估分类模型性能的重要工具（张开放 等，2021）。在就业质量评价中，例如，使用支持向量机（SVM）对员工的工作满意度进行分类（分为满意和不满意两类）时，混淆矩阵可以清晰地展示模型的预测结果。

假设我们有 100 个员工的满意度测试数据，混淆矩阵的四个元素分别为：真正例（True Positive，TP），表示模型正确预测为满意的员工数量；假正例（False Positive，FP），表示模型错误预测为满意的员工数量；真反例（True Negative，TN），表示模型正确预测为不满意的员工数量；假反例（False Negative，FN），表示模型错误预测为不满意的员工数量。

通过混淆矩阵，我们可以计算出准确率 Accuracy =（TP+TN）/（TP+FP+TN+FN），它表示模型正确预测的样本数占总样本数的比例。例如，如果准确率为 0.8，说明模型在这 100 个员工的满意度预测中，正确预测了 80 个。

精确率 Precision＝TP/（TP+FP）反映了模型预测为正例的样本中真正为正例的比例。例如，如果模型预测有 30 个员工满意，但其中有 5 个是错误预测的，那么精确率就是 25/30≈0.833。

召回率 Recall＝TP／（TP+FN）表示实际为正例的样本中被模型正确预测出来的比例。例如，如果实际上有 40 个员工满意，但模型只预测出了30 个，那么召回率就是 30/40＝0.75。

这些指标从不同角度评估了模型的性能，帮助我们全面了解模型在不同类别上的预测准确性。

（二）其他性能指标（如 F_1 分数）

F_1 分数是精确率和召回率的调和平均数，$F_1 = 2×$（$Precision×Recall$）/（$Precision+Recall$）。在就业质量评价中，当我们关注模型在某个特定类别上的综合性能时，F_1 分数是一个很有用的指标。

例如，在预测企业中高潜力员工（属于一个特定类别）时，我们希望模型既能准确地识别出高潜力员工（高精确率），又能尽可能地找出所有的高潜力员工（高召回率）。F_1 分数可以综合考虑这两个方面，帮助我们选择性能更优的模型。

假设在一个高潜力员工预测模型中，精确率为 0.7，召回率为 0.6，那么 F_1 分数＝2×（0.7×0.6）/（0.7+0.6）≈0.646。通过比较不同模型的 F_1 分数，我们可以选择出在预测高潜力员工方面综合性能更好的模型。

此外，还有其他一些性能指标，如均方误差（MSE）用于回归模型评估。在预测员工工资增长幅度的回归模型中，MSE 可以衡量模型预测值与实际值之间的平均平方误差。如果 MSE 较小，说明模型的预测结果与实际工资增长幅度较为接近，模型性能较好。

三、误差分析

（一）识别错误类型，确定错误程度

在就业质量评价模型中，误差分析是非常重要的。例如，在使用随机森林模型预测员工离职率时，需要对模型的预测错误进行分析。

模型可能出现的错误类型包括假正例（如预测员工会离职，但实际上员工并未离职）和假反例（如预测员工不会离职，但员工实际离职了）。对于假正例，可能是因为模型过度关注了某些表面上与离职相关但实际并非关键因素的特征，比如员工偶尔的加班频率，模型可能错误地将加班频率高视为员工离职倾向高的信号，但实际上员工可能只是在短期项目攻坚阶段加班，并不存在离职意愿。对于假反例，可能是模型忽略了一些潜在的离职倾向因素，例如员工近期在社交平台上对工作的负面评价。尽管员工在公司内部表现正常，但在社交平台上却频繁表达对工作环境或职业发展的不满，而模型没有将这些外部数据纳入考虑，导致错误地判断该员工不会离职。

模型还有可能出现错误的程度差异。比如在预测员工绩效时，模型可能将本应是高绩效的员工预测为中等绩效（轻度错误），或者将低绩效员工预测为高绩效（严重错误）。通过分析这些不同类型和程度的错误，我们可以进一步了解模型在哪些方面存在不足，从而有针对性地改进模型。

（二）分析错误原因

在分析员工绩效预测模型的误差时，原因可能是多方面的。

一方面可能是数据问题，如数据样本存在偏差。如果在收集员工绩效数据时，主要集中在某个部门或某种岗位类型，那么模型在应用到其他部门或岗位时就可能出现较大误差。例如，若数据主要来自技术研发部门，该部门员工的绩效评估可能更侧重于技术创新和项目完成情况。当模型用于评估销售部门员工绩效时，由于销售部门更关注销售业绩和客户关系管理，模型可能无法准确捕捉到这些关键因素，从而产生较大的预测误差。

另一方面可能是模型本身的问题，如模型复杂度不够。如果员工绩效受到多种复杂因素（包括工作环境、团队氛围、个人职业规划等）的影响，而模型结构过于简单，就无法准确捕捉这些因素之间的关系，导致预测误差。例如，使用简单的线性回归模型来预测员工绩效，而员工绩效实际上受到非线性关系的影响（如工作压力与绩效可能呈现倒"U"形关系，压力适中时绩效最高），那么线性回归模型就无法很好地拟合数据，产生预测偏差。再比如，在使用神经网络预测员工工资增长时，如果模型的训练数据没有涵盖足够的行业波动情况，当行业出现重大变革导致员工工资结构变化时，模型就可能无法准确预测，产生较大误差。通过深入分析这些错误原因，我们可以采取相应的措施，如补充更全面的数据、调整模型结构等，来提高模型的预测准确性。

第五节 模型解释性工具

一、特征重要性

（一）随机森林中的特征重要性计算

在就业质量评价场景中，随机森林模型对于特征重要性的计算是一种非常实用的方法。以评估影响员工工作满意度的因素为例，模型所考虑的输入特征往往是多样化的，如工资水平、工作时长、工作环境舒适度、与同事关系等都在考量范围之内。

随机森林是由多棵决策树组成的集成模型。在构建每一棵决策树时，都会进行节点分裂操作。节点分裂的目的是将数据集按照某个特征进行划分，使得划分后的子节点内的数据更加"纯净"。例如，在某一次节点分裂中，如果根据工资水平进行划分，能够使子节点内员工的工作满意度差异明显减小，那么工资水平这个特征就在这次分裂中起到了关键作用。

当整个随机森林模型在训练过程中构建了大量的决策树时，通过对每棵树进行节点分裂时使用特征的情况进行细致统计，就能得出每个特征在节点分裂中出现的频率以及对纯度提升的贡献。具体而言，对于一个特征，如果它在多棵决策树的节点分裂过程中频繁被选用，并且每次选用都能显著提升节点的纯度，那么该特征就会被赋予较高的重要性得分。

在实际的就业质量分析中，这种特征重要性得分具有重要的决策指导意义（吴冬 等，2023）。如果通过随机森林模型计算得出工资水平的特征重要性得分远远高于其他特征，这无疑表明工资水平在影响员工工作满意度方面占据着至关重要的地位。这一发现能够为企业在制定薪酬策略时提供关键依据，企业可能会更加注重工资水平的合理性和竞争力，以保障员工的工作满意度。

（二）基于特征重要性的决策

若模型显示工作环境舒适度的特征重要性较高时，企业可以采取一系列有针对性的措施来改善工作环境。例如，在办公设施方面，企业可以考虑更换更符合人体工学的办公桌椅，为员工提供舒适的工作硬件条件；还可以优化办公空间布局，合理划分办公区域，增加绿植装饰，打造一个更加宜人、舒适的办公环境，从而提升员工的工作满意度。

若模型显示与同事关系这一特征对工作满意度的影响显著，企业可以通过组织多样化的团队建设活动来加强员工之间的沟通与协作，如户外拓展训练、室内团队合作游戏、定期的部门聚餐等，以增进员工之间的了解和信任，营造一个和谐、融洽的工作氛围，进而提高员工的工作满意度。

在评估员工职业发展潜力时，如果专业技能培训次数的特征重要性突出，企业应当意识到专业技能培训对于员工成长的重要性。为了提升员工的职业发展潜力，企业可以加大对员工专业技能培训的投入力度，例如，与专业培训机构合作，为员工提供更多元化、更具针对性的培训课程，例如针对不同岗位的专业技能提升课程、新兴技术培训等。同时，企业内部还可以建立完善的培训体系，鼓励员工自主学习，为员工的职业发展创造良好的条件，进而提升整体的就业质量。

二、部分依赖图

(一) 部分依赖图的构建原理

部分依赖图（Partial Dependence Plot，PDP）在分析就业质量相关模型中具有重要作用。以预测员工绩效为例，当模型输入特征包含员工的工作经验和学历等因素时，部分依赖图能够帮助我们清晰地揭示这些特征与模型预测结果之间的关系。

构建工作经验的部分依赖图时，我们采用控制变量法。具体来说，首先固定其他特征（如学历）的值，这里假设将学历固定为本科。然后让工作经验在其可能的取值范围内进行变化，这个范围可能从刚入职的 0 年一直到具有丰富工作经验的 20 年甚至更多。在工作经验每取一个值时，模型会基于固定的学历值以及其他未被考虑的特征（在随机森林等模型中是基于训练数据中的其他特征分布）来预测员工绩效。

通过对工作经验所有可能的取值重复上述操作，我们就能得到一系列对应的模型预测的绩效值。将这些值连接起来，就形成了工作经验与模型预测绩效之间的关系曲线，即我们所需的部分依赖图。

(二) 从部分依赖图中获取信息

从部分依赖图中可以挖掘出丰富的信息。例如，如果部分依赖图呈现出随着工作经验的增加，员工绩效预测值呈线性上升趋势，这表明工作经验对员工绩效有着稳定且正向的影响，企业在进行人力资源管理时，就会更加重视有工作经验的员工，在招聘和晋升决策中可能会优先考虑具有一定工作经验的人员。

　　若部分依赖图呈现出先上升后下降的曲线形状，则意味着存在一个工作经验的最佳值。在达到这个最佳值之前，员工的绩效会随着工作经验的增加而提升，但一旦超过这个值，可能由于员工思维逐渐固化、对新事物接受能力变弱等，绩效反而会下降。企业可以根据这个发现，在员工职业发展规划和岗位安排上做出更合理的决策。例如，对于经验丰富但可能接近最佳值的员工，可以提供一些创新型的工作任务或培训，以激发他们的新活力，防止绩效下滑。

　　在分析员工工资与工作技能水平和工作年限的关系时，部分依赖图同样能提供重要参考。例如，可能发现当工作技能水平达到一定阈值后，即使工作年限继续增加，工资增长幅度也会趋于平缓。这一信息对企业制定工资政策至关重要。企业不能仅依赖员工的工作年限来决定工资增长，还需要注重员工工作技能水平的提升。在工资调整机制中，企业可以增加对员工技能提升的奖励比重，鼓励员工不断提升自身技能，以实现工资的合理增长和企业人力资源的有效利用。

三、SHAP 值

（一）SHAP 值的计算方法

　　SHAP（SHapley Additive exPlanations）值是基于合作博弈论中的Shapley 值来对模型进行解释的一种方法，在就业质量评价模型中有着重要的应用。以使用支持向量机预测员工流失率为例，对于每个员工的数据点，SHAP 值的计算都需要考虑该员工的所有特征在所有可能的特征组合下对预测结果的贡献。首先要考虑所有可能的特征子集。对于一个有 n 个特征的模型，可能的特征子集数量多达 2^n 个。然后对于每一个特征子集，需要计算在该子集下加入或移除某个特征时对模型预测结果的影响，也就是边际贡献。例如，当员工的特征包括工资、工作压力、晋升机会等多个因素时，SHAP 值会精确地量化每个特征对该员工流失率预测结果的具体贡献。通过这种复杂的计算过程，能够清晰地揭示出每个特征在模型预测中的作用。

　　假设我们在对某员工进行分析时，发现工资的 SHAP 值为负且绝对值较大，这表明工资对该员工的流失率预测有较大的降低作用。换句话说，较高的工资使得该员工流失的可能性显著降低。这种精确的特征贡献量化能够帮助我们深入理解模型是如何根据员工的不同特征来预测其流失率的。

（二）SHAP 值在就业质量评价中的应用

通过 SHAP 值，企业能够深入了解模型的决策过程，进而采取有效的措施来管理员工流失。例如，在预测员工离职倾向时，如果发现工作压力的 SHAP 值对多数员工的流失率预测都有正向贡献，即工作压力的增加会导致员工流失率上升。那么企业可以有针对性地采取措施来降低员工的工作压力，比如优化工作流程、合理分配工作任务等，以有效降低员工流失率，提升就业质量。

在评估员工绩效方面，SHAP 值同样具有重要作用。若发现某一特定技能培训的 SHAP 值对绩效有显著的正向影响，则企业可以据此做出合理的决策。例如，企业可以加大对该特定技能培训的投入，包括增加培训课程的频次、扩大培训覆盖的员工范围等；同时，企业还可以优化培训内容，使其更加贴合员工的工作实际需求，确保更多员工能够通过参与培训提升自身的绩效水平，进而提高企业整体的运营效率和竞争力。

SHAP 值还可以用于模型的可解释性报告。在企业管理中，向管理者和员工清晰地展示模型是如何做出预测的是非常重要的。SHAP 值能够以直观的方式呈现每个特征对预测结果的影响，增加模型的可信度和透明度。这有助于管理者更好地理解和运用模型进行决策，同时也能让员工了解自己的工作表现和发展潜力是如何被评估的，进而促进企业内部的沟通和管理效率。

第六节　机器学习在就业质量评价中的应用

一、预测员工流失

（一）逻辑回归模型的应用原理

在预测员工流失方面，常用的模型是逻辑回归（邱志强，2024）。它基于员工的相关特征来预测员工离职的概率。假设考虑的特征包括员工的满意度、工资水平、工作年限等，逻辑回归通过构建一个逻辑函数，将这些特征的线性组合转化为一个 0 到 1 之间的概率值，表示员工离职的可能性。具体来说，逻辑回归的模型公式为

$$P(Y = 1 \mid X) = \frac{1}{1 + e^{-(\omega 0 + \omega 1x1 + \omega 2x2 + \cdots + \omega nxn)}} \tag{8-3}$$

其中，$P(Y = 1 \mid X)$ 表示在给定特征向量 $X = (x_1, x_2, \cdots, x_n)$ 的情况下，员工离职（$Y = 1$）的概率；ω_0，ω_1，ω_2，$\cdots$，ω_n 是模型的参数。

例如，对于一名员工，其满意度评分为 3 分（满分为 5 分），工资水平为 5 000 元，工作年限为 3 年，通过逻辑回归模型计算，可以得到该员工离职的概率。模型中的系数反映了各个特征对离职概率的影响方向和程度。如果工资水平的系数为负，说明工资水平越高，员工离职的概率越低；而如果工作压力（假设工作压力可以量化并作为一个特征）的系数为正，表明工作压力越大，员工离职的概率越高。

（二）例题与效果分析

某大型企业收集了近千名员工的相关数据来构建员工流失预测模型。通过逻辑回归分析，我们发现工资水平和员工流失率之间存在显著的负相关关系。当工资低于行业平均水平的30%时，员工流失的概率显著提高。

例如，在该企业中，行业平均工资为 8 000 元/月，当员工工资低于 5 600 元/月时，其流失概率比工资高于此水平的员工高出约30%。同时，工作环境满意度也是一个重要因素。例如，对于工作环境满意度较低（满意度评分低于 2 分）的员工，其流失概率比满意度较高的员工高出约40%。

根据模型预测结果，企业采取了针对性的措施，如对工资水平较低且有离职风险的员工进行了工资调整，对工作环境较差的部门进行了改善等，成功地将员工流失率降低了约20%，提高了企业的就业质量和稳定性。企业通过给部分低薪员工平均加薪15%，改善了这些员工的离职倾向，同时通过优化办公环境，包括改善办公空间的通风和照明条件，增加休闲设施等，提升了员工的工作环境满意度，进而降低了整体员工流失率。

二、评估工作满意度

（一）情感分析的应用原理

在评估员工工作满意度时，情感分析是一种有效的技术。例如，企业可以收集员工在内部论坛、在线问卷、社交媒体等平台上对工作的评论和反馈，通过自然语言处理技术，对这些文本数据进行情感分析。

首先，对文本进行预处理，包括分词、去除停用词等操作。分词是将文本按照词语进行划分，例如，"我今天工作很开心"会被分成"我""今天""工作""很""开心"等词语，去除停用词是将一些对情感分析没有实质意义的词语去掉，如"的""了""是"等。

其次，利用机器学习算法（如基于词向量和深度学习的方法）将文本转化为向量表示。词向量是将词语映射到一个低维向量空间，使得语义相近的词语在向量空间中距离相近。例如，"高兴"和"开心"在词向量空间中的距离会比较近。

最后，通过分类算法（如支持向量机、朴素贝叶斯等）将文本的情感分为正面、负面或中性。例如，如果员工的评论中包含"喜欢""满意""很棒"等词汇，可能被归类为正面情感；而包含"讨厌""不满""压力大"等词汇则可能被归类为负面情感。

（二）例题与效果分析

一家互联网公司利用情感分析技术对员工在内部沟通平台上的交流内容进行分析，发现当公司推出新的项目管理制度后，在一个月内员工的负面情绪评论比例从10%上升到了20%。

通过进一步对负面评论内容进行分析，公司发现员工主要对新制度下的项目审批流程繁琐感到不满。公司根据这一反馈，对项目审批流程进行了优化，例如减少不必要的审批环节，明确各环节审批标准和时间限制等。之后员工的负面情绪评论比例逐渐下降到12%左右，员工的整体工作满意度得到了一定程度的提升。

此外，该公司还通过情感分析发现，在员工对工作环境的评论中，对办公空间的舒适度评价较低。于是公司对办公环境进行了改善，如更换更符合人体工学的办公桌椅，增加绿植等，进一步提升了员工的工作满意度。

三、优化招聘流程

（一）自然语言处理技术在简历分析中的应用原理

在优化招聘流程方面，自然语言处理技术可以用于简历分析。当企业收到大量的简历时，通过自然语言处理技术可以自动提取简历中的关键信息。

首先，对简历文本进行格式转换和清理，将其转化为统一的文本格式。例如，将不同格式的简历（如 Word、PDF 等）转换为纯文本格式，并去除一些格式符号、乱码等。

其次，利用命名实体识别技术识别出求职者的姓名、学历、工作经历、技能等关键信息。例如，可以识别出求职者拥有"计算机科学与技术专业的本科学历""有 3 年的软件开发工作经验""熟练掌握 Python 编程语言"等信息。

最后，通过信息检索和匹配技术，将求职者的关键信息与招聘岗位的要求进行匹配。例如，招聘岗位要求有 5 年以上的相关工作经验和熟练掌握某种特定的软件工具，通过对简历的分析，企业可以筛选出符合这些条件的候选人。在匹配过程中，企业会计算求职者的工作经验与要求的工作经验的相似度，以及技能匹配度等指标，然后根据这些指标来判断求职者是否符合岗位要求。

（二）案例与效果分析

某科技企业在招聘软件工程师时，采用自然语言处理技术对收到的 500 份简历进行筛选。在传统的人工筛选方式下，招聘人员需要花费大量的时间来阅读和评估每份简历，因此通常需要一周左右的时间才能初步筛选出合适的候选人。而使用自然语言处理技术后，招聘人员在一天内就可以根据设定的条件筛选出 100 份较为符合要求的简历，同时，自然语言处理技术还可以对简历进行分类，如按照求职者的经验水平、专业方向等进行分类，便于招聘人员进一步筛选和管理，大大提高了招聘的效率。通过对筛选出的候选人进行进一步的面试和评估，招聘人员发现这些候选人在专业技能方面（如编程能力、项目经验等）与招聘岗位的要求的契合度较高。通过这种方式，企业不仅节省了招聘时间，还能更精准地找到符合岗位要求的人才，优化了招聘流程，提高了招聘质量。

第九章　深度学习与复杂模型应用

第一节　深度学习技术概述

一、深度学习的发展历程

（一）起源与早期探索

深度学习的起源可以追溯到 20 世纪 40 年代（MCCULLOCH W S, et al., 1943），当时人们开始对人工神经网络产生兴趣。早期的神经网络模型较为简单，例如感知机，它是一种二元线性分类器，能够处理简单的模式识别问题。然而，由于当时计算能力的限制以及对神经网络理论研究的不足，感知机在处理复杂问题时存在很大的局限性，例如无法处理非线性可分的数据。

在 20 世纪六七十年代，尽管神经网络研究遇到了一些挫折，但仍有一些学者在坚持探索。这一时期出现了一些对神经网络发展具有重要意义的理论，如反向传播算法的雏形开始出现。虽然这些早期的算法还不够完善，但为后来深度学习的兴起奠定了基础。

（二）突破与兴起

20 世纪 80 年代，随着计算机技术的发展，神经网络研究迎来了新的突破。反向传播算法（Backpropagation）得到了完善和广泛应用，它使得多层神经网络的训练成为可能（RUMELHART D E, et al., 1986）。这一算法通过计算损失函数对各层权重的梯度，实现了对神经网络参数的有效调整，从而让神经网络能够学习到更复杂的函数映射关系。

这一时期，一些具有代表性的神经网络模型被提出，如多层感知机（Multilayer Perceptron, MLP）。多层感知机通过多个隐藏层的神经元，可以对输入数据进行深层次的特征提取和转换。例如，在图像识别领域，多层感知机开始尝试对简单的图像数据进行分类。然而，当时的硬件条件仍然限制了神经网络的规模和训练效率。

（三）大数据与高性能计算时代的蓬勃发展

进入 21 世纪，随着大数据时代的到来和高性能计算硬件（如 GPU）的出现，深度学习迎来了蓬勃发展的黄金时期。大量的数据为深度学习模型提供了丰富的学习素材，而 GPU 的并行计算能力则大大加速了模型的训练过程。

2012 年是深度学习发展史上的一个重要里程碑（清华大学人工智能研究院 等，2020）。在这一年的 ImageNet 图像识别竞赛中，由 Hinton 团队提出的基于深度卷积神经网络（CNN）的 AlexNet 模型取得了巨大的成功，其识别准确率远远超过了传统的机器学习方法。AlexNet 的成功引发了学术界和工业界对深度学习的广泛关注，随后大量基于 CNN 的图像识别模型如 VGG、GoogLeNet、ResNet 等相继涌现，不断刷新图像识别的准确率纪录。

二、深度学习的主要架构

（一）卷积神经网络（CNN）

CNN 主要由卷积层、池化层和全连接层组成。卷积层是 CNN 的核心组件，它通过卷积核在输入数据上滑动进行卷积操作来提取特征。例如，在处理员工工作场所的图像数据时，卷积核可以提取出图像中的边缘、纹理等特征。如果卷积核是 3×3 的矩阵，在一个 6×6 的图像上滑动，每次计算 3×3 窗口内的像素与卷积核对应元素的乘积之和，得到一个新的特征值。通过这种方式，卷积层能够自动学习到图像中的各种特征。卷积层中的参数主要是卷积核的权重，这些权重在训练过程中通过反向传播算法进行优化（杨鹤标 等，2019）。不同的卷积核可以提取不同类型的特征。例如，有的卷积核可能专注于提取水平边缘，有的则专注于提取垂直边缘。而且，通过使用多个卷积核，可以同时提取多个层次的特征，这使得 CNN 能够处理复杂的图像数据。

池化层紧跟在卷积层之后，其主要作用是减少数据量，同时保留主要特征。常见的池化方法有最大池化和平均池化。以最大池化为例，在一个 2×2 的池化窗口内，选取最大值作为池化后的输出。例如，在处理员工面部表情图像数据时，经过池化操作后，图像的尺寸减小，但表情的关键特征（如眼睛、嘴巴的形状特征）得以保留，这样可以减少后续全连接层的计算量，同时也有助于提高模型的抗干扰能力。池化操作是不包含可训练参数的，它是一种固定的操作模式。其主要目的是对卷积层提取的特征进行下采样，使得特征具有一定的平移、缩放和旋转不变性。这种不变性在实际应用中非常重要，例如，在不同光照条件或拍摄角度下的员工工作场所图像，经过池化操作后，模型仍然能够识别出关键的环境特征。

全连接层位于 CNN 的最后部分，它将经过卷积和池化处理后的特征进行整合，并用于最终的分类或回归任务。例如，在预测员工的工作效率是否高于平均水平（二分类任务）时，全连接层将前面提取的特征综合起来，通过一系列的线性变换和激活函数处理，输出一个 0 到 1 之间的概率值，表示员工工作效率高的可能性。全连接层的神经元与前一层的所有神经元都有连接，其连接权重是通过训练得到的。在训练过程中，全连接层根据损失函数的反馈，不断调整权重，以优化模型的输出。然而，全连接层的参数数量通常较多，容易导致过拟合问题。为了解决这个问题，在实际应用中常常会结合正则化方法（如 L_1 和 L_2 正则化）来约束权重，提高模型的泛化能力。

（二）循环神经网络（RNN）及其变体（LSTM、GRU）

循环神经网络（RNN）主要用于处理序列数据。它的特点是在网络结构中存在循环连接，使得信息可以在网络中循环传递（黄河 等，2019）。例如，在分析员工的绩效序列数据时，RNN 可以通过分析员工在过去多个时间段内的绩效表现，来预测未来的绩效情况。在每个时间步 t，RNN 的隐藏状态 h_t 是由当前输入 x_t 和上一时间步的隐藏状态 h_{t-1} 共同决定的。其计算公式为

$$h_t = \tanh(W_{ih}x_t + W_{hh}h_{t-1} + b_h) \tag{9-1}$$

其中，W_{ih} 和 W_{hh} 分别是输入到隐藏层和隐藏层到隐藏层的权重矩阵，b_h 是隐藏层的偏置，$\tanh$ 是激活函数。通过这种方式，RNN 能够记住序列中的历史信息，并用于后续的处理。

RNN 的变体之一是长短期记忆网络（LSTM），它是为了解决 RNN 中的长期依赖问题而提出的。在处理较长的序列数据时，RNN 容易出现梯度消失或爆炸的问题，导致无法有效利用远距离的历史信息。LSTM 通过引入门控机制来控制信息的流动和存储。LSTM 包含输入门、遗忘门和输出门。遗忘门决定了上一时刻的细胞状态 C_{t-1} 有多少信息被保留到当前时刻

的细胞状态 C_t，其计算公式为

$$f_t = \sigma \left(W_f \left[h_{t-1}, x_t \right] + b_f \right) \tag{9-2}$$

其中，σ 是 Sigmoid 函数，W_f 和 b_f 分别是遗忘门的权重矩阵和偏置。输入门决定了当前输入 x_t 有多少信息可以更新到细胞状态，输出门则决定了当前细胞状态有多少信息可以输出到隐藏状态 h_t。通过这些门控机制，LSTM 能够更好地处理长序列数据。例如，在分析员工多年的职业发展轨迹数据时，LSTM 可以有效地捕捉到早期的职业选择对后期发展的长期影响。

　　RNN 的另一种变体是门控循环单元（GRU），它在结构上比 LSTM 更简单。GRU 将遗忘门和输入门合并成一个更新门，并且只有一个重置门来控制前一时刻隐藏状态的信息是否被遗忘。其更新门的计算公式为

$$z_t = \sigma \left(W_z \left[h_{t-1}, x_t \right] + b_z \right) \tag{9-3}$$

重置门的计算公式为

$$r_t = \sigma \left(W_r \left[h_{t-1}, x_t \right] + b_r \right) \tag{9-4}$$

　　GRU 通过这种简化的门控机制，在保持对长序列数据处理能力的同时，减少了模型的参数数量，提高了训练效率。例如，在分析员工在项目中的工作进度序列数据时，GRU 可以快速地学习到工作进度的变化模式，并且能够根据前期的工作情况准确地预测项目后期的进展。

　　（三）多层感知机（MLP）

　　多层感知机由输入层、若干隐藏层和输出层组成（HE X，et al.，2017）。输入层的神经元数量取决于输入数据的特征数量。例如，在就业质量评价中，如果考虑员工的年龄、工作年限、学历水平、绩效评分这 4 个特征，那么输入层就有 4 个神经元。隐藏层是多层感知机的核心部分，它通过对输入数据进行非线性变换来提取特征。隐藏层神经元的数量和层数是可以调整的超参数。以预测员工的工作满意度为例，通过调整隐藏层的层数和神经元数量，可以让模型学习到不同程度的员工工作相关特征与满意度之间的复杂关系。输出层根据具体的任务产生相应的输出。如果是一个二分类任务，如判断员工是否有离职倾向，输出层通常有 1 个神经元，使用 Sigmoid 激活函数将输出转换为 0 到 1 之间的概率值；如果是一个多分类任务，如对员工的职业发展阶段进行分类，输出层的神经元数量等于类别数，通过 Softmax 激活函数输出每个类别的概率。

　　数据在多层感知机中的传播过程是从输入层开始，经过加权求和与激活函数处理后传递到隐藏层，再经过多层类似的处理，最后到达输出层。

例如，在计算输入层到第一层隐藏层的信号传递时，对于第 j 个隐藏层神经元，其输入的计算公式为

$$z_j = \sum_{i=1}^{n} \omega_{ij} x_i + b_j \tag{9-5}$$

其中，x_i 是输入层第 i 个神经元的值，ω_{ij} 是连接输入层第 i 个神经元和隐藏层第 j 个神经元的权重，b_j 是隐藏层第 j 个神经元的偏置。然后，通过激活函数 f 得到隐藏层神经元的输出：$a_j = f(z_j)$。这个过程在每一层之间重复，直到得到输出层的结果。

多层感知机中的激活函数起到了引入非线性因素的关键作用。常用的激活函数有 Sigmoid 函数、ReLU（Rectified Linear Unit）函数等。Sigmoid 函数将输入值映射到 0 到 1 之间。但是，Sigmoid 函数在输入值较大或较小时，梯度会趋近于 0，容易导致梯度消失问题。而 ReLU 函数 $f(x) = \max(0, x)$ 在一定程度上解决了这个问题，它在正半轴具有线性性质，能够加速模型的训练。在实际应用中，根据具体的数据和任务特点选择合适的激活函数对于多层感知机的性能至关重要。

三、深度学习的优势与挑战

（一）优势

1. 强大的特征学习能力

一方面，深度学习能够自动从原始数据中学习到输入数据的深层特征（刘华玲 等，2021），无须人工进行繁琐的特征工程。例如，在图像识别中，CNN 可以直接从像素数据中学习到图像的层次化特征，从低级的边缘、纹理特征到高级的物体形状、类别特征。这一特点使得深度学习在处理复杂数据时具有很大的优势，尤其是当数据的特征空间非常大且特征关系复杂时。

另一方面，在自然语言处理领域，基于 Transformer 架构的模型能够从大量的文本数据中学习到词语的语义表示和句子的语法结构。例如，通过在大规模的语料库上进行预训练，BERT（Bidirectional Encoder Representations from Transformers）模型能够获得丰富的语言知识，在下游的自然语言处理任务（如文本分类、命名实体识别、问答系统等）中取得优异的表现。

2. 处理复杂数据和任务的能力

深度学习模型在处理具有高度复杂性的数据和任务方面表现出色。在语音识别中，深度学习能够处理不同口音、语速、背景噪音下的语音数据，实现准确的语音转文字。例如，在嘈杂的环境中，深度学习模型可以通过对大量带有噪音的语音数据进行学习，自动提取出语音的关键特征，区分出语音信号和噪音信号，从而提高语音识别的准确率。在自动驾驶领域，深度学习用于处理来自多个传感器（如摄像头、激光雷达、毫米波雷达等）的数据，实现车辆的环境感知、路径规划和决策控制。例如，通过对大量的道路场景图像和车辆行驶数据进行学习，深度学习模型可以识别出道路上的各种物体（如行人、车辆、交通标志、障碍物等），预测它们的运动轨迹，并根据这些信息做出合理的驾驶决策，保障自动驾驶车辆的安全行驶。

3. 泛化能力和适应性

一方面，当训练数据足够丰富且具有代表性时，深度学习模型能够具有较好的泛化能力，即使在未见过的数据上也能表现出较好的性能。例如，在图像分类任务中，经过在大规模图像数据集（如 ImageNet）上训练的模型，在面对新的图像数据时，深度学习模型能够准确地对图像进行分类。这种泛化能力使得深度学习模型可以应用于各种各样的实际场景。

另一方面，深度学习模型还具有一定的适应性。例如，在推荐系统中，当用户的兴趣和行为发生变化时，深度学习模型可以通过不断地学习新的数据来调整自己的推荐策略。基于深度学习的推荐系统可以根据用户的历史购买记录、浏览行为、评分反馈等数据，为用户推荐他们可能感兴趣的商品或内容，并且随着用户行为的变化不断优化推荐结果。

（二）挑战

1. 对数据量和数据质量的要求高

深度学习模型通常需要大量的标注数据进行训练才能取得较好的效果。例如，在训练一个高精度的图像识别模型时，可能需要数百万甚至数千万张标注好的图像数据。获取这样大规模的标注数据往往需要耗费大量的人力、物力和时间。在一些领域，如医疗影像诊断，获取标注数据还需要专业的医学知识和经验，难度更大。

除了数据量，数据质量也至关重要。如果训练数据存在错误标注、数据偏差或噪声等问题，会影响模型的训练效果。例如，在自然语言处理中，如果训练文本中存在大量错别字、语法错误或语义模糊的语句，会导致模型学习到错误的知识，从而降低模型在实际应用中的性能。

2. 模型训练和优化的复杂性

深度学习模型通常具有庞大的参数数量和复杂的结构，这使得模型的训练和优化过程非常复杂。训练一个深度学习模型往往需要高性能的计算设备（如 GPU 集群）和长时间的训练过程。例如，训练一个大型的语言模型可能需要数周甚至数月的时间，并且在训练过程中需要不断地调整模型的超参数（如学习率、批量大小、网络层数、神经元数量等）以获得最佳的性能。

深度学习模型还容易出现过拟合问题，即模型在训练数据上表现很好，但在测试数据或实际应用中表现不佳。为了防止过拟合，需要采用各种正则化技术（如 L_1 和 L_2 正则化、Dropout 等）和模型选择方法（如交叉验证），但这些方法的选择和应用也需要一定的经验和技巧。

3. 模型解释性差

深度学习模型的内部工作机制非常复杂，很难直观地解释模型是如何做出预测的。例如，在一个基于深度学习的医疗诊断模型中，虽然它能够准确地预测患者是否患有某种疾病，但很难解释模型是根据哪些特征做出的诊断，这在医疗领域等对决策依据要求严格的场景下是一个很大的问题。

由于模型解释性差，人们难以对模型的可靠性和安全性进行评估。例如，在金融领域，基于深度学习的交易模型可能会做出一些难以解释的交易决策，如果不能理解模型的决策过程，就很难判断这些决策是否合理，是否存在潜在的风险。

第二节　基于深度学习的就业质量评价模型构建

一、模型架构选择依据

（一）基于就业质量评价任务特性的分析

如果就业质量评价的任务是进行分类，例如，将员工分为高就业质量和低就业质量两类，或者将员工的职业发展阶段分为初级、中级、高级，那么需要选择适合分类任务的深度学习架构。对于二分类任务，多层感知机（MLP）和卷积神经网络（CNN）都是不错的选择。例如，在判断员工是否有离职倾向时，可以将员工的相关特征（如年龄、工作年限、近期绩效等）输入到 MLP 中，通过在输出层使用 Sigmoid 激活函数得到离职倾向的概率。如果数据具有图像或类似的二维结构特征，如员工工作场所的环境图像，那么 CNN 可能更具优势。其通过卷积层和池化层提取环境特征，再通过全连接层进行分类。对于多分类任务，如职业发展阶段分类，除了上述架构外，还可以考虑使用具有多个输出神经元的 MLP，并结合 Softmax 激活函数来输出每个类别的概率。例如，将员工的教育背景、工作经验、技能证书等数据输入到模型中，模型输出该员工处于各个职业发展阶段的概率。

如果就业质量评价的任务是预测一个连续的值，如员工的工作满意度分数、未来的薪资增长幅度等，就需要选择适合回归任务的深度学习架构，常用的架构是多层感知机。例如，在预测员工的工作满意度分数时，将员工的工作环境特征（如办公空间大小、设施完善程度等）、人际关系特征（如与同事的合作融洽程度等）以及个人工作特征（如工作强度、工作成就感等）作为输入，通过调整 MLP 的隐藏层和输出层结构，使输出层直接输出一个连续的满意度分数。有时，也可以对卷积神经网络或循环神经网络进行改造用于回归任务。例如，在分析员工长期的绩效增长趋势（时间序列数据）时，可以使用循环神经网络（RNN）及其变体（如 LSTM 或 GRU），通过将时间序列数据输入到网络中，最后输出一个连续的绩效增长预测值。

（二）结合数据规模和质量的考量

当就业质量评价数据规模较小时，过于复杂的深度学习架构容易导致过拟合问题，即模型在训练数据上表现很好，但在未见过的数据上表现很差。例如，如果只有几百个员工的数据用于构建就业质量评价模型，此时可以选择较简单的多层感知机架构，并采用一些防止过拟合的技术，如 L_1 或 L_2 正则化、Dropout 等。Dropout 是在训练过程中随机地让一部分神经元暂时不参与计算，这样可以减少神经元之间的相互依赖，防止模型过拟合。例如，一个小型企业在只有少量员工离职倾向数据的情况下，构建预测离职倾向的模型时，采用具有一层隐藏层的 MLP，并设置 Dropout 率为 0.3，能够在一定程度上提高模型的泛化能力。

当就业质量评价数据存在噪声、缺失值或不一致性等质量问题时，在选择模型架构时需要考虑能够处理这些问题的方法。对于存在噪声的数据，例如员工绩效数据中可能由于测量误差等而存在一些不准确的值，可以选择具有鲁棒性的架构或训练方法。如在训练过程中采用对抗训练，通过引入对抗样本让模型学习到如何抵抗数据噪声的干扰。对于存在缺失值的数据，如果是时间序列数据，循环神经网络（RNN）本身具有一定的处理缺失值的能力，因为它可以利用序列中的其他信息来推测缺失部分的值。例如，在员工的工作绩效时间序列数据中存在部分月份绩效数据缺失的情况，使用 LSTM 可以在一定程度上根据前后时间段的绩效数据来推测缺失数据，进而进行就业质量相关的评估。

二、输入层设计

（一）特征选择与数据预处理

在构建就业质量评价神经网络时，输入层设计的关键起始步骤是特征选择（言有三，2020）。就业质量数据来源丰富多样，涉及员工个人信息、工作表现以及工作环境等多个维度。个人信息包含诸如年龄、性别、教育程度和婚姻状况等方面；工作表现数据涵盖绩效评分、工作时长和项目完成情况等；工作环境数据则包括办公设施条件、团队氛围以及企业文化等。

然而，并非所有这些特征都对就业质量评价有显著意义。为了筛选出重要特征，需运用数据分析方法。相关性分析是常用的数据分析手段之一，它通过计算每个特征与就业质量指标（如员工满意度、离职率等）之间的相关性来确定特征的重要性。对于相关性较低的特征，考虑将其舍弃，这样能够有效降低模型的复杂度和计算量。例如，在分析员工绩效与多个潜在影响因素的关系时，如果发现员工的血型这一特征与绩效的相关性极低，那么在构建模型时就可以将其排除。

在完成特征选择后，紧接着要对选定的特征进行数据预处理。对于数值型特征，例如员工的绩效评分和工作时长，需进行归一化或标准化处理，使它们的数值范围处于合适区间。比如，把绩效评分归一化到 $[0, 1]$ 区间，这可以通过公式 $(x-min) / (max-min)$ 来实现，其中，x 是原始绩效评分，min 和 max 分别是绩效评分数据中的最小值和最大值。对于工作时长，将其标准化为均值为 0、标准差为 1 的数据，具体计算方法是 $(x-\mu) / \sigma$，其中，x 是原始工作时长，μ 是工作时长数据的均值，σ

是标准差。对于分类变量，如性别、教育程度等，要采用独热编码（One-Hot Encoding）将其转换为数值型向量，以便神经网络能够处理。以性别为例，若有男、女两种性别，可将男性编码为 [1，0]，女性编码为 [0，1]，这样就把分类变量转化为了神经网络能够识别的数值形式。

（二）确定输入维度与数据格式

根据筛选和预处理后的特征来确定输入层的维度。假设经过特征选择和处理后，最终确定了 20 个特征用于就业质量评价，那么输入层的神经元数量就为 20。在确定数据输入格式时，要考虑是采用批量输入还是单个样本输入。在实际训练过程中，批量输入是较为常用的方式，它有助于提高训练效率。例如，当将一批 100 个员工的就业质量相关数据作为一个批次输入到神经网络中时，输入数据的格式为一个三维张量。第一维表示批次大小，这里为 100；第二维表示输入特征的数量，这里为 20；第三维根据数据类型确定，对于一维数据如员工的工作表现数据，第三维通常为 1。如果涉及二维数据如图像，第三维可能是颜色通道数。这种数据格式的确定有助于神经网络准确地读取和处理数据。

三、隐藏层设计

（一）层数与节点数的确定

隐藏层的层数和节点数是决定神经网络性能的关键因素。然而，确定这两个参数并没有固定的标准，通常需要借助实验和经验来摸索。在就业质量评价模型中，如果隐藏层的层数过少，可能无法充分挖掘数据中的复杂关系；而如果层数过多，则可能导致过拟合问题。

一种常见的确定方法是从简单的网络结构开始尝试。例如，先构建一个具有 1 层隐藏层且节点数为 50 的神经网络，然后观察其在验证集上的准确率、损失函数值等指标。如果模型性能不理想，就尝试增加隐藏层的层数，比如增加到 2 层，每层节点数为 100，再对模型性能进行评估。在确定节点数时，还需要考虑输入特征的数量和输出的复杂度。如果输入特征较多，并且就业质量评价的输出较为复杂（例如需要区分多个不同的满意度等级），那么可能需要更多的隐藏层节点来处理和转换数据。同时，可以参考类似应用场景下已有的成功模型结构，但必须根据自身的数据特点和问题需求进行适当调整。例如，在一个类似的员工绩效评估模型中，如果发现其隐藏层节点数和层数在特定数据上表现良好，那么在构建就业质量评价模型时，可以将其作为一个参考，但不能完全照搬，因为就业质量数据可能有其独特的分布和关系。

（二）激活函数的选择

激活函数在神经网络中起着引入非线性因素的重要作用，使网络能够学习和拟合非线性数据关系。在就业质量评价模型的隐藏层中，有几种常见的激活函数可供选择，包括 Sigmoid 函数、Tanh 函数和 ReLU 函数等。

Sigmoid 函数的输出值范围在 0 到 1 之间，这种特性使其常用于将神经元的输出映射为概率值，特别适合用于二分类问题的输出层。然而，当它应用于隐藏层时，尤其是在网络层数较多的情况下，可能会出现梯度消失问题。这是因为 Sigmoid 函数的导数在两端接近 0，随着反向传播层数的增加，梯度会越来越小，导致权重更新缓慢甚至停止。Tanh 函数的输出值在 −1 到 1 之间，它在一定程度上解决了 Sigmoid 函数均值不为 0 的问题，但同样存在梯度消失的风险。

线性整流函数（Rectified Linear Unit，ReLU）又称修正线性单元，在深度学习中得到了广泛应用，其定义为 $f(x) = \max(0, x)$。ReLU 函数具有计算简单、收敛速度快的优点，并且在一定程度上缓解了梯度消失问题。在就业质量评价模型的隐藏层中，ReLU 函数通常是一个较好的选择。不过，ReLU 函数也有缺点，当输入为负数时，神经元输出为 0，可能导致神经元"死亡"，即该神经元在后续的训练过程中不再更新。在实际应用中，可以考虑使用其变种，如 LeakyReLU 等，来解决这个问题。LeakyReLU 在输入为负数时，输出为一个较小的非零值（例如 $0.01x$），这样可以保证神经元在一定程度上保持活跃，避免"死亡"现象。

四、输出层设计

（一）根据评价目标确定输出类型

由于就业质量评价的目标各异，神经网络输出层的设计也需相应调整。如果是评估员工的满意度，输出通常设计为一个连续值，表示满意度的程度，例如在 0 到 100 之间的数值。在这种情况下，输出层一般采用线性激活函数，因为线性激活函数能够直接输出预测的连续值。例如，当模型输出 70 时，表示员工的满意度较高。

若要预测员工的离职倾向，这通常被视为一个二分类问题，输出层可采用 Sigmoid 激活函数，其输出一个在 0 到 1 之间的概率值，表示员工离职的可能性。例如，当输出值大于 0.5 时，预测员工有离职倾向；当输出值小于等于 0.5 时，预测员工不会离职；假设模型对某员工的离职倾向输出为 0.7，这意味着该员工有较大的离职可能性，企业就可以对其进行重点关注。

而当对员工的职业发展潜力进行分类评估（比如分为高、中、低三个潜力等级）时，输出层可以采用 Softmax 激活函数。Softmax 函数能够将输出的神经元值转换为各个类别对应的概率值，且这些概率值之和为 1。例如，输出层有 3 个神经元，经过 Softmax 激活后，分别得到员工属于高、中、低潜力等级的概率。如果输出结果为 [0.7, 0.2, 0.1]，则表示该员工有较高的潜力，属于高潜力等级。

（二）输出结果的解释与应用

对于神经网络输出的结果，合理的解释和应用至关重要。

在员工满意度预测方面，当模型输出一个满意度分数时，企业可以依据这个分数了解员工对工作的感受，并采取相应措施。如果某部门员工的平均满意度分数较低，企业可以深入分析该部门的工作环境、管理方式等因素，寻找问题根源。例如，若发现该部门的平均满意度分数为 30，企业可以通过问卷调查、员工访谈等方式，调查是否是因为工作强度过大、团队协作不顺畅或者领导管理风格不当等导致的。

在员工离职倾向预测方面，企业可以根据模型输出的离职概率，对离职风险较高（概率大于某一阈值，如 0.7）的员工进行重点关注和干预。例如，当发现某员工的离职倾向概率为 0.8 时，企业可以安排与该员工进行一对一沟通，了解他们的需求和不满，采取诸如调整工作岗位、提供更多福利或者改善工作环境等措施，以降低员工的离职率。

在员工职业发展潜力预测方面，企业可以根据其分类结果为员工制定个性化的培训和发展计划。例如，对于被预测为高潜力的员工，企业可以给予更多的晋升机会和高级培训资源，如安排他们参加行业内的高端研讨会、提供专业技能的高级培训课程等；对于中潜力的员工，企业可以提供有针对性的能力提升培训，比如针对他们的技能短板进行专项培训；对于低潜力的员工，企业可以考虑进行岗位调整或提供基础技能培训，帮助他们提高工作能力，例如将其调整到更适合他们的岗位，或者提供一些基础操作技能的培训课程。

五、模型训练与优化

（一）训练数据准备与划分

在训练就业质量评价神经网络模型之前，必须对数据进行充分准备和合理划分。首先要确保数据质量，处理数据中的缺失值、异常值等问题，这与输入层设计中的数据预处理相关。例如，对于员工绩效数据中的缺失值，可以根据数据的特点选择合适的填充方法。如果数据分布较为均匀，采用均值填充可能是一个不错的选择；若数据存在一定的偏态，中位数填充可能更为合适。完成数据质量处理后，通常按照一定比例将数据划分为训练集、验证集和测试集，如70%的数据作为训练集，20%的数据作为验证集，10%的数据作为测试集。在划分数据时，要特别注意保证数据的随机性和代表性，避免因数据划分不当导致模型评估不准确。例如，不能将某一特定部门或某一特定岗位类型的员工数据全部划分到训练集或测试集中。假设企业有销售部门和研发部门，在划分数据时，要确保训练集、验证集和测试集中都有一定比例的销售部门和研发部门员工的数据，这样才能使模型在不同类型的数据上都能得到充分训练和准确评估。

（二）选择合适的优化算法

神经网络的训练过程本质上是通过优化算法不断调整网络参数（权重和偏置）以最小化损失函数的过程。常见的优化算法有随机梯度下降（SGD）及其变种，如 Adagrad、Adadelta、Adam 等（张慧，2018）。

SGD 是最基础的优化算法，它每次随机选择一个样本计算梯度并更新参数。虽然其原理简单，但收敛速度较慢，并且在处理复杂数据集时容易陷入局部最优。例如，在处理包含大量员工数据且特征关系复杂的就业质量数据集时，随机梯度下降可能需要大量的迭代次数才能达到较好的效果，甚至可能因为陷入局部最优而无法找到全局最优解。

Adagrad 算法根据每个参数的历史梯度平方和来调整学习率，对于稀疏数据有较好的效果。然而，它的学习率会单调递减，这可能导致训练后期学习率过小而无法收敛。例如，在处理员工技能数据时，如果某些技能数据较为稀疏，Adagrad 算法在初期可能会快速调整参数，但随着训练的进行，学习率会越来越小，可能使模型在还未达到最优状态时就停止学习。

Adadelta 是 Adagrad 的改进版本，它通过累积过去梯度的窗口（而非全部历史梯度）来调整学习率，在一定程度上解决了 Adagrad 学习率过度衰减的问题。

Adam 算法结合了动量法和 RMSProp 算法的优点，它计算每个参数的自适应学习率，并利用动量来加速收敛，在大多数情况下都能取得较好的训练效果，是目前深度学习中广泛应用的优化算法。在就业质量评价神经网络模型训练中，可以先尝试 Adam 算法，然后根据模型的训练情况和性能评估结果，考虑是否需要尝试其他优化算法。例如，如果发现 Adam 算法在训练初期收敛速度很快，但在后期出现过拟合现象，可以尝试 Adadelta 算法来观察模型性能是否有所改善。

（三）防止过拟合的策略

过拟合是神经网络训练中常见的问题，尤其是在处理如就业质量评价这种复杂的数据时。为了防止过拟合，可以采用多种策略。

其一，L_2 正则化是防止过拟合的一种常用的方法，它在损失函数中添加对权重的平方惩罚项，使权重的值趋于较小，防止模型对训练数据过度拟合。例如，在计算损失函数时，在原始的损失函数基础上加上一个与权重平方和成正比的项，比例系数为正则化参数 λ。假设原始损失函数为 $J(\theta)$，权重向量为 w，那么加入 L_2 正则化后的损失函数为 $J(\theta) + \lambda \times \|w\|^2$。通过这种方式，模型在训练过程中会尽量避免权重过大，从而减少过拟合的可能性。

其二，Dropout 也是一种有效的防止过拟合的方法。在每次训练迭代时，随机地将一部分隐藏层神经元的输出设置为 0，迫使网络学习到更鲁棒的特征。例如，在一个具有 3 层隐藏层的神经网络中，设定 Dropout 概率为 0.3，那么在每次训练时，每层隐藏层中大约 30% 的神经元会被随机丢弃。这样，在每次迭代中，网络结构都相当于一个新的子网络，使得网络不会过度依赖某些特定的神经元连接，从而提高模型的泛化能力。

其三，提前停止（Early Stopping）也是防止过拟合的常用策略。在训练过程中，随着训练轮数的增加，模型在验证集上的性能会先上升后下降。当发现模型在验证集上的性能不再提升（例如连续若干轮性能都没有改善）时停止训练，这样可以避免模型在训练数据上过度训练。在就业质量评价模型训练中，可以综合运用这些防止过拟合的策略，根据模型的具体情况调整参数，以获得最佳的模型性能。例如，当发现 L_2 正则化和

Dropout 单独使用时对防止过拟合的效果不明显时，可以结合提前停止策略，并适当调整正则化参数和 Dropout 概率，观察模型在验证集和测试集上的性能变化，找到最优的参数组合。

第三节　复杂模型构建中的融合与创新

一、深度学习与传统机器学习模型融合

（一）融合思路

深度学习模型具有强大的特征提取能力，能够从原始数据中自动提取出复杂而有效的特征。而传统机器学习模型往往在简单的决策规则和可解释性方面具有优势。将两者融合的一种思路是让深度学习模型负责从就业质量评价数据中提取特征，然后将提取到的特征输入到传统机器学习模型中进行决策。例如，在评估员工的职业发展潜力时，可以先使用卷积神经网络（CNN）对员工的工作成果图像（如项目成果展示图、设计作品等）进行特征提取。CNN 能够自动学习到图像中的关键特征，如项目成果的技术创新性、设计作品的美学元素等。然后将这些特征向量输入到决策树模型中，决策树根据这些特征来判断员工的职业发展潜力属于高水平、中水平还是低水平。这种融合方式充分利用了 CNN 的特征提取能力和决策树的简单决策机制。

另一种融合思路是并行使用深度学习模型和传统机器学习模型，然后将它们的结果进行综合。这种方式可以让两种模型从不同角度对就业质量进行评价，再通过一定的方法将评价结果整合在一起。例如，在预测员工的离职倾向时，可以同时使用长短期记忆网络（LSTM）和支持向量机（SVM）。LSTM 基于员工的工作绩效时间序列数据（如过去多个季度的绩效评分）来预测离职倾向，它能够捕捉到绩效数据中的时间序列信息和长期趋势。SVM 则基于员工的当前静态特征（如年龄、岗位、与同事关系等）来预测离职倾向。可以通过加权平均的方式将 LSTM 和 SVM 的预测结果进行融合。如果通过实验发现 LSTM 在预测长期员工离职倾向上更准确，而 SVM 在预测短期离职倾向上更有优势，那么可以根据预测时间范围给予不同的权重，得到更准确的离职倾向预测结果。

（二）融合方法与案例

堆叠（Stacking）融合是一种常用的深度学习与传统机器学习模型融合的方法。它将多个基础模型（包括深度学习模型和传统机器学习模型）的输出作为新的特征，再输入到一个元学习器（通常是一个简单的传统机器学习模型）中进行最终的决策（蔺素珍 等，2017）。

例如，在评估员工的工作满意度时，首先构建三个基础模型：一个多层感知机（MLP）、一个随机森林（RF）和一个基于卷积神经网络（CNN）的模型。MLP 基于员工的个人基本信息（如年龄、学历等）进行工作满意度预测，RF 基于员工的工作环境特征（如办公设施、空间布局等）进行预测，CNN 基于员工的工作场景照片进行预测。然后将这三个模型的输出作为新的特征，输入到一个逻辑回归模型（作为元学习器）中，最终得到员工工作满意度的综合评估结果。通过这种堆叠融合的方式，可以综合利用不同模型从不同数据角度提取的信息，提高工作满意度评估的准确性。

以某家大型企业为例，其希望构建一个准确的员工晋升预测模型。首先，使用深度学习中的 Transformer 架构对员工的工作文档（如项目报告、工作总结等）进行处理，Transformer 能够自动学习到文档中的语义信息和员工的工作能力体现等特征。同时，使用传统的线性回归模型，基于员工的基本绩效数据（如绩效评分、完成项目数量等）进行晋升预测。其次，将 Transformer 提取的特征和线性回归的预测结果进行合并，输入到一个梯度提升决策树（GBDT）模型中。最后，GBDT 根据这些综合信息来预测员工在未来一年内是否有晋升机会。通过这种融合模型，企业能够更准确地识别出有晋升潜力的员工，为人力资源管理提供有力支持。在实际应用中，我们发现这种融合模型的预测准确率比单独使用深度学习模型或传统机器学习模型的预测准确率都要高，例如，单独使用 Transformer 架构的预测准确率为 70%，单独使用线性回归的预测准确率为 65%，而融合模型的预测准确率达到了 78%。

二、多模态数据融合的复杂模型

（一）多模态数据类型与特点

在就业质量评价中，涉及多种模态的数据（任泽裕 等，2021）。其中，结构化数据如员工的工资数据、工作年限、绩效评分等，具有明确的数据格式和规则，便于存储和分析。这些数据可以直接用于模型的输入和计算。而非结构化数据，如员工的工作反馈文本、工作场所的图像、视频等，没有固定的格式。例如，员工的工作反馈文本可能包含对工作环境、工作内容、人际关系等多方面的主观评价，这些文本数据需要经过自然语言处理技术（如词向量转换、文本分类等）处理，工作场所的图像和视频需要通过计算机视觉技术（如卷积神经网络进行特征提取）处理，才能转化为模型可处理的形式。

不同模态的数据在就业质量评价中具有互补性。例如，员工的绩效评分（结构化数据）可以反映员工的工作成果，而员工的工作反馈文本（非结构化数据）可以反映员工对工作的主观感受，两者结合可以更全面地评估员工的工作满意度。同时，不同模态的数据之间存在潜在的关联。例如，从员工工作场所的图像中可以观察到办公环境的设施情况，而这可能与员工的工作效率（可以通过结构化的绩效数据反映）存在关联。通过挖掘这种关联，可以更深入地了解就业质量的影响因素。

（二）融合模型构建与训练策略

早期融合（特征级融合）是在数据输入层将多模态数据进行融合。具体方法是将不同模态的数据进行预处理后，直接拼接成一个特征向量，然后输入到一个深度学习模型中进行处理。例如，在评估员工的综合就业质量时，将员工的结构化数据（如年龄、绩效评分等）进行归一化处理，将员工的工作反馈文本通过词向量模型转换为向量表示，将员工工作场所的图像通过卷积神经网络提取特征向量，然后将这些向量拼接在一起。将拼接后的向量输入到一个多层感知机（MLP）中，MLP通过对这个融合特征向量进行学习和处理，输出员工的综合就业质量评估结果。这种早期融合的方式能够让模型从一开始就学习到不同模态数据之间的关系，但也存在一个问题，即如果不同模态的数据量纲和特征分布差异较大，可能会影响模型的训练效果。

晚期融合（决策级融合）是先让不同的深度学习模型分别处理不同模态的数据，得到各自的预测结果或特征表示，然后再将这些结果进行融合。例如，在预测员工的离职倾向时，首先，使用一个循环神经网络（RNN）处理员工的绩效时间序列数据，得到一个关于离职倾向的预测结果或特征向量。其次，使用一个卷积神经网络（CNN）处理员工工作场所的图像数据，得到另一个关于离职倾向的预测结果或特征向量。最后，可以通过加权平均、投票等方式将这两个结果进行融合。如果通过实验发现RNN 对基于绩效数据的离职倾向预测更准确，而 CNN 对基于工作环境图像的离职倾向预测更有价值，那么可以给予 RNN 的结果更高的权重。这种晚期融合的方式可以充分发挥各个模态数据处理模型的优势，但可能会损失一些模态间早期交互的信息。

在多模态融合模型的训练过程中，需要考虑如何优化模型的参数以提高融合效果。可以采用多任务学习的策略。例如，在构建评估员工就业质量的多模态融合模型时，除了有一个主任务（如预测员工的综合就业质量得分）外，还可以设置辅助任务，如预测员工的工作满意度、职业发展潜力等。通过最小化这些任务的损失函数来联合训练模型，使模型能够更好地学习不同模态数据之间的关系和对就业质量的综合影响。此外，还可以采用对抗训练等方法来提高模型对不同模态数据的鲁棒性，避免模型对某一模态数据过度依赖。例如，在训练过程中，人为地对某一模态的数据添加噪声或进行变换，让模型在这种情况下仍然能够准确地评估就业质量。

第四节　模型验证与用户反馈

一、模型验证方法

（一）交叉验证的应用与改进

在就业质量评价的神经网络模型验证中，交叉验证是一种重要的方法。与传统的机器学习模型类似，k 折交叉验证可以用于评估模型的性能和稳定性。例如，将企业员工的就业质量数据分为 10 折，每次取其中 1 折作为测试集，其余 9 折作为训练集，进行 10 次训练和测试，然后对 10 次测试结果的准确率、召回率、F1-score 等指标进行平均，得到模型的综合评估结果。

然而，对于深度学习模型，由于其训练时间较长，简单的 k 折交叉验证可能会耗费大量时间。在这种情况下，可以考虑采用分层 k 折交叉验证（Stratified k-fold Cross-Validation）。分层 k 折交叉验证会根据数据的类别分布进行分层抽样，确保每折数据中各类别的比例与原始数据大致相同。例如，在员工离职倾向预测模型中，员工分为有离职倾向和无离职倾向两类，分层 k 折交叉验证可以保证在每次划分的数据子集中，这两类员工的比例与总体数据中的比例相近，这样可以更准确地评估模型在不同类别上的性能。

此外，还可以采用蒙特卡洛交叉验证（Monte Carlo Cross-Validation）。蒙特卡洛交叉验证是通过多次随机抽样将数据划分为训练集和测试集，每次抽样的比例可以根据需要设定。例如，每次随机抽取70%的数据作为训练集，30%的数据作为测试集，进行多次（如100次）这样的随机抽样和模型评估，最后对所有评估结果进行统计分析，得到模型的平均性能和方差等指标。这种方法可以更充分地利用数据，尤其是在数据量较大时，能够更全面地评估模型的泛化能力。

（二）基于模拟数据的验证

为了进一步验证就业质量评价神经网络模型的可靠性和鲁棒性，可以采用基于模拟数据的验证方法。通过构建模拟的就业质量相关数据，可以控制数据的分布和特征关系，观察模型在不同数据特性下的表现。例如，假设员工的工作满意度与工资水平、工作压力和职业发展机会存在某种理论上的函数关系，我们可以根据这种关系生成模拟数据。

在生成模拟数据时，可以设置不同的参数来模拟各种实际情况。比如，改变工资水平的分布范围，从正态分布调整为偏态分布；或者改变工作压力与工作满意度之间的函数关系形式，从线性关系变为非线性关系。通过将这些模拟数据输入到神经网络模型中进行训练和评估，能够考察模型在面对不同数据结构和特征关系时的适应性和准确性。

同时，还可以通过在模拟数据中加入噪声来模拟实际数据采集过程中的误差。例如，在员工工作表现数据上添加随机噪声，观察模型对噪声的敏感度。如果模型在含有噪声的数据上仍然能够保持相对稳定的性能，说明模型具有较好的鲁棒性；反之，如果模型性能大幅下降，则需要进一步改进模型结构或训练方法。

二、用户反馈机制

（一）企业管理者的反馈

企业管理者是就业质量评价神经网络模型的重要用户之一。他们可以从企业战略和运营管理的角度对模型提供反馈。例如，管理者可能关注模型如何帮助他们制定人力资源规划和员工发展策略。如果模型预测出某部门的员工离职率将在未来一段时间内显著上升，那么管理者可以根据这一反馈，结合企业的业务发展方向，决定是否需要对该部门进行组织架构调整，或者加大对该部门员工的激励和培训力度。

此外，管理者还可以对模型的输出结果进行实际验证和比较。例如，模型对员工绩效的评估结果可以与管理者的主观评估进行对比。如果存在较大差异，管理者可以与数据分析师或模型开发者沟通，共同分析原因，并据此对模型进行针对性的改进，如增加相关的特征变量或调整模型的权重分配等。

（二）员工的反馈

员工也是模型的直接相关者，他们的反馈对于模型的完善至关重要。可以通过问卷调查或小组访谈的方式收集员工对模型的看法。例如，员工可能对模型评估他们的工作满意度或职业发展潜力的结果感到困惑或不认同。这种情况下，需要深入挖掘原因和了解员工的想法，可能是模型所依据的数据存在偏差，或者员工认为模型没有考虑到他们工作中的一些特殊情况。比如，一名员工在工作中承担了大量临时性的紧急任务，这些任务虽然在短期内影响了他的工作效率数据，但从长期来看对企业有重要价值，而模型如果仅依据工作效率数据评估其工作表现，就会导致评估结果不准确。

根据员工的反馈，企业可以对模型的数据采集过程进行优化，确保数据能够全面反映员工的工作贡献和工作状态。同时，企业也可以对模型的算法进行调整，使其更加公平合理地评估员工的就业质量相关指标。

三、模型改进与迭代

（一）基于验证结果的改进

我们需要根据模型验证过程中发现的问题对模型进行改进。如果在交叉验证或基于模拟数据的验证中发现模型存在过拟合现象，可以进一步调整正则化参数。例如，增加 L_2 正则化的权重衰减系数，或者调整 Dropout 的概率。

若发现模型在某些特定类型的数据上表现不佳，如对新入职员工的就业质量评估不准确，可能需要对模型的输入特征进行重新审视。若新入职员工的数据特点与老员工不同，则需要单独提取一些能够反映新入职员工适应情况和潜力的特征，如入职培训的表现、融入团队的速度等，并将这些特征加入模型的输入层中。

当模型的准确率或其他性能指标达不到预期要求时，可以考虑增加神经网络的复杂度。比如，增加隐藏层的层数或每层的节点数，但同时要注意避免过度增加复杂度导致新的过拟合问题。在调整模型结构后，需要重新进行训练和验证，观察模型性能是否得到改善。

（二）结合用户反馈的迭代

企业管理者和员工的反馈是模型迭代的重要依据。如果管理者提出模型在预测员工长期职业发展方面不够准确，无法为企业的人才储备规划提供有效支持，那么在模型迭代时，可以考虑引入更多与员工长期职业发展相关的数据，如员工参与企业内部长期项目的情况、在行业内的专业声誉等。

从员工反馈来看，如果员工普遍认为模型对工作环境因素的评估权重过低，导致对整体就业质量的评估不符合实际感受，那么在模型迭代过程中，可以重新评估和调整工作环境相关特征在模型中的权重。同时，还可以对工作环境数据的采集方式进行改进，例如，增加对工作场所心理环境（如员工之间的人际关系氛围）的量化评估，并将其纳入模型输入。

通过不断地结合模型验证结果和用户反馈进行改进和迭代，就业质量评价神经网络模型能够更加准确、全面地反映企业的就业质量状况，为企业的人力资源管理决策提供更有价值的依据。

四、模型的可解释性增强与应用推广

（一）可解释性方法在就业质量评价模型中的应用

1. 特征重要性分析

在就业质量评价神经网络模型中，确定各个输入特征对模型输出的重要性是增强模型可解释性的关键步骤（卢泓宇 等，2017）。可以采用基于梯度的方法来计算特征重要性，例如，对于一个预测员工工作满意度的神经网络，通过计算输出结果对每个输入特征的梯度，可以衡量特征的重要程度。如果工资水平这个特征的梯度值较大，说明工资水平的微小变化会对模型预测的工作满意度产生较大影响，表明工资水平在该模型中是一个重要特征。

还可以使用集成方法，如随机森林来辅助分析神经网络的特征重要性。将神经网络的输入数据输入到随机森林模型中进行训练，随机森林能够自动计算出每个特征的重要性得分。通过对比随机森林得到的特征重要性与神经网络自身的特征关系，可以更全面地了解哪些因素在就业质量评价中起到关键作用。例如，发现员工的职业发展机会在两个模型中都具有较高的重要性得分，这就突出了职业发展机会对员工就业质量感知的重要性。

2. 局部可解释性方法

对于神经网络这种复杂模型，局部可解释性方法能够帮助我们理解模型在特定数据点上的决策过程。一种局部可解释性方法是 LIME（Local Interpretable Model-agnostic Explanations）方法。例如，在预测某员工离职倾向时，LIME 通过在该员工数据点附近生成局部的线性模型来近似神经网络的行为。线性模型的系数可以直观地解释该员工的哪些特征促使模型做出离职倾向的预测。比如，LIME 可能揭示出该员工近期频繁加班且工作绩效下滑这两个因素对模型预测其有离职倾向起到了重要作用。

另一种局部可解释性方法是 SHAP（SHapley Additive exPlanations）值。它基于合作博弈论中的 Shapley 值来解释模型预测。对于每个员工的数据点，SHAP 值会量化每个特征对该员工就业质量评价结果的贡献。例如，在分析某员工的工作满意度时，SHAP 值可能显示出该员工所在团队的氛围对其工作满意度有正向贡献，而通勤时间长对其工作满意度有负向贡献，并且能够精确地给出这些特征的具体贡献值大小。

（二）模型可解释性对企业决策和员工认知的影响

首先，增强模型的可解释性能够为企业管理者提供更有价值的决策依据。当管理者了解到哪些因素对员工就业质量影响较大时，他们可以更有针对性地制定人力资源政策。例如，如果模型可解释性分析表明员工培训机会对员工的长期职业发展潜力评估具有关键作用，企业管理者可以加大培训资源的投入，制定更加系统和个性化的员工培训计划，以提升员工的职业发展潜力，进而提高整体就业质量。

其次，在企业战略规划方面，模型可解释性也能发挥作用。例如，在企业扩张或业务转型过程中，通过模型可解释性分析了解到员工对企业文化适应性这一因素对于就业质量有重要影响。企业在制定扩张或转型策略时，就可以更加注重企业文化的传播和员工对新文化的适应过程，提前采取措施，如开展文化培训、组织跨部门交流活动等，确保员工在企业变革过程中保持较高的就业质量。

再次，对于员工来说，可解释的就业质量评价模型能够增加他们对评价结果的认同感。如果员工能够清楚地了解模型是如何根据他们的工作表现、个人特征和工作环境等因素来评估他们的就业质量，他们会更容易接受评价结果。例如，当员工看到模型在评估他们的工作满意度时，考虑了他们的工作自主性、与上级的沟通频率等因素，并且这些因素的影响方式通过可解释性方法得到了合理的展示，员工会认为评价结果是公正合理的，从而减少对评价结果的抵触情绪。

最后，可解释的模型还可以帮助员工更好地规划自己的职业发展。员工可以根据模型对影响他们就业质量的因素的分析，有针对性地提升自己在关键因素上的表现。例如，若模型显示项目经验对职业发展潜力有重要影响，员工可以主动争取参与更多有挑战性的项目，以提升自己在企业内的职业发展前景。

（三）模型在不同行业和企业规模中的推广与应用挑战

一方面，在不同行业中，就业质量的内涵和影响因素存在较大差异，这给模型的推广与应用带来了挑战。例如，在制造业中，员工的工作环境（如生产车间的温度、噪音、劳动强度等）和操作技能水平对就业质量有重要影响，而在互联网行业，员工更关注职业发展机会、工作的灵活性和团队的创新氛围。因此，将在某一行业中开发的就业质量评价神经网络模型应用到其他行业时，需要对模型进行调整和重新训练。以金融行业为例，员工的风险承受能力和合规意识是就业质量评价中较为独特的因素。在应用模型时，需要考虑如何将这些行业特有的因素融入模型的输入特征中，并且确保模型能够准确地捕捉这些因素与就业质量之间的关系。这可能需要深入了解金融行业的业务特点和人力资源管理需求，收集相关数据，并对模型的结构和算法进行相应的优化。

另一方面，企业规模的大小也会影响就业质量评价神经网络模型的应用。在大型企业中，员工数量众多，数据量丰富，这为模型的训练提供了有利条件。然而，大型企业通常组织结构复杂，不同部门和岗位之间的差异较大，这就要求模型能够适应这种多样性。例如，在一家跨国企业中，不同国家地区的文化差异、法律法规差异等都会反映在员工的就业质量上，模型需要能够处理这些复杂的情况。对于小型企业而言，数据量相对较少是应用模型的主要障碍。由于数据有限，模型可能无法充分学习到就业质量的特征和规律，容易出现过拟合现象。此外，小型企业的人力资源管理可能不够规范，数据采集和记录可能存在不完整或不准确的问题。例如，小型企业可能没有完善的员工绩效评估数据，这就需要在应用模型之前，先帮助企业建立规范的数据采集和管理机制，或者采用一些数据增强和迁移学习的方法，来解决数据不完整或不准确的问题，使模型能够在小型企业中有效应用。

第十章　评价模型的高级应用

第一节　高级机器学习技术

一、深度学习在评价模型中的应用

（一）捕捉复杂模式，提高准确性

深度学习在就业质量评价中的应用具有一定的优势，其核心在于其能够从海量的数据中捕捉到极其复杂的模式，进而提高评价的准确性。

在就业领域，影响就业质量的因素繁多且相互交织。从员工个体层面来看，员工的工作表现、技能水平、职业素养等因素都对其就业质量产生重要影响。以一家软件公司为例，软件工程师的编程能力、解决问题的效率、对新技术的掌握程度等都在一定程度上决定了他们在公司中的工作质量和职业发展前景。从企业层面来看，企业的经营状况、行业竞争力、企业文化等也会对员工的就业质量产生间接影响。例如，一家处于行业领先地位且具有创新文化的企业，往往能够为员工提供更多的晋升机会、更好的福利待遇和更具挑战性的项目。

从宏观环境角度考虑，地区经济发展水平、行业政策法规等外部因素同样不可忽视。在经济发达地区，就业机会相对较多，员工的平均薪酬水平较高，就业质量也相对较好；相反，在经济落后地区，就业选择有限，就业质量可能受到限制。

灰色关联分析和深度学习相结合的就业质量评价模型整合了多种分析方法的优势，为就业质量评价提供了全新且有效的模型范例（孟晓轲 等，2021）。例如，在分析一家连锁零售企业员工的就业质量时，深度学习模型可以同时考虑员工个人的销售业绩、客户满意度、考勤情况等微观数

据，企业的门店销售额、利润、市场占有率等中观数据，以及当地的消费水平、商业活跃度、竞争对手分布等宏观数据，通过对这些不同层次数据的学习和处理，模型能够发现一些隐藏在数据背后的复杂关系。比如，模型可能发现当企业在某一地区的市场占有率达到一定阈值时，当地门店员工的晋升机会显著增加，同时员工的离职率会降低。这种关系并非简单的线性关系，而是在众多因素相互作用下产生的复杂关联。深度学习模型能够准确地捕捉到这种复杂模式，从而对员工的就业质量做出更为精准的评估。

（二）处理非结构化数据

在当今数字化时代，非结构化数据在就业相关信息中占据着越来越重要的地位。深度学习在处理文本和图像等非结构化数据方面展现出了卓越的优势，为就业质量评价提供了更全面、更深入的视角。

1. 处理文本数据

深度学习中的自然语言处理（NLP）技术能够对文本数据进行深入分析。员工在企业内部论坛、社交媒体平台、在线评论区等留下的大量文本内容，蕴含着丰富的关于就业质量的信息。

以企业内部论坛为例，员工们可能会在论坛上讨论工作中的各种问题，如对新的绩效考核制度的看法、对团队协作氛围的感受、对培训机会的需求等。自然语言处理技术可以对这些文本进行分词、词性标注、命名实体识别等预处理操作，然后通过词向量模型将文本转化为计算机能够理解的向量表示。例如，通过对大量员工论坛帖子的分析，模型可以发现当员工频繁提到"工作压力大""加班太多""绩效不合理"等词汇时，往往意味着他们对当前的工作状态存在不满，这可能会对他们的就业质量产生负面影响。

深度学习中的情感分析技术还可以判断文本的情感倾向。例如，对于员工对企业培训项目的评论，情感分析模型可以判断出评论是积极的（如"这次培训非常实用，学到了很多新知识和技能"）还是消极的（如"培训内容太枯燥，对工作没有什么帮助"）。通过对大量文本的情感分析，企业可以了解员工对不同工作环节的满意度，从而有针对性地采取改进措施。

2. 处理图像数据

深度学习中的计算机视觉技术可以对图像数据进行分析。以办公室环境为例，通过对办公室照片的分析，模型可以识别出办公空间的布局是否合理、光线是否充足、办公设施是否齐全等。如果照片显示办公区域存在空间狭窄、光线昏暗、桌椅破旧等问题，那么这可能会影响员工的工作舒适度和工作效率，进而对就业质量产生负面影响。

在某些行业，如制造业和建筑行业，工作现场的图像数据还可以反映出工作的安全状况。例如，通过对施工现场照片的分析，模型可以识别出是否存在安全隐患，如未佩戴安全帽、防护栏缺失、施工设备摆放不当等。这对于保障员工的工作安全和提高就业质量具有重要意义。

在员工培训和评估方面，图像数据也可以发挥重要作用。例如，在一些服务行业，如酒店和餐饮行业，通过对员工服务过程的视频监控图像进行分析，可以评估员工的服务规范程度和服务态度。例如，通过分析服务员的面部表情、肢体语言和操作规范，可以判断其是否提供了优质的服务。

二、大数据挖掘在动态就业市场中的作用

（一）适应就业市场变化与实时反馈

一方面，就业市场是一个高度动态和复杂的环境，新的工作岗位不断涌现，企业的用人需求和招聘标准也在不断变化，同时，求职者的技能和期望也在随着时代的发展而演变。大数据挖掘创新性地运用数据驱动方式，为就业质量评价开辟了新的路径（魏玉曦，2020），对提升就业工作质量具有重要的实践指导意义，在适应就业市场变化和提供实时反馈方面具有独特的优势。

在动态的就业市场中，大数据挖掘通过智能体与环境的不断交互来实现学习和适应。智能体在就业市场环境中采取行动，例如，求职者选择投递简历的公司和岗位，企业决定招聘渠道和招聘标准等，然后环境会给予智能体相应的奖励或惩罚反馈，智能体根据这些反馈不断调整自己的策略，以实现最优的决策。以新兴的互联网行业为例，随着技术的快速发展，新的业务领域和岗位不断出现。例如，在移动互联网兴起初期，市场对移动应用开发工程师的需求急剧增加。大数据挖掘模型可以实时监测市场上的招聘信息、行业动态和技术发展趋势等环境信息。当发现移动应用开发工程师的需求大增时，模型会将这一信息反馈给求职者和相关培训机构。对求职者来说，这意味着他们可以及时调整自己的职业规划，加强对

移动应用开发相关知识和技能的学习，并将求职目标聚焦在这一热门领域。对培训机构而言，他们可以根据市场需求及时调整培训课程，增加移动应用开发相关的培训内容，以满足市场对这一技能人才的需求。

另一方面，大数据挖掘模型能为企业提供有价值的实时反馈。例如，一家传统的零售企业决定拓展线上业务，需要招聘一批具有电商运营经验的人才。大数据挖掘模型可以根据市场上电商运营人才的供给情况、竞争对手的招聘策略以及企业自身的招聘预算等因素，为企业提供最佳的招聘渠道选择和招聘时间安排建议。如果模型发现某一专业的电商人才招聘网站上有大量符合企业要求的人才，且竞争对手尚未在该网站上大规模招聘，那么模型会建议企业优先在该网站上发布招聘信息。同时，模型还可以根据招聘过程中的反馈数据，如收到的简历数量、面试通过人数、新员工的绩效表现等，不断调整招聘策略，以提高招聘的效率和质量。

（二）优化企业招聘流程和员工发展路径

1. 优化招聘流程

在企业招聘流程的优化方面，大数据挖掘可以帮助企业在招聘渠道选择和简历筛选方面做出更明智的决策。

在招聘渠道选择上，企业通常会面临多种选择，包括在线招聘平台、校园招聘、人才推荐、猎头服务等。不同的招聘渠道在招聘成本、人才质量、招聘周期等方面存在差异。大数据挖掘模型可以根据企业过去在不同渠道上的招聘数据，包括招聘到的员工的绩效表现、离职率、招聘成本等，来评估每个渠道的有效性。例如，一家科技企业过去在某知名在线招聘平台上招聘了大量软件工程师，通过对这些工程师的绩效数据进行分析，发现从该平台招聘到的员工平均绩效较高，且招聘成本相对合理。同时，通过对校园招聘数据的分析，发现虽然校园招聘能够吸引到具有潜力的年轻人才，但培训成本较高，且新员工的成长周期较长。基于这些数据，大数据挖掘模型可以为企业制定动态的招聘渠道策略。当企业需要快速招聘到具有一定工作经验的软件工程师时，模型会建议企业加大在该在线招聘平台上的投入；而当企业有长期的人才储备计划，且有足够的资源用于人才培养时，模型可能会建议企业适当增加校园招聘的比例。

在简历筛选环节，大数据挖掘模型可以学习以往招聘中成功和失败的案例，自动筛选出符合企业要求的简历。例如，模型可以根据企业对不同岗位的技能要求、工作经验要求等，对收到的简历进行打分和排序。对于那些在以往招聘中被录用且在工作中表现出色的员工的简历特征，模型会给予较高的权重；而对于那些不符合岗位要求或在工作中表现不佳的员工的简历特征，模型会降低其权重。这样，当新的简历进入时，模型能够快速准确地筛选出最有可能符合企业要求的候选人，减少人工筛选的工作量和误差。在面试安排环节，大数据挖掘模型可以根据面试官的时间安排、候选人的地理位置和可用性等因素，优化面试的时间和顺序安排，提高面试的效率和效果。

2. 优化员工发展路径

大数据挖掘在员工发展路径优化方面有着重要的应用。以一家大型企业集团为例，企业内部有多个业务部门和多种职业发展方向。对于一名新入职的员工，大数据挖掘模型可以根据其初始的教育背景、技能水平、个人兴趣等因素，为其推荐初始的工作岗位。例如，一名计算机专业毕业的新员工，其在大学期间参与过数据分析项目且对数据分析有浓厚的兴趣。大数据挖掘模型在综合考虑企业内部各部门的数据需求和人才结构后，可能会推荐他进入企业的数据运营部门担任数据分析专员。

在员工的工作过程中，大数据挖掘模型会持续跟踪其工作表现，包括项目完成情况、绩效评分、同事评价等。如果该员工在数据分析岗位上表现出色，且在处理大数据方面展现出独特的天赋，模型可能会建议他参加企业内部的大数据技术培训课程，并参与一些涉及大数据分析的项目。

随着员工不断成长，模型会根据其新的技能水平和职业发展潜力，进一步为其规划职业发展路径。例如，当该员工在大数据分析领域积累了丰富的经验后，模型可能会推荐他晋升为数据团队的主管，负责领导一个小团队进行数据挖掘和分析工作。

如果在员工的职业发展过程中，出现了新的业务需求或市场变化，大数据挖掘模型也能够及时调整其发展路径建议。例如，企业决定开拓人工智能业务领域，模型会评估该员工是否具备转型到人工智能相关岗位的潜力。如果评估结果为可行，模型会为员工提供相关的学习资源和职业转型建议，帮助员工顺利进入新的业务领域，实现个人职业发展和企业业务需求的双赢。

三、高级优化算法提升模型性能

（一）遗传算法提高搜索能力

遗传算法是一种基于生物进化原理的优化算法，它在就业质量评价模型中能够有效地提高模型的搜索能力，找到更优的模型参数和结构（马永杰 等，2012）。

在构建就业质量评价模型时，通常需要确定多个模型参数，这些参数的取值直接影响模型的性能。例如，在一个基于多因素回归的就业质量评价模型中，需要确定各个影响因素（如员工的教育程度、工作经验、技能水平、企业的经营状况等）的权重参数。

遗传算法模拟生物进化过程中的选择、交叉和变异操作来搜索最优解。首先，随机生成一组初始的模型参数种群，每个个体（一组参数）代表一种可能的模型配置。然后，根据适应度函数（通常是模型对已知数据的预测准确性或评价结果的合理性）对每个个体进行评估。

以一家制造业企业的员工就业质量评价为例，假设我们构建了一个包含员工年龄、工作年限、技能证书数量、生产效率、企业利润等因素的评价模型。遗传算法会随机生成多组这些因素的权重参数作为初始种群。

在选择操作中，适应度高（即对员工就业质量评价结果更准确）的个体有更高的概率被选中进入下一代。例如，如果一组参数能够准确地反映出员工生产效率和企业利润对就业质量的正向影响，以及年龄和工作年限在一定范围内对就业质量的合理影响，那么这组参数对应的个体就具有较高的适应度，更有可能被选中。

交叉操作模拟生物的基因交叉，通过交换两个个体的部分参数来产生新的个体。例如，将两个不同的权重参数组合中的部分权重进行交换，生成新的权重组合。这种交叉操作有助于在参数空间中探索不同的区域，避免算法陷入局部最优解。

变异操作则是对个体的某些参数进行随机改变，以引入新的遗传物质。例如，对某一因素的权重进行随机的小幅度调整。变异操作可以增加种群的多样性，使算法能够跳出局部最优，探索更广阔的参数空间。

通过多轮的选择、交叉和变异操作，遗传算法能够不断进化种群，找到使就业质量评价模型性能最优的参数组合。在这个过程中，遗传算法能够在复杂的参数空间中进行广泛的搜索，克服传统优化算法可能陷入局部最优的问题，从而提高模型对就业质量评价的准确性和可靠性。

（二）粒子群优化提升效率

粒子群优化（Particle Swarm Optimization，PSO）算法是一种基于群体智能的优化算法，它在就业质量评价模型训练过程中能够显著提升效率，加速模型收敛到最优解。

在就业质量评价模型中，无论是基于机器学习的分类模型还是回归模型，都需要通过训练数据来调整模型参数，以使模型能够准确地预测或评价就业质量。粒子群优化算法通过模拟鸟群觅食行为来实现这一参数优化过程。在粒子群优化算法中，每个粒子代表一组模型参数。以一个基于神经网络的就业质量预测模型为例，粒子的位置向量表示神经网络的权重和偏置等参数。

在初始化阶段，随机生成一群粒子（即多组模型参数），每个粒子都有一个随机的位置和速度。然后，根据模型的目标函数（如预测误差最小化）计算每个粒子的适应度。

在迭代过程中，粒子根据自身经验和群体中其他粒子的经验来更新自己的速度和位置。每个粒子都记住自己迄今为止找到的最优位置（个体极值），同时整个粒子群也记住所有粒子中找到的最优位置（全局极值）。

粒子的速度更新公式通常包含三个部分：自身惯性部分，使粒子保持原来的运动趋势；认知部分，引导粒子向自己的个体极值靠近；社会部分，引导粒子向全局极值靠近。通过这种方式，粒子在参数空间中不断移动，并逐渐向最优解靠近。

与传统的随机梯度下降（SGD）等优化算法相比，粒子群优化算法具有一定优势。一方面，粒子群优化算法具有并行搜索的特性。多个粒子同时在参数空间中搜索，能够覆盖更广泛的区域，增加找到全局最优解的机会。而随机梯度下降算法通常是逐个样本或逐个批次地更新参数，搜索过程相对较为缓慢。另一方面，粒子群优化算法对目标函数的形态要求相对较低。在就业质量评价模型中，目标函数可能是复杂的、非凸的，存在多个局部最优解。粒子群优化算法能够通过粒子之间的信息交互，有效地避开局部最优解，向全局最优解收敛。

在一个综合考虑员工的个人能力、工作环境、企业发展前景等多因素的就业质量评价模型训练中，粒子群优化算法能够快速地调整模型参数，使模型的预测结果与实际就业质量情况更加吻合。通过不断地迭代，粒子群中的粒子逐渐聚集在使模型性能最优的参数附近，加速了模型的训练过程，使就业质量评价模型能够更快地投入使用，为劳动者提供及时、准确的就业质量评估和决策支持。

第二节　大数据分析与复杂系统建模

一、大数据分析在就业质量评价中的应用

（一）处理和分析大规模就业数据集

在当今数字化时代，就业相关的数据呈现出爆炸式增长的趋势。基于人工智能与数据信息分析的就业质量评估方法，结合了先进技术与科学分析思路，极大地丰富了就业质量评价的方法论体系，为实现更精准、全面的评价提供了有力支持（刘红红，2021）。

1. 数据收集与整合

大数据分析技术首先要解决的是数据的收集与整合问题。例如，利用数据抓取工具从招聘网站上定期抓取招聘信息和简历数据，并将其存储在大数据存储系统中，如基于 Hadoop 的 HDFS（Hadoop Distributed File System）。对于企业的人力资源数据，可以通过建立数据接口或数据转换工具，将不同格式的数据转换为统一的格式，然后整合到企业数据仓库中。对于社交媒体数据，可以利用社交媒体平台提供的 API（Application Programming Interface）来获取数据，并通过自然语言处理技术对非结构化的文本数据进行预处理，使其能够与其他结构化数据进行融合。

2. 分布式计算与数据处理

在收集和整合大规模就业数据集后，需要利用分布式计算框架进行高效的数据处理。以 Hadoop 和 Spark 为代表的分布式计算技术在处理大数据方面发挥着重要作用。

Hadoop 的 MapReduce 编程模型将数据处理任务分解为 Map（映射）和 Reduce（归约）两个阶段。在处理就业数据时，如计算不同行业的平均工资水平，Map 阶段可以将就业数据按照行业进行分类，每个 Map 任务负责处理一部分数据，将每个员工的工资数据映射为（行业，工资）的键值对。Reduce 阶段则对相同行业的工资数据进行汇总和计算，得出每个行业的平均工资。

Spark 在 Hadoop 的基础上进一步提高了数据处理的效率。它采用内存计算和基于弹性分布式数据集（Resilient Distributed Dataset，RDD）的数据抽象，能够在内存中缓存中间数据，减少磁盘 I/O 操作，从而加速数据处

理过程。例如，在分析企业员工的绩效数据和离职率之间的关系时，Spark可以快速地读取企业人力资源系统中的大量员工数据，通过复杂的数据转换和分析操作，如对员工绩效数据进行聚类分析，同时结合离职率数据进行相关性分析，找出影响员工离职的关键绩效因素。

此外，大数据分析平台还可以利用 SQL-on-Hadoop 技术，如 Hive 和 Impala，对存储在 Hadoop 中的数据进行类 SQL 查询操作，方便数据分析人员进行数据探索和分析。例如，数据分析人员可以使用类似于传统数据库查询语句的方式，从整合后的就业数据集中查询特定地区、特定行业的就业人数、平均工资、学历分布等统计信息，为就业质量评价提供数据支持。

（二）识别就业趋势和模式

大数据分析不仅能够处理大规模就业数据集，还能够从海量数据中挖掘出隐藏的就业趋势和模式，为就业政策制定、企业人力资源管理和个人职业规划提供有价值的参考。

1. 行业就业趋势分析

通过对发布数据、招聘计划数据以及行业报告数据进行综合分析，可以发现不同行业的就业趋势。例如，随着人工智能技术的快速发展，对人工智能相关专业人才的需求呈现出爆发式增长。大数据分析可以从招聘信息中提取出涉及人工智能关键词（如机器学习、深度学习、自然语言处理等）的职位数量、招聘要求、薪资待遇等信息，同时结合行业内企业的发展规划和投资方向，分析出人工智能行业在未来一段时间内的人才需求趋势。

以某地区为例，大数据分析发现过去几年该地区人工智能相关职位的招聘数量每年以超过50%的速度增长，且对高端人工智能算法工程师的需求尤为迫切。同时，通过对企业的财务数据和研发投入数据进行分析，发现当地有多家企业正在加大对人工智能领域的研发投入，计划在未来几年内扩大业务规模。这些数据表明该地区人工智能行业的就业前景广阔，将吸引更多的人才流入。

2. 职业技能需求演变

大数据分析还可以揭示职业技能需求的演变趋势。通过对企业的岗位说明书、招聘要求以及员工培训数据进行分析，可以了解不同职业在不同时期对技能要求的变化。例如，在互联网行业，早期对网站开发人员的主要要求是掌握 HTML、CSS、JavaScript 等前端开发技术。随着移动互联网的兴起，对能够开发跨平台移动应用的技术人才的需求增加，如掌握 React Native、Flutter 等框架的开发人员受到企业的青睐。近年来，随着大数据和云计算技术的广泛应用，对具备数据处理和云服务管理技能的人才的需求也在不断增长。

大数据分析通过对大量招聘信息和企业内部培训资料的分析，可以量化这些技能需求的变化。例如，通过分析招聘信息中对不同技能关键词的提及频率，可以绘制出不同技能在不同时期的需求热度曲线。企业可以根据这些趋势及时调整员工培训计划，求职者也可以根据技能需求的演变来规划自己的学习和职业发展方向。

3. 地区就业差异分析

不同地区由于经济发展水平、产业结构、政策环境等因素的差异，就业情况也存在显著差异。大数据分析可以对地区就业差异进行深入分析，为区域就业政策制定和人才流动提供依据。例如，对不同城市的就业数据进行分析，发现一线城市由于集中了大量的总部经济、金融、科技等高端产业，对高学历、高技能人才的需求旺盛，平均工资水平较高，但同时生活成本也较高，就业竞争激烈。而一些二线城市通过发展特色产业，如制造业、文化创意产业等，形成了自己的就业优势。例如，某二线城市通过打造智能制造产业集群，吸引了大量机械制造、自动化控制等相关专业的人才，其平均工资水平与一线城市相关领域的平均工资水平的差距逐渐缩小，且由于生活成本相对较低，其对人才的吸引力不断增强。

大数据分析通过对地区经济数据、产业数据、人口数据和就业数据的综合分析，可以揭示出这些地区就业差异的内在原因，如产业布局、人才政策、基础设施建设等因素对就业的影响。政府可以根据这些分析结果制定有针对性的区域就业政策，促进人才的合理流动和区域经济的均衡发展。

二、复杂系统建模技术

(一) 使用系统动力学模拟就业市场复杂性

就业市场是一个典型的复杂系统，其中包含众多相互关联、相互影响的要素，如求职者、企业、培训机构、政府等，这些要素之间存在着复杂的反馈关系。系统动力学模型能够有效地对就业市场的这种复杂性进行模拟（许光清 等，2006），帮助我们深入理解就业市场的运行机制和内在规律。

1. 构建系统动力学模型的基本要素

系统动力学模型由存量、流量、反馈回路和辅助变量等基本要素构成。

在就业市场模型中，存量可以表示就业人数、失业人数、岗位空缺数等状态变量。例如，就业人数是一个存量，它会随着新员工的入职（流入）和员工的离职（流出）而发生变化。

流量则是导致存量变化的速率变量，如招聘速率、离职速率等。招聘速率取决于企业的用人需求、招聘渠道的有效性和求职者的供给情况等因素；离职速率则受到员工的满意度、外部就业机会、个人发展需求等因素的影响。

反馈回路是系统动力学模型的核心，它反映了系统中各要素之间的因果关系和反馈机制。在就业市场中，存在着多种反馈回路。例如，企业的经营状况越好，其招聘需求越大，这会增加就业人数，进而促进消费和经济增长，经济增长又会进一步改善企业的经营状况，形成一个正反馈回路。但如果失业率过高，求职者之间的竞争加剧，会导致工资水平下降，企业可能会减少招聘需求，这又会进一步增加失业率，形成一个负反馈回路。

辅助变量用于描述存量和流量之间的中间关系，帮助简化模型结构。例如，员工的满意度可以作为一个辅助变量，它受到工资待遇、工作环境、职业发展机会等因素的影响，同时又会影响员工的离职速率。

2. 模拟就业政策的影响

系统动力学模型可以用于模拟就业政策对就业市场的影响，帮助政策制定者评估政策的有效性和潜在风险。

以政府出台的职业培训补贴政策为例，通过构建系统动力学模型，可以模拟该政策实施后对就业市场各个要素的影响。在模型中，职业培训补贴政策会影响培训机构的培训供给量和求职者的培训参与率。当政府提供职业培训补贴时，培训机构会因为成本降低而增加培训课程的供给，更多的求职者会因为培训成本降低而选择参加培训。经过培训的求职者的技能水平提高，会增加他们在就业市场上的竞争力，从而提高就业概率。随着就业人数的增加，这还会对企业的经营产生积极影响，如降低招聘成本、提高生产效率等。同时，就业人数的增加也会促进经济增长，进一步促进就业市场的繁荣。

然而，系统动力学模型也可以揭示政策可能带来的负面效应。例如，如果职业培训补贴政策导致培训机构过度扩张，可能会出现培训质量下降的问题；如果培训后的求职者数量远远超过市场的吸纳能力，可能会导致新的结构性失业问题。通过对系统动力学模型的模拟和分析，政策制定者可以提前预见这些潜在问题，并对政策进行调整和优化，如合理控制培训补贴的规模和发放方式，加强对培训机构的监管，确保培训质量等。

3. 预测就业市场的长期趋势

系统动力学模型还可以用于预测就业市场的长期趋势，为企业和个人的决策提供依据。

例如，在考虑人口老龄化对就业市场的影响时，通过系统动力学模型可以模拟随着老年人口比例的增加，劳动力供给逐渐减少这一情形对不同行业的影响。在模型中，人口老龄化会导致劳动力人口存量的减少，进而影响企业的招聘难度和工资成本。

对于劳动密集型行业，如制造业和服务业，劳动力供给减少会导致企业的人力成本上升，企业可能会通过提高自动化程度、优化业务流程等方式来应对。而对于一些对经验和技能要求较高的行业，如医疗和金融行业，人口老龄化可能会导致对专业人才的需求更加迫切，行业内的竞争加剧。

通过系统动力学模型的长期模拟，企业可以提前规划人力资源策略，如加大对员工培训的投入、调整招聘策略、探索新的业务模式等。求职者也可以根据就业市场的长期趋势，选择更有发展前景的职业方向，提前进行技能储备。

（二）代理模型预测就业政策影响

代理模型是一种基于多智能体系统的建模方法，它将就业市场中的各个参与者视为具有自主行为的代理，通过设定代理的行为规则和交互机制，模拟不同就业政策下各代理的行为变化及其对就业市场的影响。

1. 代理模型的构成

在就业市场代理模型中，主要的代理包括企业、求职者、培训机构和政府等。

企业代理具有招聘、生产、经营等行为。企业的招聘决策受到自身生产经营需求、劳动力成本、市场竞争等因素的影响。例如，企业会根据市场需求预测和自身的生产能力来确定招聘计划，如果市场需求旺盛且企业有足够的资金和生产设备，就会增加招聘人数。

求职者代理具有求职、学习、工作等行为。求职者的求职决策取决于自身的技能水平、就业期望、经济压力等因素。例如，一名具有一定计算机技能的求职者会根据不同企业提供的职位、薪资待遇、职业发展机会等因素来选择投递简历的企业。

培训机构代理具有培训课程设计、定价、招生等行为。培训机构的决策受到市场需求、竞争状况、政策扶持等因素的影响。例如，当市场上对某一热门技能（如大数据分析）的需求增加时，培训机构会及时调整培训课程，增加大数据分析相关的培训内容，并根据市场竞争情况和培训成本来定价。

政府代理则通过制定和实施就业政策来影响其他代理的行为。例如，政府可以通过税收优惠政策鼓励企业招聘失业人员，通过职业培训补贴政策促进求职者提升技能，通过产业政策引导企业发展新兴产业，创造更多就业机会。

2. 模拟就业政策影响

代理模型可以详细地模拟不同就业政策下各代理的行为变化及其对就业市场的最终影响。

以政府实施的中小企业扶持政策为例，在代理模型中，政府通过税收减免、贷款优惠等政策扶持中小企业发展。中小企业（企业代理）在得到政策支持后，经营状况得到改善，有更多的资金用于扩大生产和招聘员工。

随着中小企业招聘需求的增加，求职者（求职者代理）会根据自身的情况选择向这些企业投递简历。由于中小企业通常提供更多的基层岗位和多样化的职业发展机会，对不同技能和经验水平的求职者都有一定的吸引力。

同时，培训机构（培训机构代理）会根据中小企业的人才需求变化，调整培训方向。例如，如果中小企业对市场营销和电商运营人才的需求增加，培训机构会增加相关课程的招生规模。

通过代理模型的模拟，可以发现中小企业扶持政策不仅能够直接增加就业岗位，还能够通过产业链的传导效应，带动相关产业的发展，进一步增加就业机会。例如，中小企业的发展会增加对原材料、物流等相关产业的需求，从而促进这些产业的企业扩大生产和招聘，形成一个良性的就业增长循环。

然而，代理模型也可以揭示政策可能存在的问题。例如，如果中小企业扶持政策导致大量中小企业涌入某些热门行业，可能会造成短期内行业内竞争过度，部分企业可能会因为竞争压力过大而倒闭，导致新的失业问题。

3. 优化就业政策

代理模型可以为就业政策的优化提供有力的支持。通过对不同政策方案进行模拟和比较，可以选择最有效的政策措施。

例如，在制定大学生就业促进政策时，可以设计多种政策方案，如直接提供就业补贴、鼓励企业与高校合作开展实习和订单式培养、加强创业扶持等。通过代理模型分别模拟这些政策方案实施后的效果。

如果直接提供就业补贴，模型可以模拟出这种政策会在短期内降低企业的用人成本，增加企业对大学生的招聘意愿，但可能会导致部分企业过度依赖补贴，长期来看不利于企业自身的发展和大学生就业质量的提升。

如果鼓励企业与高校合作开展实习和订单式培养，模型可以模拟出这种政策能够提高大学生的实践能力和就业针对性，使大学生更好地适应企业的需求，但可能会受到企业和高校合作意愿、资源投入等因素的限制。

如果加强创业扶持，模型可以模拟出这种政策能够激发一部分大学生的创业热情，创造新的就业岗位，但同时也面临着大学生创业成功率较低、风险较大等问题。

通过对这些模拟结果的综合分析，可以选择一种或多种政策组合，最大限度地发挥政策的积极作用，避免潜在的负面效应，实现大学生就业市场的健康发展。

第三节 新兴技术的应用前景

一、联邦学习在保护隐私的同时进行评价

（一）保护个人隐私进行就业质量评价

在当今数字化时代，数据隐私保护已经成为一个至关重要的问题，尤其是在就业质量评价领域，涉及大量个人敏感信息，如员工的工资、绩效细节、职业发展规划等。联邦学习作为一种新兴的分布式机器学习技术，

能够在保护数据隐私的前提下，实现有效的就业质量评价模型训练。

1. 联邦学习的原理

联邦学习的核心思想是在多个数据拥有方（如不同企业、机构等）之间进行模型训练，而无需交换原始数据。每个数据拥有方在本地使用自己的数据训练模型，然后将模型的参数（如神经网络的权重）或中间结果（如梯度信息）进行加密交互（杨强，2019）。

以企业 A 和企业 B 为例，它们都希望构建一个就业质量评价模型，但又不想泄露自己的员工数据。在联邦学习框架下，企业 A 和企业 B 分别在本地使用自己的员工数据训练模型。假设采用的是基于梯度下降的模型训练方法，企业 A 在本地计算出模型的梯度信息后，使用加密算法对梯度信息进行加密，然后将加密后的梯度信息发送给一个可信的第三方（或通过安全的多方计算协议与企业 B 进行交互）。企业 B 也同样进行本地模型训练并加密自己的梯度信息，然后与企业 A 的加密梯度信息进行聚合（通过可信第三方或通过安全协议完成）。聚合后的梯度信息再被解密并返回给企业 A 和企业 B，企业 A 和企业 B 根据返回的梯度信息更新本地模型。

通过这种方式，模型在多个数据拥有方之间不断迭代训练，而整个过程中没有任何一方泄露自己的原始员工数据，实现了数据隐私保护与模型训练的双赢。

2. 隐私保护机制

联邦学习采用了多种隐私保护机制来确保数据的安全性。

加密技术是联邦学习的重要保障。在数据交互过程中，常用的加密算法包括同态加密和差分隐私等。同态加密允许在加密数据上进行特定的计算操作（如加法、乘法等），而无需解密数据，计算结果解密后与在明文数据上进行相同计算的结果相同。这使得数据在加密状态下可以进行模型训练相关的计算，如梯度计算和聚合。差分隐私则通过在数据中添加一定的噪声来保护个体数据的隐私。在联邦学习中，当数据拥有方在交换模型参数或中间结果时，可以使用差分隐私技术对数据进行处理，使得攻击者无法从交换的数据中推断出个体的敏感信息。

安全多方计算协议也是联邦学习中常用的隐私保护手段。安全多方计算允许多个参与方在不泄露各自数据的情况下共同计算一个函数。例如，在上述企业 A 和企业 B 的例子中，通过安全多方计算协议，企业 A 和企业 B 可以在本地数据不泄露的情况下完成梯度信息的聚合操作，确保模型训练的顺利进行。

3. 就业质量评价中的应用

在就业质量评价中，联邦学习可以应用于多个方面。

例如，在跨企业的员工满意度评价中，不同企业可以在保护自己员工数据隐私的前提下，共同构建一个更准确的员工满意度评价模型。企业 A 可能有自己独特的企业文化和管理方式，企业 B 可能在员工福利和工作环境方面有一定优势，通过联邦学习，两家企业可以共享模型训练的经验和知识，而不泄露各自员工对这些方面的具体评价数据。

再如，在行业层面的就业质量评估中，多个同行业企业可以联合起来，利用联邦学习构建一个行业通用的就业质量评价模型。行业协会或第三方研究机构可以作为协调者，组织企业进行联邦学习模型训练。通过这种方式，可以综合考虑行业内不同企业的特点和共性，制定出更符合行业实际情况的就业质量评价标准，同时保护企业的商业机密和员工的个人隐私。

（二）多机构合作中的潜力

联邦学习在多机构合作构建就业质量评价体系方面具有巨大的潜力，能够打破数据壁垒，实现数据价值的最大化，同时确保各机构的数据安全和隐私。

1. 高校、企业和政府机构的合作

高校、企业和政府就业服务机构在就业质量评价体系构建中都有着重要的数据资源和需求。

高校拥有丰富的学生数据，包括学业成绩、参与科研项目情况、社会实践活动记录、各类竞赛获奖情况等。这些数据能够反映学生在学习过程中的表现和能力发展趋势，对评估学生的就业潜力有着重要意义。例如，通过分析学生在专业课程中的成绩以及参与相关科研项目的情况，可以初步判断学生在对应专业领域的知识储备和实践能力。

企业掌握着员工在职场中的实际表现数据，如工作绩效、职业技能提升情况、岗位晋升记录、离职率等。这些数据直观地反映了员工在就业过程中的质量状况。以一家科技企业为例，员工在项目开发中的代码质量、完成项目的效率以及所负责模块的运行稳定性等数据，都是评估员工就业质量的关键指标。

政府就业服务机构则可以获取宏观层面的就业数据，如地区失业率、不同行业的就业人数分布、平均工资水平以及就业政策执行情况等。这些数据有助于从宏观视角把握就业市场的整体态势。

通过联邦学习，三方可以实现合作共赢。高校可以根据企业反馈的员工实际工作情况和政府提供的宏观就业数据，优化专业设置和教学内容，使培养出的学生更符合市场需求。企业能够借助高校的学生数据和政府的政策导向，提前规划人才招聘和员工培训策略，提高人力资源管理的效率。政府则可以依据高校和企业的数据，更精准地制定和调整就业政策，促进地区就业市场的健康发展。例如，在构建一个针对某地区计算机专业毕业生就业质量评价体系时，高校将学生在校的专业成绩、实践项目参与度等数据在本地进行模型训练，企业将员工的工作绩效、技能成长数据在本地进行处理，政府将地区计算机行业的人才需求、薪资水平等宏观数据进行整合。三方通过联邦学习机制，加密交互模型参数，共同训练出一个能够综合评估计算机专业毕业生就业质量的模型。

2. 跨行业合作

不同行业在就业质量评价方面也存在相互借鉴和合作的空间，联邦学习能够为此提供技术支持。

例如，制造业企业和服务业企业在员工技能评价方面可以开展合作。制造业注重员工的操作技能、工艺熟练度和安全生产意识等，而服务业更关注员工的服务态度、沟通技巧和应变能力。通过联邦学习，制造业企业和服务业企业可以在不泄露各自核心业务数据的情况下，共同探索员工技能评价模型。制造业企业可以从服务业企业的员工沟通技巧评价方法中获得启发，优化自身在团队协作和客户对接方面的员工技能评估；服务业企业则可以借鉴制造业企业对员工操作规范和流程熟练度的评价模式，加强对自身服务流程标准化的员工考核。

这种跨行业合作不仅有助于完善各行业内部的就业质量评价体系，还能促进不同行业间的人才流动和资源共享。例如，当一个具有良好操作技能的制造业员工想要转向服务业时，通过跨行业联邦学习构建的综合技能评价模型，可以更全面、客观地评估其在服务业的就业潜力，为其职业转型提供科学依据，同时也为企业在跨行业人才招聘时提供更准确的参考。

二、量子计算在评价模型中的潜在应用

（一）加速评价模型计算过程

量子计算作为一种具有革命性的计算技术，在就业质量评价模型中具

有极大的潜力来加速计算过程，可以使原本复杂且耗时的计算任务能够在更短的时间内完成。

1. 量子计算原理

量子计算基于量子比特（qubit）进行运算（韩永建 等，2017）。与传统计算机中的比特只能表示 0 或 1 不同，量子比特可以处于 0 和 1 的叠加态。这种叠加态使得量子计算机能够同时处理多个计算任务，大大提高了计算的并行性。

例如，在一个简单的量子系统中，一个量子比特可以表示为 $|\psi> = \alpha|0> + \beta|1>$，其中 α 和 β 是复数，满足 $|\alpha|^2 + |\beta|^2 = 1$。这意味着一个量子比特可以同时存储 0 和 1 的信息，并且随着量子比特数量的增加，其能够表示的状态数量呈指数增长。

量子计算机还利用量子纠缠现象来实现更强的计算能力。当两个或多个量子比特处于纠缠态时，无论它们之间的距离有多远，对其中一个量子比特的操作都会瞬间影响到其他纠缠的量子比特。这种特性使得量子计算机在处理某些特定问题时，能够以远超传统计算机的效率找到答案。

2. 在就业质量评价模型中的加速作用

在就业质量评价模型中，常常需要处理大量的数据和复杂的计算。例如，基于深度学习的就业质量预测模型，在训练过程中需要对大量的员工特征数据进行处理，包括员工的个人基本信息、工作表现数据、企业环境数据等。

传统计算机在处理这些数据时，往往需要通过迭代算法逐步优化模型参数。以随机梯度下降算法为例，它需要多次遍历训练数据，每次计算梯度并更新模型参数，这一过程可能需要耗费大量的时间，尤其是当数据量庞大和模型复杂时。

量子计算可以利用其并行计算能力来加速这一过程。假设我们有一个基于量子神经网络的就业质量评价模型，量子比特可以同时表示多个员工特征的叠加态。在模型训练过程中，量子计算机可以同时对多个可能的模型参数组合进行评估，而不是像传统计算机那样逐个尝试。

例如，在预测一家大型企业集团员工的离职倾向时，量子计算可以同时处理成千上万名员工的数据，快速搜索出影响离职倾向的关键因素及其权重。这使得模型能够在极短的时间内完成训练，企业可以更及时地获得准确的就业质量评价结果，从而迅速做出人力资源管理决策，如提前开展员工关怀计划、调整薪酬福利体系等，以降低员工离职率，提高企业的整体运营效率。

（二）处理复杂评价问题的潜在优势

就业质量评价涉及众多复杂的因素和相互关系，量子计算在处理这类复杂评价问题时展现出了独特的潜在优势。

1. 处理多因素交互作用

在就业质量评价中，员工的就业质量受到个人、企业、行业和宏观环境等多方面因素的交互影响。这些因素之间往往存在着复杂的非线性关系。

例如，员工的职业满意度不仅取决于其个人的工资待遇，还与工作环境、职业发展机会、团队协作氛围、企业的发展前景以及行业的竞争态势等因素密切相关。而且，这些因素之间可能存在相互促进或相互制约的关系。例如，良好的团队协作氛围可能会促进员工的职业发展机会，而企业在行业中的竞争压力可能会影响员工的工资待遇和工作稳定性。

传统的计算方法在处理这种多因素交互作用时往往面临着巨大的挑战。由于计算能力的限制，其很难全面考虑所有因素及其复杂的相互关系，评价结果可能存在偏差。

量子计算能够凭借其强大的计算能力和独特的算法来更好地处理这些复杂关系。量子算法，如量子退火算法，可以在复杂的能量地形中寻找全局最优解。在就业质量评价模型中，这种算法可以将员工就业质量相关的各种因素映射到量子系统的能量状态上，通过量子比特的演化来寻找能够使就业质量评价最准确的参数组合。

例如，在评估一个跨地区、跨行业的企业集团员工的综合就业质量时，需要综合考虑员工的个人能力、工作岗位、行业发展趋势、地区经济差异、企业内部文化等众多因素。量子计算可以将这些因素进行量子编码，通过量子系统的演化，找到最能反映员工就业质量的模型参数，实现更精准的就业质量评价。

2. 解决不确定性问题

就业市场存在着大量的不确定性因素，如经济形势的突然变化、行业政策的调整、新技术的出现等，这些不确定性因素会对就业质量产生难以预测的影响。

量子计算中的量子概率特性使其在处理不确定性问题方面具有优势。

与传统计算方法基于确定性逻辑不同,量子计算能够以概率的方式处理信息。在就业质量评价模型中,这种概率特性可以用来表示和处理不确定性因素。

例如,当预测某新兴行业的就业质量趋势时,由于该行业受到技术创新速度、市场接受程度、政策扶持力度等不确定因素的影响,传统模型很难准确预测。量子计算可以将这些不确定因素表示为量子态的概率分布,通过量子系统的演化和测量,得到不同情况下就业质量的可能结果及其概率。

这使得企业和求职者能够更好地了解在不确定性环境下就业质量的变化范围和可能性,从而制定更加灵活和有针对性的策略。例如,企业可以根据不同概率下的就业质量预测结果,提前规划人才储备和业务发展方向;求职者可以根据新兴行业就业质量的概率分布,合理评估自身的职业风险和发展机会,做出更明智的职业选择。

第十一章　评价模型的综合应用

第一节　集成 AI 技术于评价模型的实践

一、集成学习在评价模型中的应用

（一）集成方法的设计与实现

在就业质量评价领域，随机森林作为一种基于 Bagging 的集成学习方法，有着独特的应用价值。以大型企业的员工数据为例，这些数据丰富多样且有价值。例如，员工的个人基本信息中，年龄可以反映员工的工作经验和可能的职业发展阶段；学历则在一定程度上体现了员工的知识储备和学习能力。员工的工作表现数据中，绩效评分直观地展示了员工在工作中的成果；项目完成情况能进一步体现员工的工作能力和责任心。

对原始数据集进行有放回抽样操作，假设原始数据集包含 10 000 名员工的数据，每次随机抽取 1 000 名员工的数据作为一个子数据集，由于是有放回抽样，每次抽取后的数据仍可再次被抽取，这样重复多次，就可以得到多个子数据集。针对每个子数据集，我们训练一个决策树模型。在训练决策树时，在每个节点的分裂过程中，会随机选择部分特征来计算最佳分裂点。比如，对于一个具有年龄、学历、绩效评分等多个特征的数据集，在某一节点分裂时，可能随机选择其中 3~5 个特征来寻找最佳分裂方式。这使得每棵决策树都依据不同的特征组合和数据样本生长，形成独特的结构和预测结果。当有新的员工数据需要评价时，将该数据输入到所有已训练好的决策树中，通过所有决策树的投票（对于分类问题）或平均结果（对于回归问题）得出最终的就业质量评价。例如，在判断新员工是否属于高就业质量群体时，如果多数决策树判断该员工属于高就业质量群体，那么最终结果就认定该员工为高就业质量；若要预测员工的就业质量具体分数，就要将所有决策树的预测分数进行平均得到最终分数。

Boosting 类的集成方法，如 AdaBoost，在就业质量评价中也有重要作用。以预测员工离职倾向为例，在初始阶段，我们赋予所有员工的数据相同的权重。接着，开始训练第一个弱学习器，这里以简单的决策树作为弱学习器，当第一个弱学习器对员工离职倾向进行预测后，根据预测结果对员工数据权重进行调整。如果员工的离职倾向被预测错误，那么该员工数据的权重就会增加；相反，若预测正确，则其权重会降低。如此，在下一轮训练时，新的弱学习器就会更加关注上一轮预测错误的数据。经过多轮这样的迭代操作，多个弱学习器被组合成一个强预测模型。例如，经过 5~10 轮迭代，得到多个弱决策树，这些决策树依据各自在训练过程中所确定的权重进行组合，最终形成一个能够准确预测员工离职倾向的模型。

（二）模型融合策略

在就业质量评价模型中，简单平均融合是一种较为直观且容易实现的模型融合策略。例如，我们构建了基于多层感知机（MLP）和基于支持向量机（SVM）的两个就业质量评价模型。当对员工的综合就业质量进行评估时，假设 MLP 模型根据员工的各类数据预测出该员工的就业质量评分为 72 分，而 SVM 模型预测为 78 分，通过简单平均融合，即将两个模型的预测分数相加后除以 2，得到最终的预测结果为（72+78）/2 = 75 分。

然而，不同模型在处理不同类型的数据时具有不同的优势，存在冲突和互补的情况。以员工数据为例，MLP 在处理员工的结构化数据（如绩效评分、工作年限等数值型数据）时表现出色。这是因为 MLP 的隐藏层能够进行非线性变换，它可以很好地捕捉这些数值型数据与就业质量之间的复杂关系。例如，通过多层的神经元结构，MLP 能够学习到工作年限与就业质量之间可能存在的非线性增长关系，以及绩效评分对就业质量的不同程度的影响。而 SVM 在处理具有复杂边界的数据时更具优势。比如，对于员工对工作环境的主观评价数据经过特征工程转化后的特征数据，由于这些主观评价往往具有模糊性和复杂性，经过特征工程处理后的数据边界可能不规则，SVM 能够通过寻找最佳的分类超平面来进行区分。

在这种情况下，加权融合策略更为合适。权重的确定可以通过在验证集上的评估结果来实现。假设经过多次实验和评估，发现 MLP 模型在整体预测准确性上占优，将其权重设为 0.6，SVM 权重设为 0.4。当 MLP 预测某员工就业质量评分为 70 分, SVM 预测为 80 分, 那么融合后的预测结果为 70×0.6+80×0.4 = 74 分。这种加权融合能够充分利用两个模型的优势, 根据它们在不同数据类型上的表现, 给予相应的权重, 从而提高评价结果的准确性。

此外, 还有基于堆叠 (Stacking) 的融合策略。首先, 使用多个基础模型 (如决策树、MLP、SVM 等) 对员工就业质量进行预测。例如, 对于一组员工数据, 决策树模型可能预测出员工 A 的就业质量较高, MLP 模型预测员工 A 的就业质量中等, SVM 模型预测员工 A 的就业质量较低。然后, 将这些基础模型的输出作为新的特征。最后, 使用一个元学习器 (如逻辑回归) 对这些新特征进行学习和预测。元学习器能够学习到基础模型之间的复杂关系。例如, 它可能发现当决策树和 MLP 模型对员工就业质量的预测结果较为接近时, SVM 模型的预测结果需要进行一定的调整。通过这种方式, 元学习器进一步优化了就业质量评价结果, 使得最终的评价更加准确和可靠。

二、自动化机器学习在评价模型构建中的作用

(一) 自动化特征选择与模型选择

在构建就业质量评价模型时, 自动化机器学习 (AutoML) 技术能够高效地进行自动化特征选择。以大型零售企业的员工数据为例, 这些数据包含了丰富的信息。基本人口统计学特征包括年龄、性别、教育程度等, 年龄可能影响员工的工作经验和职业成熟度, 性别可能在某些特定行业或岗位对就业质量有一定影响, 教育程度则反映了员工的知识基础。工作相关数据有工作年限、岗位、班次安排等, 工作年限长的员工可能在业务熟练度和稳定性方面有优势, 不同岗位的工作性质和要求不同, 班次安排合理与否会影响员工的工作体验。销售业绩数据涵盖个人销售额、销售增长率等, 这些数据直接反映了员工在业务方面的表现。还有通过员工调查获得的对工作环境、团队合作等方面的主观评价数据, 这些数据能体现员工对工作氛围和人际关系的感受。

AutoML 技术能够自动评估每个特征对就业质量评价的重要性。例如, 在预测员工的工作满意度时, 它可能会发现员工与同事的关系融洽度 (通过对员工调查中关于团队合作的问题进行深入分析得出) 对评价结果的影响较大。一个和谐的团队氛围能够让员工心情愉悦, 提高工作满意度。近

期的销售业绩增长情况也是重要因素，因为业绩增长意味着员工在工作中取得了成就，会带来成就感和满足感。工作时间的灵活性同样重要，灵活的工作时间可以让员工更好地平衡工作和生活，进而影响其对工作的感受。而性别和年龄等特征相对次要，这可能是因为在该零售企业的工作环境中，这些因素对工作满意度的影响并不显著，员工更关注工作本身的相关因素。

在模型选择方面，AutoML 具有强大的功能。当评估员工的职业发展潜力时，AutoML 会尝试多种不同类型的模型，包括线性回归、决策树、随机森林、多层感知机等，并根据数据的分布特点、特征数量和类型等因素来自动选择最适合的模型。如果数据呈现出较为线性的关系，例如员工的职业发展潜力与工作年限呈现出近似直线的关系，则可能会优先考虑线性回归模型。因为线性回归能够很好地拟合这种线性关系，通过简单的线性方程来描述职业发展潜力与工作年限等因素之间的关系。如果数据具有复杂的非线性结构且特征较多，比如员工的职业发展潜力受到多种因素（如个人销售额、团队合作评价、培训记录等）的复杂影响，这些因素之间可能存在非线性关系，那么多层感知机可能会更具优势。多层感知机的多个隐藏层能够对这些非线性关系进行有效地学习和建模，从而更准确地预测员工的职业发展潜力。这种自动化过程大大提高了模型构建的效率，避免了人工逐一尝试不同特征组合和模型所耗费的大量时间和精力。同时，由于 AutoML 能够基于数据本身的特性进行选择，往往能够找到更优的特征和模型组合，从而提高就业质量评价模型的准确性。

（二）超参数优化

超参数优化是构建高性能就业质量评价模型的关键环节，其中常用的一种方法是随机搜索。以基于多层感知机（MLP）的就业质量评价模型为例，其超参数众多，包括隐藏层的层数、每层神经元的数量、激活函数类型、学习率、正则化参数等。随机搜索通过在预先设定的超参数取值范围内随机抽取组合进行模型训练和评估。例如，隐藏层神经元数量可能在 $[20，200]$ 范围内随机取值，学习率可能在 $[0.0001，0.1]$ 范围内随机选择，正则化参数可能在 $[0.001，0.1]$ 范围内随机抽取。对于每一组随机抽取的超参数组合，都要训练 MLP 模型，并在验证集上评估其性能（如准确率、均方误差等）。假设进行了 $100 \sim 200$ 次随机抽取和训练评估，每次得到一个在验证集上的性能指标。经过比较这些性能指标，最终选择在验证集上表现最佳的超参数组合。例如，经过多次尝试，发现当隐藏层神经元数量为 120，学习率为 0.01，正则化参数为 0.05 时，MLP 模型在验证集上的准确率最高，那么这组超参数就被确定为最优组合。

贝叶斯优化是一种更具智能性的超参数优化方法。它基于贝叶斯定理，通过建立超参数与模型性能之间的概率模型（通常采用高斯过程）来进行优化。以优化上述 MLP 模型的超参数为例，在初始阶段，贝叶斯优化会随机选择几组超参数进行评估。例如，随机选择了 3~5 组超参数，分别对 MLP 模型进行训练和在验证集上评估其性能。然后，根据这些评估结果，构建超参数与模型性能之间的概率模型。该概率模型能够预测不同超参数组合下模型性能的概率分布。例如，它可能显示在较高学习率和适中神经元数量的区域可能存在更优的超参数组合。接着，根据概率模型选择下一个最有可能提高模型性能的超参数组合进行尝试。例如，如果概率模型表明在学习率为 0.08~0.1 且神经元数量在 80~100 的区域有较高概率找到更优组合，贝叶斯优化就会优先选择该区域内的超参数进行下一轮训练和评估。通过这些超参数优化技术，可以帮助企业找到最优的模型配置，提高就业质量评价模型的准确性和泛化能力，使其在面对新的员工数据时能够做出更准确的预测。

三、多目标优化在评价模型中的应用

（一）多目标评价模型的设计

1. 模型的评价指标

在就业质量评价中，往往需要同时考虑多个相互关联且有时相互冲突的评价指标，因此构建多目标优化模型具有重要意义。以一家企业评估员工就业质量为例，通常会考虑以下三个主要目标：员工的工作满意度、企业的人力成本控制和员工的职业发展潜力。

对于员工的工作满意度，企业可以通过员工调查问卷来量化。问卷内容涵盖对工作环境、工作内容、上级管理、薪酬福利等多个方面的满意度问题。例如，在工作环境方面，会询问员工对办公空间大小、办公设施舒适度、工作场所噪音水平等的评价；在工作内容方面，会涉及员工对工作任务的趣味性、挑战性、自主性等的感受；在上级管理方面，会涉及员工对领导风格、领导能力、沟通频率等的看法；在薪酬福利方面，会询问员工对工资水平、奖金结构、福利待遇等的满意度。将员工对这些问题的回

答综合起来，通过一定的加权平均方法，便得到一个工作满意度分数。

人力成本的计算则包括员工的薪酬、福利支出以及企业为员工提供的培训和发展资源的成本。具体而言，企业为员工支付的工资、奖金、保险费用等都属于薪酬福利成本，而用于员工培训的场地租赁、设备购买、师资聘请等费用则构成了培训和发展资源成本。这些成本的总和就是企业在人力方面的支出。

员工的职业发展潜力可以根据员工的培训记录、技能提升情况、获得的专业证书、参与的项目复杂度和重要性等因素进行评估。例如，如果员工在过去一年中参加了行业内高级别的培训课程，这表明他在不断提升自己的专业技能，职业发展潜力较大；或者员工在重要项目中承担了关键角色，如负责项目的核心技术研发或整体运营管理，这也体现了其较高的职业发展潜力。

2. 目标间的相互关系

在设计多目标优化模型时，必须考虑这些目标之间的相互关系。例如，提高员工的工作满意度可能会导致人力成本的增加。这是因为要提升员工的满意度，企业可能需要提高薪酬福利水平，如增加工资、发放更多奖金或提供更优厚的福利待遇；或者改善工作环境，如扩大办公空间、更新办公设施等，这些措施都会使企业的人力成本上升。然而，从长期来看，较高的员工工作满意度可能会促进员工的职业发展潜力。因为满意的员工通常更有动力提升自己的能力，他们会更积极地参加培训、寻求职业发展机会，进而为企业创造更多价值，实现企业的长期发展。例如，一个对工作环境和薪酬福利都满意的员工，可能会主动申请参与公司的重要项目，在项目中不断提升自己的技能和经验，从而提高自己的职业发展潜力，同时也为企业带来更多的效益。通过构建多目标优化模型，可以在这些相互制约的目标之间寻找一个平衡解，使企业能够在保证员工就业质量的同时，实现自身的运营和发展目标。

（二）Pareto 前沿的应用

Pareto 前沿在多目标评价模型中具有至关重要的意义。继续以上述企业的员工就业质量评价为例，在二维平面上，我们可以绘制工作满意度和人力成本之间的关系。Pareto 前沿上的点表示在当前数据和模型设定下，人力成本和工作满意度的最优权衡组合。例如，点 A 可能代表一种策略，即企业以较低的人力成本运营，但员工的工作满意度相对较低。这种情况可能出现在企业在人力成本上控制得较为严格，比如企业给员工的工资水平较低，提供的福利较少，办公环境也较为简陋，导致员工的工作满意度不高。点 B 则代表另一种策略，企业投入较高的人力成本，换来较高的员工工作满意度。比如企业为员工提供高额的工资、丰富的福利、舒适的办公环境，员工对工作的满意度自然较高。Pareto 前沿上的这些点具有这样的特性：在不使其他目标变差的情况下，无法使某个目标变得更好。这意味着在这个前沿上的点已经达到了一种最优的平衡。

在实际应用中，企业可以根据自身的战略和资源情况，利用 Pareto 前沿选择最优解。如果企业当前处于扩张期，注重吸引和留住人才，可能会更倾向于选择靠近工作满意度较高一端的 Pareto 前沿上的点。这意味着企业愿意在一定程度上增加人力成本，以换取员工较高的工作满意度和潜在的职业发展动力。例如，互联网企业在快速扩张阶段，为了吸引优秀的技术人才，往往会提供高额的薪酬、良好的福利和舒适的工作环境，虽然人力成本较高，但能够吸引和留住人才，促进企业业务的快速发展。如果企业正面临财务压力，可能会选择靠近人力成本较低一端的 Pareto 前沿上的点，通过优化其他因素（如工作内容设计、员工发展机会等）来尽量维持员工可接受的工作满意度水平，同时控制人力成本。例如，制造业企业在经济不景气时，可能会在保证员工基本福利的前提下，通过合理设计工作内容，为员工提供更多内部培训和晋升机会等方式，在不增加太多人力成本的情况下，维持员工的工作满意度，确保企业的稳定运营。

对于三个目标（工作满意度、人力成本、职业发展潜力）的情况，可以在三维空间中进行类似的分析，找到 Pareto 最优解集。在三维空间中，每一个点都代表了一种工作满意度、人力成本和职业发展潜力的组合。企业在分析这个三维的 Pareto 前沿时，需要综合考虑自身的利益和发展需求。例如，在某些情况下，企业可能愿意牺牲一定的短期人力成本，来换取员工较高的职业发展潜力和工作满意度。这是因为从长期来看，员工的职业发展潜力得到提升后，能够为企业创造更多的价值，带来更大的回报。而在另一些情况下，企业可能更侧重于控制人力成本和保证一定的工作满意度，对于职业发展潜力的提升则通过一些成本较低的方式来实现，比如内部的知识分享会、师徒带教等模式，以在人力成本、工作满意度和职业发展潜力之间找到一个符合当前企业状况的平衡点，做出更符合实际情况的人力资源决策，实现企业和员工的共同成长与发展。

这种基于多目标优化和 Pareto 前沿的分析方法，为企业在复杂的人力资源管理和就业质量评估中提供了科学、有效的决策工具，有助于企业在不同的市场环境和发展阶段下，做出最有利于自身和员工的选择。

第二节　评价模型在不同应用场景的定制化

一、评价模型在中小企业的应用

（一）定制化模型开发

中小企业在运营和人力资源管理方面具有独特的模式。它们规模较小，决策链短，经营方式灵活，对市场变化反应迅速。但同时，其资源有限，管理的规范化程度相对较低。例如，与大型企业侧重于标准化流程和大规模数据不同，小型创意广告公司更关注员工的创意和团队协作，这是因为在创意行业，新颖独特的想法和高效的团队合作是产出优质广告作品的关键。此类中小企业的就业质量评价模型可以重点关注以下方面。

首先，员工创新能力的评估是构建该类企业就业质量评价模型的重要部分。广告创意的数量是一个直观的指标。例如，在一个月内，员工 A 提出了 5 个广告创意，而员工 B 只提出了 2 个，这初步表明员工 A 在创意产出数量上更具优势。然而，广告创意的质量更为关键。创意在客户反馈和市场反应中的表现是衡量质量的重要依据。比如，员工提出的广告创意在投放后，使客户产品的市场关注度提升了 30%，这就说明该创意具有较高质量。此外，员工参与行业内创意竞赛的获奖情况也是重要的评估方面，若员工在国际知名的广告创意大赛中获奖，这无疑是其创新能力强的有力证明。

其次，项目完成时间是评估团队协作效率的关键指标之一。通过企业内部的项目管理软件，可以精确记录项目从策划到执行的各个环节的时间节点。例如，一个广告项目计划在 30 天内完成，若团队提前 2 天交付，这表明团队协作高效。

再次，客户满意度也是重要的考量因素。客户对广告作品的反馈评分能够直接反映团队的协作效果。若客户对广告作品在创意、执行等方面给出了 9 分（满分 10 分）的高分，说明团队很好地满足了客户需求。

最后，团队内部的沟通频率和效果也是构建此类企业就业质量评价模型的重要内容。团队内部的沟通频率可以通过即时通讯工具的聊天记录进行分析，若在项目执行期间，团队成员每天平均有 50 条与项目相关的消息，且主题围绕项目关键问题，这表明沟通较为频繁。沟通效果可通过项目中问题解决的效率和质量判断。例如，在项目执行过程中遇到创意方向调整的问题，团队能够在 2 天内通过高效沟通达成共识并确定新方向，这体现了良好的沟通效果。

中小企业数据量相对较少，在模型设计时，可采用基于规则与机器学习相结合的方法。一方面，对于新入职员工，在数据不足的情况下，企业可依据面试表现和过往工作经验中的创意项目成果制定初步评价规则。例如，若新员工在面试中展示了过去成功的创意项目，且能清晰阐述创意思路，可初步给予其较高的创新能力评价。另一方面，随着员工工作数据的积累，企业可逐渐引入机器学习算法优化模型。比如，当员工参与了一定数量的项目后，可采用聚类算法对员工的创意风格和协作模式进行分类，进而更精准地评估就业质量。

（二）资源受限环境下的模型优化

中小企业往往面临计算资源受限的问题，复杂的深度学习模型所需的大量计算资源超出了它们的承受范围。在评估员工工作绩效时，中小企业可选择轻量级机器学习模型。以小型创意广告公司为例，简单的线性回归模型可用于分析员工关键绩效指标。例如，通过分析员工在广告项目中的创意点击率、客户转化率等关键绩效指标，找出与工作绩效线性相关的因素，如员工在项目中的工作时长、负责的创意板块的重要性等，构建线性回归模型。

为进一步优化模型性能，中小企业可进行特征选择，通过统计分析和领域知识，仅保留对绩效影响最显著的特征进行建模。在小型创意广告公司中，经过分析可能发现员工负责的广告项目的创意点击率和客户转化率对其工作绩效的影响最为显著，则可以将这两个特征作为主要输入构建线性回归模型，这既能保证一定的模型准确性，又能降低计算复杂度。

此外，还可以采用模型压缩技术。模型压缩技术对于中小企业在有限资源下运行模型十分重要。以基于决策树的模型为例，如果最初构建的决策树较为复杂，可通过剪枝操作优化。其中，预修剪是在决策树构建过程中，根据规则限制树的生长。例如，当节点的样本数量小于一定阈值（如 10 个）或信息增益小于某个设定值（如 0.1）时，停止分裂节点。后修剪是在决策树构建完成后，通过评估节点删除对模型性能的影响，去除对模型性能影响较小的子树或节点。例如，逐一尝试删除子树或节点，并在验证数据集上评估模型性能，若删除后模型在验证集上的准确率下降不超过5%，则可将其删除，以降低模型的存储和计算需求。

二、评价模型在跨国公司的应用

（一）跨文化因素的考量

跨国公司在全球范围内运营，员工来自不同文化背景，这使得跨文化因素在就业质量评价模型中至关重要。以跨国制造企业为例，其在欧美国家和亚洲国家的子公司存在明显的文化差异。

在欧美国家的子公司，员工较为注重个人的职业发展空间和工作与生活的平衡。在设计评价模型时，对于欧美员工，员工自主选择工作项目的频率是重要的评价因素。例如，在欧美子公司中，员工可以自主选择参与新产品研发项目或生产流程优化项目，这种自主选择的权利反映了员工在职业发展上的自主性。员工参与公司内部培训和晋升机会的获取情况也是关键指标。欧美员工通常期望通过内部培训提升技能并获得晋升，例如，员工参与公司提供的专业技术培训课程和领导力培训项目的积极性和表现可反映其职业发展追求。在工作与生活的平衡方面，员工的带薪休假使用情况和远程办公的频率和效果可以反映其工作与生活的平衡。例如，在欧美国家，员工有较长的带薪休假时间，若员工能充分利用休假放松身心，恢复工作活力，可以很好地平衡工作与生活。

而在一些亚洲国家的子公司，员工更强调团队和谐、企业忠诚度以及对集体荣誉的贡献。对于亚洲员工，员工参与企业集体活动的积极性是重要的输入特征。例如，在亚洲子公司中，员工参与公司组织的年度团建活动、文化庆祝活动等的热情可反映其对团队和谐与集体荣誉的重视。

在跨国公司应用就业质量评价模型时，需考虑模型解释和应用在不同文化背景下的适应性。在欧美文化中，员工倾向于基于个人绩效的透明评价结果，对评价模型的反馈机制有较高期望，希望及时了解自身优势和不足并改进。例如，在欧美子公司的年度绩效评估中，员工希望得到详细的绩效报告，包括各项工作指标的得分情况、与同事相比的排名等，并希望与上级进行面对面沟通，讨论如何提升绩效。

然而，在亚洲文化中，员工更注重评价结果对团队和谐的影响。过于强调个人绩效可能引发抵触情绪，因为在亚洲文化中，团队和谐与稳定被视为企业成功的重要因素。例如，在亚洲子公司的绩效评估中，若过于突出个别员工的高绩效而忽视团队整体贡献，可能导致团队内部不和谐。因此，在跨国公司应用评价模型时，需根据当地文化对模型结果进行适当解读和沟通，避免因文化差异导致模型误判或员工不满。

（二）全球化数据的整合与分析

跨国公司拥有来自不同国家和地区的全球化数据，这些数据因各国和各地区的经济水平、物价指数、行业平均薪酬等因素存在差异，需进行标准化处理。以员工薪酬满意度评价为例，为客观比较不同国家员工的薪酬水平，需收集各国物价指数和行业薪酬数据，将员工实际薪酬根据当地物价指数调整为实际购买力数据。例如，某员工在美国的年薪为 10 万美元，当地物价指数为 120，而在印度的年薪为 100 万卢比，当地物价指数为 80。美国员工的实际购买力为 $100\ 000/120 \approx 833.33$ 美元，印度员工的实际购买力为 $1\ 000\ 000/80 = 12\ 500$ 卢比，通过这种方式可更客观地比较其薪酬水平。

对全球化数据进行标准化处理后，通过大数据分析挖掘不同地区数据之间的共性和差异对构建准确的就业质量评价模型意义重大。例如，在分析员工薪酬满意度数据时，发现某些地区员工虽薪酬较低，但因当地生活成本低和工作环境好，员工的薪酬满意度仍较高。进一步研究发现，这可能是因为当地社会福利完善，或企业提供了较多非货币性福利，如舒适的办公环境、丰富的员工培训机会等。

利用全球化数据分析结果可构建更准确、更全面的就业质量评价模型。例如，在模型中加入地区文化差异系数、生活成本调整因子等，综合考虑员工的薪酬、工作环境、职业发展机会等多方面因素。对于欧美地区员工，因他们更注重个人职业发展和工作与生活平衡，在模型中可适当增加相关因素权重；对于亚洲地区员工，因他们更强调团队和谐与企业忠诚度，在模型中可增加相应因素权重，从而帮助跨国公司制定合理的人力资源策略，提高员工就业质量和满意度。

三、评价模型在公共部门的应用

（一）公共政策导向的评价模型

在公共部门，就业质量评价模型需紧密围绕公共政策构建。当政府出台促进就业公平的政策时，公共部门需重点关注弱势群体的就业情况，如残障人士和少数民族等。

对于残障人士的就业适配度评估，首先，可重点关注工作环境改造情况。例如，在政府办公场所，无障碍通道的设置是否合理、是否方便残障人士轮椅通行等是基本考量因素。其次，适合残障人士使用的办公设备也很关键，如为视障人士配备带有语音提示功能的电脑设备，为肢体残障人士定制特殊桌椅等，这些可通过实地考察和残障人士使用反馈进行量化评估。最后，为残障人士提供的辅助设备是否充足且有效也是重要评价指标。例如，为视障人士提供的屏幕阅读软件能否准确、流畅地将屏幕文字转换为语音信息对于视障人士的工作效率至关重要；为听障人士提供的手语翻译服务是否及时、准确在需要沟通协作的工作场景中非常关键，可通过对辅助设备使用效果的定期评估作为评价残障人士就业质量的依据。

当公共政策从关注就业数量转变为关注就业质量时，就业质量评价模型需相应调整。过去，公共部门可能侧重于就业岗位获取情况的评估，如统计新录用人员数量、不同岗位招聘比例等。当政策转向关注就业质量后，需综合考量多方面就业质量指标。在评估工作稳定性方面，可通过分析员工平均在职时间和离职率来衡量。例如，一个公共部门员工平均在职时间长、离职率低，说明工作稳定性高；反之，若员工频繁离职，可能是工作环境、薪酬待遇或职业发展等方面存在问题影响了就业质量。

（二）数据隐私与安全性的保障

公共部门的数据涉及大量公民个人信息，保障数据隐私与安全性至关重要。其一，在模型设计和应用过程中，需采用数据加密技术。例如，对于公务员个人档案数据，其中包含身份证号码、家庭住址、银行账号等敏感信息，在存储和传输时，需使用高级加密标准（Advanced Encryption Standard，AES）等加密算法进行加密。AES 算法通过对数据进行复杂数学变换，将原始数据转换为密文，只有授权人员通过特定解密密钥才能还原查看。其二，在实际操作中，存储数据的服务器需具备强大加密功能，确保数据在静态存储时的安全。在数据传输过程中，如通过网络在不同部门间传递数据时，要采用加密传输协议，防止数据窃取或篡改。例如，在政务外网数据传输中，采用 SSL/TLS 加密协议保障数据完整性和保密性。

公共部门在评估员工工作绩效等相关工作时，必须遵循最小化数据使用原则，即仅使用与工作相关的数据，避免涉及员工私人生活等无关数据。例如，在评估公共部门员工工作绩效时，只采用员工出勤记录、工作任务完成情况、工作成果评估等数据构建和评估模型。出勤记录可通过打卡系统获取，工作任务完成情况可依据项目进度报告和任务清单确定，工作成果评估可根据工作质量、效率、效益等多方面指标综合评价。而员工个人社交活动、家庭关系等私人信息不应纳入模型，以最大程度减少数据泄露风险，保护员工个人隐私。

公共部门必须严格遵守数据隐私法规，确保数据处理合法合规。不同地区有不同的数据隐私法规，如在欧盟地区需遵循《通用数据保护条例》（General Data Protection Regulation，GDPR）。在数据收集阶段，公共部门需明确告知员工数据用途和收集范围，并获得员工同意。例如，在收集公务员个人信息用于人事档案时，要书面告知员工信息用途，如工资发放、职务晋升等，并获得员工签字同意。在数据存储阶段，需对数据进行分类存储，即根据数据敏感程度和重要性将其分为不同级别，如绝密级、机密级、秘密级和普通级等，并为不同级别数据设置不同访问权限。例如，涉及国家安全的绝密级数据，只有极少数高层管理人员在特定情况下经严格审批才能访问。在数据使用阶段，需记录数据使用情况，通过建立数据使用日志，详细记录每次数据访问、修改、删除等操作，包括操作人、时间、目的等信息，以便及时追溯和处理异常情况，保障公民隐私权利。

第三节　评价模型的管理与优化

一、模型性能的持续监控

（一）实时性能监控系统

在当今复杂多变的工作环境下，构建模型性能的实时监控系统对于保障就业质量评价模型的有效性是必不可少的。以大型城市的公共服务部门为例，该部门的员工种类繁多，涵盖环卫工人、教师、医护人员等多个职业群体，其使用的就业质量评价模型对员工的职业发展和工作表现评估起着关键作用。

实时监控系统的核心功能是对模型的输入数据和输出结果进行实时采集和分析。输入数据丰富多样，包括员工的最新绩效数据。例如，对于环卫工人，清扫面积完成情况和垃圾清运量是衡量其工作绩效的重要指标，通过安装在环卫车辆上的计量设备和工作区域的监控系统，可以准确获取环卫工人每日的垃圾清运量和清扫面积数据。对于教师，其教学质量评估结果则是通过多维度获取的，包括学生成绩分析、教学满意度调查等。其中，学生成绩分析不仅涉及期末考试成绩，还包括平时的测验、作业完成情况等；教学满意度调查则是通过向学生和家长发放问卷，了解他们对教师教学方法、教学态度等方面的满意度。对于医护人员，其患者治愈率和患者满意度也是重要的输入数据，这些数据可以从医院的医疗记录系统和患者反馈系统中获取。对于员工，其工作变动情况也是输入数据的重要组成部分。岗位调动可能会影响员工的工作环境和职责，进而对其就业质量产生影响；新的工作职责分配可能需要员工具备新的技能和知识，这也会在一定程度上反映在模型的输入数据中。输出结果即模型对员工就业质量的评分。通过对输入数据和输出结果进行实时分析，可以及时洞察模型性能的变化。例如，当发现某一时间段内，模型对社区服务人员的就业质量评分出现异常波动时，这可能预示着多种情况，可能是模型在处理该类员工数据时出现了算法偏差，或者是社区服务人员的工作环境发生了重大变化，如社区服务项目调整导致工作内容和难度改变，或者人员大规模变动影响了团队协作效率等。

监控系统具备及时发出警报的功能，以便相关人员能够迅速关注和处理问题。当出现评分异常波动等情况时，相关人员可以深入查看详细数据。若判断是数据采集错误，例如数据传输过程中出现丢包导致部分数据丢失或不准确，那么可以及时修复数据采集设备或重新采集数据；若怀疑是外部环境变化导致模型不适应，比如政策调整影响了员工的工作方式和评价标准，相关人员则可以进一步分析政策变化对模型的具体影响，进而采取相应措施，如对模型进行局部调整或重新校准。如果是模型本身出现故障，如算法中的某个参数在运行过程中出现异常，技术人员可以对模型进行故障排查和修复，确保模型的正常运行。

（二）性能下降的快速响应机制

无论是基于机器学习的复杂模型，还是相对简单的统计模型，在其长期运行过程中，都可能受到各种因素的影响而导致性能下降。建立性能下降的快速响应机制对于维持就业质量评价模型的可靠性至关重要。

当监控系统检测到模型性能下降时，启动自动化测试流程。首先，检查输入数据是否存在异常。数据格式的正确性检查至关重要，例如，在处理员工绩效数据时，要确保数值型数据（如工资、绩效评分等）没有被误当作文本型数据输入模型。其次，检查是否存在数据缺失值，特别是对于关键数据，如员工的核心工作指标数据，如果缺失可能会使模型失去重要的判断依据，严重影响预测结果。最后，重新评估和调整模型的超参数。以基于多层感知机（MLP）的模型为例，学习率和正则化参数是影响模型性能的关键超参数。当发现模型性能下降时，可以在合理的范围内对学习率进行逐步调整。例如，在［0.001，0.1］这个区间内，以一定的步长（如0.005）依次尝试不同的学习率，观察模型性能是否有所改善。同时，对正则化参数也可以采用类似的方法进行调整，通过观察模型在验证集上的性能指标（如准确率、均方误差等）来确定最优的超参数组合。

除了数据和超参数，外部环境变化也是导致模型性能下降的重要因素。通过对比模型在不同时间段的数据上的表现，可以判断是否是外部环境变化引起的问题。例如，当公共服务部门的业务发生转型时，如从传统的环境卫生服务转向垃圾分类推广服务，模型原有的输入特征可能就不再适用。在这种情况下，需要对模型进行针对性的调整。首先对模型的输入特征进行重新评估，考虑加入与新业务相关的特征。对于垃圾分类推广服务，员工的垃圾分类知识掌握程度和垃圾分类宣传效果等特征变得至关重要，这些特征可以通过员工培训考核记录和社区垃圾分类宣传活动的反馈数据来获取。然后根据新的特征集，对模型进行重新训练或调整模型结构。例如，可以增加与新特征相关的网络层或节点，使模型能够更好地学习和处理新的数据关系，从而恢复模型的性能。

二、模型的定期升级与迭代

（一）定期模型评估与升级

在企业的人力资源管理中，定期评估模型性能并进行升级是使就业质量评价模型适应不断变化的环境的关键环节。企业应将其纳入年度人力资源战略规划，确保模型能够持续准确地反映员工的就业质量。

以金融企业为例，在年度评估时，通过收集过去一年的员工实际就业情况数据与模型的预测结果进行对比分析。其中，实际就业情况数据涵盖多个方面，员工离职率是反映企业员工稳定性的重要指标，可以通过人力资源部门的离职记录准确获取。工作满意度调查结果则通过向员工发放详细的问卷来收集，问卷内容包括对工作内容、薪酬福利、职业发展机会、上级领导等多个方面的满意度评价。职业发展轨迹可以通过员工的岗位晋升记录、技能提升情况（如获得专业证书、参加内部培训课程等）来追踪。当发现模型在某些方面的预测误差较大时，需要深入分析原因。例如，若发现对新入职员工的职业发展预测不准确，可能是由于模型没有充分考虑新入职员工在入职初期的特殊情况。因为新入职员工往往面临着对企业文化的适应过程，以及在培训过程中的个体差异，如果模型没有纳入这些因素，就可能导致预测偏差。

针对发现的问题，企业应采取相应的升级策略。首先，增加新的输入特征是一种常见的方法。对于新入职员工的职业发展预测问题，可以将新入职员工的培训效果数据纳入模型。如培训考核成绩可以直接反映员工在培训过程中的知识和技能掌握程度，而培训后的工作表现提升情况则可以通过对比培训前后的工作绩效指标来衡量。其次，调整模型结构也是提升模型性能的有效手段。例如，在原有多层感知机模型的基础上增加一层隐藏层，这可以使模型具备更强的非线性拟合能力，能够更好地捕捉员工的职业发展与各种影响因素之间复杂的非线性关系。通过增加隐藏层，模型可以对输入特征进行更深层次的抽象和学习，从而提高对就业质量评价的准确性。最后，更换模型算法也是一种选择。如果发现线性模型无法准确描述员工职业发展与相关因素之间的关系，可能是因为这种关系实际上是非线性的。在这种情况下，可以考虑采用非线性模型，如基于决策树或神经网络的模型。决策树模型可以通过对数据进行递归划分，找到不同特征之间的复杂关系；神经网络模型则具有强大的非线性映射能力，能够处理高度复杂的数据模式，通过调整模型算法，可以使模型更好地适应企业内外部环境的变化，为企业的人力资源管理决策提供更可靠的依据。

（二）迭代开发流程的实施

在评价模型的开发过程中，实施迭代开发流程有助于不断提升模型的适应性和创新性。以基于人工智能的就业质量评价模型为例，在开发初期，往往只能基于现有的数据和认知来确定输入特征。通常会选择员工的基本工作数据，如绩效和工作年限等，作为初始的输入特征。这些数据相对容易获取且直观地反映了员工在工作中的表现。

随着模型在企业中的应用，通过与企业人力资源部门和员工的交流反馈，模型可以发现更多影响就业质量的因素。例如，员工的工作与生活平衡情况对就业质量有着重要影响。首先，在迭代过程中，将员工的加班时长和带薪休假使用情况等反映工作与生活平衡的特征加入模型中，同时，不断引入新的技术和方法，以提高模型的性能和效率。其次，在特征工程方面，对于员工对工作环境的文字评价数据，可以采用新的特征编码方式。例如，基于深度学习的词向量编码能够将文字数据转化为计算机能够理解和处理的向量形式，并且能够捕捉文字之间的语义关系。这种编码方式可以使模型更好地利用员工的主观评价数据，挖掘出隐藏在文字背后的深层次信息。最后，在模型训练方面，尝试新的优化算法也是迭代开发的重要内容。从传统的随机梯度下降算法转换为自适应矩估计（Adam）算法，可以提高模型的训练效率、加快模型的收敛速度。Adam 算法结合了动量法和自适应学习率的优点，能够根据不同参数的梯度变化情况自动调整学习率，使模型在训练过程中能够更快地找到最优解。通过这种迭代开发流程，模型能够不断适应企业和员工的新需求，保持在人力资源管理领域的创新性和竞争力，为企业的人力资源管理工作提供更精准、更有效的支持。

三、长期技术支持与合作

（一）长期技术支持的规划

为了确保评价模型的持续运行，规划长期技术支持是至关重要的。企业在部署就业质量评价模型后，需要组建一个专业的技术支持团队，这个团队承担着对模型运行的硬件环境进行全面管理和维护的责任。

首先，对于模型持续运行的硬件环境，服务器的维护是关键工作之一。技术支持团队需要定期对服务器的运行状态进行细致检查，包括服务器的 CPU 利用率、内存使用情况、存储容量和读写速度等。随着企业业务的发展和员工数量的增加，数据量也会不断增长。例如，一家企业在过去一年中员工数量增长了 20%，相应的数据量可能增长了 30%。在这种情况下，技术支持团队需要及时评估服务器的硬件配置是否能够满足模型运行的需求。如果发现服务器的 CPU 负载过高，导致模型运行速度变慢，或者存储容量不足，影响数据的存储和读取，就需要及时升级服务器的硬件，如增加 CPU 核心数、扩大内存容量或增加存储硬盘。

其次，数据库的管理也是长期技术支持的重要内容。技术支持团队要确保数据的存储安全和高效访问，制定合理的数据备份策略是保障数据安全的关键措施。例如，可以采用每日全量备份和每小时增量备份相结合的方式，将数据备份到异地存储设备。异地存储设备可以选择位于不同地理位置的数据中心，以防止因自然灾害（如地震、洪水等）或本地硬件故障导致的数据丢失。在数据访问方面，通过优化数据库索引和查询语句，提高数据的检索效率，确保模型在获取数据时能够快速、准确地得到所需信息。

最后，长期技术支持还包括对模型所依赖的软件库和框架的更新管理。当模型所基于的深度学习框架（如 TensorFlow 或 PyTorch）发布新版本时，技术支持团队需要进行全面评估。新版本可能带来性能提升和安全增强等好处，但也可能引发兼容性问题。例如，新版本可能修复了一些算法漏洞，提高了模型训练的速度和稳定性，但同时可能会导致与现有模型代码中的某些函数或参数不兼容。技术支持团队需要在测试环境中对新版本进行充分测试，检查模型在新版本下的运行情况，包括模型的准确性、稳定性和性能。只有在确保模型不受负面影响的前提下，才能进行软件库和框架的升级操作，保障模型在企业人力资源管理中的正常应用。

（二）产学研合作的深化

深化产学研合作可以为评价模型的应用和研究带来巨大的推动力。高校和研究机构在人工智能理论研究和算法创新方面具有深厚的学术底蕴和科研实力，而企业则拥有丰富的实际应用场景和数据资源。企业与高校的相关专业和研究机构开展合作，能够充分发挥各自的优势。

一方面，企业在就业质量评价模型应用中遇到小样本数据下模型准确性的问题时，可以将这一实际问题提供给高校和研究机构。高校研究人员可以基于此开展深入研究，尝试新的小样本学习算法。基于元学习的方法是一种有潜力的解决方案，它通过学习如何学习，能够在小样本数据上快速适应和泛化。研究人员可以利用企业提供的数据进行实验，通过设计合理的元学习算法架构，训练模型可以从少量样本中提取有效信息。同时，数据扩充方法也是解决小样本问题的常用手段。例如，利用生成对抗网络（GAN）来扩充小样本数据。GAN 由生成器和判别器组成，生成器可以根据给定的样本分布生成新的数据，判别器则负责判断生成的数据是否真实。通过不断训练生成器和判别器，其会达到一种动态平衡，最终生成器可以生成与原始数据相似但具有多样性的数据。研究人员将通过 GAN 扩充后的小样本数据应用于就业质量评价模型，验证其对模型准确性的提升效果，并将研究成果反馈给企业进行实际应用验证。

另一方面，企业在产学研合作中还可以为高校提供实习基地和研究资金。企业可以通过为高校学生提供实习机会，让他们参与到企业的实际项目中，如就业质量评价模型的优化和应用工作。学生在实习过程中可以将所学的理论知识应用到实际操作中，锻炼自己的实践能力，同时也为企业带来新的思路和活力。企业提供研究资金支持高校的相关研究项目，能够促进科研成果的转化。例如，企业资助高校开展关于人工智能在人力资源管理中的创新应用研究项目，高校研究人员在项目中取得的科研成果可以直接应用于企业的就业质量评价模型，以提升模型的技术水平，同时推动整个行业在人力资源管理智能化方面的发展。通过这种产学研合作模式，企业和高校可以形成一个相互促进、协同发展的良性合作网络，不断推动就业质量评价模型的创新和技术转移。

第十二章　AI 在就业服务中的
创新应用

第一节　智能推荐系统

一、增强职位与候选人匹配的 AI 技术

（一）机器学习在人才匹配中的应用

在当今的就业市场中，机器学习算法在提高职位与候选人匹配精度方面发挥着至关重要的作用。

对于职位描述和简历的分析，机器学习算法能够从大量的数据中学习到不同职位所需的关键特征和候选人所具备的能力特征。以一家大型科技企业招聘软件工程师为例，企业发布的职位描述中包含了对编程语言（如 Python、Java 等）的熟练程度要求、对特定软件开发框架（如 SpringBoot、Django 等）的使用经验要求，以及对项目经验和团队协作能力的期望等。机器学习算法可以对这些职位描述进行特征提取。例如，通过词向量模型将职位描述中的关键词转换为数值向量，这些向量能够代表该职位在技能、经验等方面的要求。同时，对于候选人的简历，算法也采用类似的方法进行处理。它可以提取出候选人所掌握的编程语言、参与过的项目、工作年限等信息，并将其转化为向量形式。

在匹配过程中，算法不仅会考虑技能的匹配，还会综合考虑经验和文化契合度等多个维度。对于经验维度，算法会分析候选人在相关项目中的工作时间长度、所承担的角色和取得的成果，并与职位要求的项目经验进行匹配度计算。对于文化契合度，虽然相对较难量化，但可以通过一些间

237

接的方式来衡量。例如，通过分析候选人之前工作过的企业类型、企业文化特点（可从企业官网、员工评价等渠道获取相关信息）等，与招聘企业的文化进行对比，判断候选人是否可能适应招聘企业的文化氛围。通过这些多维度的综合分析，机器学习算法能够为每个职位找到最合适的候选人，大大提高了招聘的精准度。

（二）自然语言处理技术的进步

自然语言处理（NLP）技术在智能推荐系统中对理解和处理非结构化文本起着关键作用。

在处理职位描述和简历时，存在大量的非结构化文本内容。例如，职位描述中的岗位职责部分可能会用自然语言详细描述工作内容，如"负责公司核心产品的前端界面设计与优化，与后端开发团队紧密合作，确保用户体验的流畅性和视觉效果的吸引力"，而简历中的个人项目描述可能会写"参与了某电商平台的移动端 APP 开发项目，负责用户注册和登录模块的设计与实现，通过优化算法提高了用户登录的成功率并加快了其登录的速度"。

自然语言处理技术中的词法分析可以对这些文本进行分词处理，将句子分解为有意义的词汇。例如，将上述职位描述中的词汇分解为"前端界面设计""优化""后端开发团队""用户体验"等。句法分析则可以确定这些词汇之间的语法关系，例如确定"负责"后面的内容是该职位的主要职责。语义分析是 NLP 技术中的关键部分，它能够理解文本的实际含义。通过预训练的语言模型（如 BERT、GPT 等），可以将职位描述和简历中的文本映射到语义空间中，计算它们之间的语义相似度。例如，当一个职位要求"具有良好的数据分析能力"，而一个候选人在简历中描述"运用 Python 的 Pandas 和 Matplotlib 库对大量业务数据进行了分析和可视化展示"，语义分析能够识别出这两者之间的相关性，尽管表述方式不同，但都涉及数据分析能力。

这些自然语言处理技术能够帮助推荐系统更准确地识别候选人的能力和职位要求，从而提高匹配的准确性。例如，一些专业的招聘软件通过应用先进的 NLP 技术，能够在处理复杂的技术职位招聘时，将候选人与职位的匹配准确率提高 20%~30%。

二、持续学习与匹配优化

（一）系统反馈循环的建立

为了使智能推荐系统能够不断优化，建立反馈循环系统至关重要。在招聘平台上，招聘方和候选人都可以提供用户反馈。一方面，招聘方可以提供反馈，当企业查看推荐的候选人后，他们可以对推荐结果进行反馈。例如，企业可以标记推荐的候选人是否符合职位要求，如果不符合，还可以进一步说明原因，如"技能不匹配""经验不足"等。这种反馈数据对于推荐系统来说是非常有价值的。另一方面，候选人也可以提供反馈。当候选人收到职位推荐后，他们可以反馈对推荐职位的兴趣程度。例如，候选人可以选择"感兴趣""不感兴趣"或者"已经申请"等选项。同时，候选人还可以在面试后反馈面试体验和结果，如"面试过程中发现实际职位与推荐描述不符"等信息。

对于这些反馈数据的收集，招聘平台通常会建立专门的数据收集机制。例如，在企业和候选人的操作界面上设置反馈按钮和表单，方便他们提交反馈信息。在收集到反馈数据后，系统需要进行分析。对于企业反馈的候选人不符合要求的数据，推荐系统可以分析是在技能匹配、经验评估还是文化契合度等哪个环节出现了问题。例如，如果多个企业都反馈某类候选人的技能不匹配，推荐系统可以进一步分析是对哪种技能的判断有误，是算法没有正确识别候选人的技能水平，还是在职位技能要求的提取上出现了偏差。对于候选人反馈的对推荐职位不感兴趣的数据，系统可以分析是因为职位的薪资范围、工作地点、行业类型等因素不符合候选人期望，还是因为推荐系统错误地判断了候选人的职业兴趣。

通过这些反馈数据的收集和分析，推荐系统可以调整其匹配算法。例如，如果发现对某类职位的技能匹配经常出现偏差，系统可以对用于技能分析的机器学习模型进行重新训练，调整模型的参数或者增加新的特征，以提高技能匹配的准确性。

（二）匹配算法的优化案例分析

以某在线招聘平台为例，该平台最初采用的是基于关键词匹配的简单推荐算法。在这种算法下，系统主要根据职位描述和简历中的关键词重合度来进行匹配。例如，如果职位描述中有"Java编程"关键词，而简历中也出现了"Java编程"，则认为有一定的匹配度。

然而，这种简单的算法存在很多问题。一方面，它无法考虑到关键词背后的语义含义。例如，一个职位要求"精通面向对象编程"，而候选人简历中只提到了"使用过 Java 类和对象"，虽然都涉及编程相关，但在语义上有很大的区别，简单的关键词匹配可能会误判。另一方面，它没有考虑到多维度的匹配因素，如只关注技能匹配，忽略了经验和文化契合度等。

为了优化匹配算法，该平台引入了机器学习和自然语言处理技术。在机器学习方面，该平台采用了分类算法来对职位和候选人进行分类。例如，将职位按照行业、职能、级别等进行分类，将候选人按照技能类型、经验水平、职业发展阶段等进行分类。通过对大量已有的职位和候选人数据进行训练，算法能够学习到不同类别之间的匹配模式。在自然语言处理方面，该平台应用了语义分析技术。通过预训练的语义模型，该平台对职位描述和简历中的文本进行深度语义理解。例如，对于职位要求中的"具备良好的沟通能力"，算法能够通过语义分析，将其与候选人简历中描述的"在项目中负责与多个部门协调沟通，确保项目顺利进行"进行准确的语义匹配。

经过这些优化措施后，该平台的招聘效率得到了显著提升。具体表现为，企业收到的符合要求的候选人的简历数量增加，平均招聘周期缩短。同时，候选人对推荐职位的满意度也大幅提高，候选人申请推荐职位的比例大幅度提升。

三、多渠道数据融合与隐私保护

（一）多渠道数据融合提升匹配效果

在智能推荐系统中，融合多渠道数据对于更精准地匹配职位和候选人至关重要。除了招聘平台本身的数据，还可以整合来自其他相关渠道的数据。例如，专业社交网络平台上用户的职业动态、行业交流群组中的技术讨论内容、专业论坛上的项目经验分享等。

专业社交网络平台上用户的职业动态如用户在上面发布的工作成果展示等可以为推荐系统提供更丰富的候选人能力信息。如果一个候选人在社交网络上展示了其领导的一个大型项目从启动到成功交付的全过程，包括所克服的技术难题和取得的业务成果，这对于招聘方评估其项目管理能力和专业技术水平有着重要的参考价值。

行业交流群组中的技术讨论内容也能反映候选人的专业知识深度和行业关注度。若企业要招聘一个软件架构师，通过分析候选人在相关群组中对最新软件架构设计理念和技术的讨论参与度和见解，可以辅助判断其是否紧跟行业前沿，是否具备符合招聘要求的专业视野。

专业论坛上的项目经验分享则有助于系统更全面地了解候选人的工作风格和实际操作能力。例如，在一个技术论坛上，候选人详细分享了自己在优化数据库性能方面的实践经验，包括所采用的技术方案、遇到的问题及解决方案等，这可以成为评估其数据库管理能力的有效依据。

通过将这些多渠道数据与招聘平台上的简历数据和职位描述数据进行融合，可以构建出更全面的候选人画像和职位需求模型，从而大大提升职位和候选人匹配的准确性和效果。

（二）隐私保护措施与合规性保障

在融合多渠道数据的同时，必须保障数据的隐私和合规性。对于从专业社交网络平台、行业交流群组和专业论坛等渠道获取的数据，需要遵循严格的数据获取和使用规范。

在数据获取方面，各渠道要获得用户的明确授权。例如，在招聘平台与专业社交网络平台进行数据合作时，招聘平台需要向用户说明数据的用途，并在用户同意的情况下才能获取其相关数据。这可以通过用户在注册或登录时的授权协议来实现，协议中明确告知用户数据将用于职位匹配和人才推荐，且平台会保证数据的安全性。

在数据存储和处理过程中，采用加密技术确保数据的安全性。例如，对从各个渠道获取的用户敏感信息（如个人联系方式、工作中的保密项目细节等）进行加密存储，只有在特定的授权场景下（如招聘方与候选人进入深入沟通阶段且候选人同意后）才能解密使用。

同时，要遵守相关的数据保护法规。例如，《中华人民共和国数据安全法》的施行意味着在数据处理的全生命周期内，从数据的收集、存储、使用到删除，都要符合法规要求。如果违反规定，将面临法律责任。因此，招聘平台需要建立完善的数据合规管理体系，包括设置数据保护官、定期进行数据合规审计等，确保在利用多渠道数据提升推荐系统性能的同时，保护好用户的数据隐私。

第二节　个性化职业发展

一、AI 在职业规划中的角色

（一）个性化职业路径规划

人工智能在为个人提供个性化职业路径规划方面具有独特的优势。以一名计算机专业毕业的大学生为例（张淼，2017），首先，AI 系统可以分析他的个人技能。通过对他在大学期间所学课程的成绩、参与的项目实践、获得的相关证书等数据进行分析，确定他在编程语言（如 Python、C++等）、算法设计、数据结构等方面的技能水平。其次，AI 系统也会考虑他的工作经验。如他在某互联网公司实习时参与了网站开发项目，负责前端页面的设计与实现。AI 系统会对这种实习经验进行分析，包括他在项目中的角色、取得的成果、遇到的问题及解决方法等。最后，AI 系统还会结合当前的市场趋势。例如，当前大数据和人工智能领域发展迅速，对数据分析师、机器学习工程师等岗位的需求较大。AI 系统会综合这些因素，为这名大学生提供职业发展建议。

如果他在数据处理和分析方面有一定的基础和兴趣，AI 系统可能会建议他朝着数据分析师的方向发展，并且会为他规划出一条职业路径：最初，在毕业后可以寻找一份初级数据分析师的工作，在工作中积累实际的数据处理和分析经验，学习使用相关的数据分析工具（如 SQL、Excel、Tableau 等）；然后，随着经验的积累和技能的提升，逐步晋升为中级数据分析师，负责更复杂的数据分析项目，如用户行为分析、市场趋势预测等；最终，有望成为高级数据分析师或数据科学家，参与企业的数据战略规划和高级数据分析算法的研发。

AI 系统在识别个人职业发展需求和机会中的应用还体现在能够发现潜在的职业转型机会。例如，一名传统制造业的工程师，在工作多年后积累了丰富的项目管理经验和一定的技术创新能力。AI 系统通过分析他的个人资料和市场趋势，可能会发现当前智能制造领域对既懂技术又具备项目管理能力的人才有较大需求，从而建议他考虑向智能制造项目管理方向转型，为他提供相关的职业转型路径和技能提升建议。

（二）AI 辅助的生涯规划工具

AI 辅助的生涯规划工具能够帮助个人做出更明智的职业决策，这主要得益于其对来自不同来源的数据的整合能力。这些工具可以整合个人的教育背景数据，包括所毕业的学校、所学专业、在校期间的成绩和荣誉等。例如，对于一名毕业于知名高校电子工程专业的学生，工具会考虑到学校的声誉和专业的优势，在为其推荐职业方向时会偏向于与电子工程相关的高科技领域。同时，工具还会整合个人的工作履历数据。例如，一个人在工作过程中换过几次工作，每次工作的岗位、职责、取得的成果等都会被记录和分析。如果一个人在销售领域有多年的工作经验，且业绩突出，生涯规划工具会考虑到他在销售方面的优势，在职业规划时可能会建议他向销售管理或市场拓展等方向发展。此外，这些工具还会结合行业动态数据。例如，当前新能源汽车行业发展迅猛，对电池技术研发、智能驾驶系统开发等相关岗位人才的需求旺盛。AI 辅助的生涯规划工具会将这些行业信息纳入考虑范围，为相关专业或有相关经验的个人推荐进入新能源汽车行业发展的机会。

通过对这些多源数据的整合和分析，AI 辅助的生涯规划工具能够为个人提供全面的规划建议。例如，对于一名有机械设计背景但对新兴技术感兴趣的工程师，工具可能会建议他关注工业 4.0 领域，通过学习相关的自动化控制技术和数据分析知识，转型为工业 4.0 解决方案设计工程师，为其提供包括在线课程学习、相关项目实践机会等在内的职业发展规划。

二、技能识别与培训资源匹配

（一）技能缺口分析与培训需求预测

人工智能技术在识别员工的技能缺口并预测未来的培训需求方面发挥着重要作用。以一家制造企业为例，企业中有不同岗位的员工，包括生产线上的操作工人、技术研发人员等。

对于操作工人，AI 系统可以通过分析他们在生产过程中的操作数据来识别技能缺口。例如，通过安装在生产设备上的传感器收集操作工人的操作速度、操作精度、故障处理时间等数据。如果发现某操作工人在操作某新型自动化设备时，操作速度明显慢于同岗位平均水平，且故障处理时间较长，AI 系统可以判断该员工在操作新型设备方面存在技能缺口。

对于技术研发人员，AI 系统可以分析他们的项目参与情况和研发成果来识别技能缺口。例如，通过对他们在项目中所使用的技术工具、解决的技术问题、发表的技术论文等进行分析，如果发现技术研发人员在新兴的数字化制造技术（如 3D 打印、工业互联网等）方面的参与度较低，且没有相关的研发成果，AI 系统可以判断他们在这些新兴技术领域存在技能缺口。

技能缺口分析在指导企业培训计划中的应用体现在多个方面。企业可以根据技能缺口分析结果，有针对性地制定培训课程。例如，针对操作工人在新型设备操作方面的技能缺口，企业可以组织内部培训课程，邀请设备供应商的技术专家来讲解设备操作原理和技巧，或者安排操作工人到设备生产厂家进行实地培训。对于技术研发人员的新兴技术技能缺口，企业可以与高校或专业培训机构合作，开展相关技术的培训项目，如举办工业互联网技术研修班等。

在预测未来的培训需求方面，AI 系统会结合企业的战略发展方向和行业技术趋势。例如，随着制造业向智能化、绿色化方向发展，企业计划在未来几年内引入更多的智能生产设备和环保生产技术。AI 系统会根据这一战略目标，预测企业员工在智能设备操作与维护、绿色生产技术应用等方面将产生培训需求。

（二）个性化培训资源的智能推荐

人工智能能够根据员工的个人发展计划和学习偏好推荐培训资源，从而有效提升员工技能和满意度。以一名企业的市场营销人员为例，他制定了个人发展计划，希望在未来一年内提升自己在数字营销领域的专业能力，特别是在社交媒体营销和搜索引擎营销方面。

AI 系统会根据他的个人发展计划，首先，筛选出与数字营销相关的培训资源，包括线上课程（如知名在线教育平台的社交媒体营销实战课程、搜索引擎优化高级课程等）、线下培训讲座（如行业协会举办的数字营销峰会、专业培训机构的营销技巧培训等）、书籍资料（如数字营销经典著作、最新行业报告等）。然后，AI 系统还会考虑该员工的学习偏好。如果该员工平时更喜欢通过在线学习的方式获取知识，AI 系统会优先推荐线上课程。最后，根据他之前的在线学习记录，如他在学习过程中对视频类教学内容的参与度更高，对案例分析类的内容反馈较好，AI 系统会进一步筛选出以视频教学为主、包含丰富案例分析的数字营销线上课程。

这种个性化培训资源推荐的效果体现在多个方面。对于员工来说，能够获得符合自己发展需求和学习偏好的培训资源，有助于他们更高效地提升自己的技能。例如，上述市场营销人员通过参加推荐的社交媒体营销实战课程，能够将所学知识应用到实际工作中，成功提高了公司在社交媒体平台上的品牌曝光度和产品转化率。对于企业来说，员工技能的提升能够带来工作绩效的提高，进而提升企业的竞争力。同时，员工对企业提供的培训资源感到满意，能够提高员工的忠诚度和工作积极性。

三、长期职业发展跟踪与动态调整

（一）长期职业发展跟踪机制

AI 在个性化职业发展领域可以建立长期的职业发展跟踪机制。从个人进入职场开始，AI 系统就可以持续记录其职业轨迹，包括每一次的工作变动（如岗位晋升、部门调动、跳槽等）、所取得的工作成果（如完成的项目、获得的奖项、业绩指标的达成情况等）、参与的培训和学习活动（如参加的专业课程、获得的证书等）。

以一名初入职场的市场营销专员为例，AI 系统会记录他在第一份工作中的表现，如参与策划并执行的营销活动的效果（通过活动的参与人数、销售额增长等指标衡量）、在团队中的协作情况（通过同事评价和项目中的沟通记录分析）等。当他获得晋升成为营销主管后，系统会记录晋升时间、新的工作职责和所领导的团队业绩等信息。

这种长期跟踪机制不仅可以为个人提供完整的职业发展历程回顾，还能为企业和职业规划机构提供丰富的数据资源。例如，企业可以通过分析员工的长期职业发展数据，总结出内部员工的成长路径模式，为人才培养和继任计划提供参考。职业规划机构则可以依据大量个体的长期职业发展数据，提炼出不同行业、不同岗位的典型职业发展曲线，为更多的职场人士提供具有普遍指导意义的职业规划建议。

（二）基于职业发展跟踪的动态调整策略

根据长期职业发展跟踪的数据，AI 系统能够为个人提供动态的职业发展调整策略。随着个人在职场中的不断发展，其职业目标、技能需求和市场环境都在发生变化，因此职业规划也需要适时调整。

例如，一个原本在传统制造业从事生产管理工作的人员，在其职业生涯的前几年，AI 系统可能根据当时的行业环境和他的个人技能，为他规划了一条沿着生产管理方向逐步晋升的职业路径，如从生产主管晋升到生产经理再到生产总监。然而，随着行业的数字化转型加速，在跟踪其职业发展的过程中发现他对数字化技术有一定的兴趣并且参与了一些企业内部的数字化生产项目。此时，AI 系统会根据新的数据重新评估他的职业发展方向，可能建议他向智能制造方向转型，如学习工业互联网技术、大数据分析在生产中的应用等知识，并推荐他参加相关的培训课程和行业研讨会。同时，系统会为他重新规划职业路径，可能包括转型成为智能制造项目负责人，参与企业的数字化生产车间建设等。通过这种基于长期职业发展跟踪的动态调整策略，能够使个人的职业发展规划更加贴合实际情况，适应市场和个人的变化，提高个人的职业竞争力和职业满意度。

第三节　云端就业新服务

一、数字人直播带岗

传统招聘会往往存在诸多弊端。一方面，从时间维度来看，其大多集中在周末或特定节假日，这对于平日里忙碌于本职工作的求职者而言，无疑是一道难以跨越的时间鸿沟。他们要么因工作任务繁重无法请假，错过与心仪企业面对面交流的机会；要么即便勉强抽出时间赶赴现场，也因精力分散而无法充分展示自身优势。而且，传统招聘会的举办时间有限，一般仅持续一天或数天，求职者必须在短暂的时间窗口内匆忙筛选岗位、投递简历，信息获取和交流的深度与广度都大打折扣。另一方面，从空间层面剖析，传统招聘会通常固定在某一特定场地，如大型展馆或会议中心。这对于地处偏远地区的求职者来说，意味着要耗费大量的时间和较高的交通成本在路途上。有些求职者甚至需要提前一天出发，辗转多种交通工具才能抵达现场，身心俱疲之下，很难以最佳状态参与应聘。此外，场地空间的局限性还导致现场人满为患，企业展位前人头攒动，求职者与招聘人员交流时往往只能简单寒暄几句，难以深入探讨岗位细节、职业发展等关键问题。

与之形成鲜明对比的是，AI 直播带岗依托先进的人工智能技术，尤其是基于复杂算法构建的 AI 主播，彻底重塑了招聘模式。这些 AI 主播具备强大的信息处理与持续直播能力，能够实现 24 小时不间断地向求职者传递招聘信息。它们不受时间限制，无论是清晨上班族在忙碌的上班间隙，利用短暂的早餐时间打开手机浏览岗位；还是深夜待业者在静谧的环境中，静下心来寻找就业机会，AI 主播都随时待命，为他们提供最新、最全面的招聘资讯。

以兴安盟为例，当地人力资源和就业服务中心积极引入 AI 直播带岗模式，取得了令人瞩目的成效。该地区的 AI 主播在介绍招聘企业信息时，展现出极高的专业性与精准度。在岗位职责阐释方面，针对制造业岗位，AI 主播会详细拆解机器操作流程。开机前，AI 主播会细致入微地提醒求职者检查设备的各个关键部位，从电源线路是否破损、松动，到机械部件的润滑情况，以及各类仪表的初始读数是否正常等，任何一个细微环节都不放过；运行过程中，依据不同的产品生产要求，精准指导求职者如何调控机器参数，包括温度、压力、转速等数值的设定与实时调整，确保产品质量达标；一旦遭遇故障突发，还能有条不紊地告知求职者应急处置步骤，从初步判断故障类型的简易方法，到联系维修人员的正确流程，全方位保障生产安全与连续性。

兴安盟在推行 AI 直播带岗模式时，还巧妙地安排了真人主播协同作战。当求职者提出一些较为复杂、需要凭借主观经验判断或深入解读的问题时，真人主播便能凭借对当地企业的深入了解以及丰富的招聘知识储备，及时给予精准回应。比如，求职者询问某企业的加班文化，是常态化加班还是仅在项目高峰期加班，加班有无额外补贴，以及补贴的具体计算方式；又或者咨询企业内部是否设有完善的培训体系，培训课程涵盖哪些专业领域，培训频率如何，能否助力个人职业技能快速提升；再或者咨询办公场所的通风采光条件、办公设施的配备是否先进齐全等，真人主播都能迅速给出令求职者满意的答案，实现线上 AI 主播与线下真人主播的优势互补，全方位保障求职者的信息需求得到满足。

截至 2024 年 12 月，兴安盟 AI 主播累计直播时长已然超过 1 000 小时，这一漫长而富有成效的直播历程，宛如一块强大的磁石，吸引了来自兴安盟各个地区的 10.2 万名求职人员在线观看。他们怀揣着对未来职业的憧憬与期待，在认真聆听 AI 主播讲解、仔细甄别岗位信息后，其中有2 000 多人果断抓住机会，完成了简历投递这一关键动作，最终成功促成初步就业意向的近 1 000 人。如此亮眼的数据，无疑是对 AI 直播带岗模式强大效能的最有力佐证，它切实打破了传统招聘会的时空藩篱，极大地提升了就业对接的效率，让求职者与企业之间的距离不再遥远，为就业市场注入了全新的活力。

二、智慧零工平台

过去，传统零工就业模式存在诸多弊端。从雇主角度看，寻找合适的零工人员困难重重，他们大多依赖在劳务市场周边、社区公告栏张贴招工启事，或靠熟人介绍。这种招聘方式的信息传播范围窄、速度慢，即便收到求职意向，雇主也很难迅速判断求职者技能是否达标、能否按时到岗，因此雇主常陷入用工难困境，业务推进受阻。从求职者角度看，求职者同样处境艰难。由于缺乏集中权威的信息平台，求职者即便身怀技能，也难知晓周边零工机会。无奈之下，许多人只能前往自发形成的马路劳务点苦等雇主，一整天下来常常空手而归，既疲惫又失落。

智慧零工平台的出现改变了这一局面。其核心是一套复杂智能的算法体系，如同高效智能中枢，日夜不停分析海量零工数据。雇主发布任务瞬间，它能精准抓取工作内容、所需技能、到岗时间等关键信息，同时整合求职者技能专长、空闲时间、过往评价，快速完成精准匹配。

陕西宝鸡岐山县的"岐山智慧零工"平台成效显著。岐山县人社局为优化就业生态，大力完善就业公共服务体系。一方面，其打造基层公共就业服务平台与家门口就业驿站，驿站设施齐全，有座椅、饮用水、就业指导手册等，可以为求职者提供便利，助其休息、获取信息。另一方面，其全力推进零工市场线上"AI 助跑"信息化改造，引入先进数字化技术，重塑运营模式。2024 年 9 月，"岐山智慧零工"平台正式上线。

该线上平台功能强大。就业自助一体机端界面简洁、操作便捷，求职者点击相关内容即可搜索岗位、研读政策。手机端微信 APP 小程序"岐山智慧零工"更是求职者的随身"就业利器"，无论在家还是外出，求职者随时能发布求职需求、筛选适配岗位。借助大数据分析，平台还能敏锐捕捉市场变化，例如，若电商领域视频剪辑人才的需求大增，平台便会加大推送，引导有基础者参加线上培训，实现供需协同发展。

在保障双方权益上，平台构建了实名信用体系。雇主和零工均须实名制注册，合作后可互评，例如，对于雇主克扣薪资、擅自变要求的情况，零工会给雇主差评，从而影响雇主招工；对于零工无故爽约、工作质量差的情况，雇主也会给零工差评，从而使零工接单困难。技能数据库汇总并展示双方信息，雇主可以更便捷地找特定技能零工，零工也能了解雇主需求提前准备。

岐山县人社局还持续发力，实施"三项工程"，构建覆盖全县及各镇的零工市场体系，打造全域智慧零工平台，整合资源，提供政策宣传、信息发布、供需对接、职业指导、法律援助等全链条服务，让高校毕业生、退役军人、农民工等重点群体便捷享受就业服务，迈向高质量充分就业，为当地发展筑牢根基、注入动力。

三、辅助求职现场

AI 之所以能成为求职现场的得力助手，得益于其三大核心能力：强大的数据处理能力、精准的智能分析能力以及高度拟真的模拟交互能力。AI 能够汇聚海量的就业相关数据，包括各行业、各岗位详细的技能需求，不同企业历年的招聘偏好，以及各类成功求职案例等信息，并构建成实时更新的庞大数据库。基于此，当求职者发出需求时，AI 能在瞬间调用相关数据，运用复杂算法进行快速匹配与深度剖析。

以简历制作环节为例，AI 通过分析海量同岗位优质简历，精准提取共性特征，如特定岗位所需的关键技能、项目经验呈现方式、教育背景侧重点等，再结合当下招聘市场的动态走向以及求职者个人输入的信息，可以迅速生成专业、规范且极具针对性的简历模板。在面试辅助场景下，AI 借助智能摄像头与语音识别技术，全方位采集求职者的语音语调、肢体语言、回答内容等表现数据，与内置的优秀面试样本库进行多维度比对，从而精准定位问题，并给出切实可行的改进建议。

以上海市徐汇区的"家门口就业服务直通车"活动为例，见证 AI 在求职现场的卓越表现。在徐汇日月光中心有上千名求职者踊跃参与该活动，现场人潮涌动。其中，"AI 简历咨询"摊位脱颖而出，成为整场活动的点睛之笔。以往传统招聘会，求职者常常陷入困境：要么因疏忽未带简历，临时手写的简历杂乱无章、格式全无；要么虽提前准备，却因对行业需求了解不足，导致简历重点模糊，个人优势被埋没，在求职起跑线上就落后他人，错失诸多良机。而在"AI 简历咨询"摊位，这些难题迎刃而解。求职者只需向智能设备输入意向岗位，AI 便迅速启动后台强大的运算程序。例如，若求职者的求职意向为软件开发岗位，AI 依托海量软件开发岗位优质简历数据，结合当下行业前沿技术需求与求职者个人技能、项目经验等信息，可以快速生成一份亮眼的简历。这份简历会清晰罗列求职者熟练掌握的编程语言及其应用水平，详细阐述其参与过的项目，包括项目规模、负责的核心模块、攻克的技术难题以及带来的优化效果等，完全契合行业标准，精准吸引招聘方的目光。不仅如此，AI 还能充当专业求职顾问。依据求职者提供的过往技能运用、项目参与经验等信息，AI 可以给出极具价值的优化建议。倘若求职者提及曾参与小型软件测试项目，但描述简略，AI 会敏锐捕捉到信息短板，提示求职者补充诸如发现的关键问题、解决办法以及对测试流程的优化贡献等细节，让求职者的简历更加丰满、有说服力。这一服务适用广泛，无论是职场新人还是资深人士，不管是技术、管理岗位，还是销售、客服等岗位求职者，都能从中受益，大幅提升求职竞争力。该活动成效显著，现场直接投递的简历超过 300 份，同步进行的直播吸引了 3.8 万余人次观看，"AI 简历咨询"摊位广受赞誉。

再看 2024 年中国国际服务贸易交易会上惊艳亮相的国内首款公共就业 AI 数智人"小顾"，它将 AI 助力求职推向新高度。在各地基层就业服务中，长期存在以下难题：每日就业咨询需求较多，就业服务人员流动频繁，且就业政策信息繁杂冗长，难以迅速给求职者精准帮扶。"小顾"依托蚂蚁百灵大模型等前沿智能技术，具有强大的功能。求职者只需"一问""一刷""一点"三步便可精准完成识别、匹配、报名等复杂的求职流程。若求职者想了解就业政策，"一问""小顾"，"小顾"便能从海量政策信息中进行精准检索、智能解读，并给出清晰解答；若求职者想查看心仪职位时，"一刷"脸，平台识别个人身份后便会呈现相关职位；若求职者想报名岗位，"一点"即可轻松完成报名，还能顺便完善简历。

对于不同地区求职者，"小顾"格外贴心。它能听懂各地方言，打破地域语言障碍。投递简历后，"小顾"几分钟内便会通过 AI 电话回访，一方面帮求职者补齐遗漏简历信息，另一方面全程跟进求职进展，让求职者知晓动态。

截至 2024 年 9 月，"小顾"已在多地多场景落地应用，累计服务大学生、蓝领青年等求职者达 10 万人次，推荐岗位 1 万多个，解答咨询问题准确率高达 99%，平均每次可为单个求职者节约 20 分钟，人岗匹配求职效率较传统人工方式提升 10 倍以上，这为求职者开辟了便捷通道。

第十三章　挑战、风险与应对策略

第一节　技术实施的挑战

一、数据相关性挑战

（一）数据集成的复杂性

在构建就业质量评价模型时，数据集成是一个棘手的问题。数据往往来自企业内部多个系统，包括人力资源管理系统、财务系统、业务运营系统等，同时还可能涉及外部数据，如行业报告、市场调研数据等。这些数据在格式和结构上存在显著差异。企业内部系统的数据可能以关系型数据库的形式存储，具有结构化的特点，但不同系统的数据表设计和数据字段含义各不相同。例如，人力资源管理系统中的员工绩效数据可能按照年度、季度进行划分，而财务系统中的员工薪酬数据则是按照月度记录，且数据字段名称和数据类型不一致，如绩效数据中的"考核得分"可能是整数型，而薪酬数据中的"奖金数额"可能是包含小数的数值型。外部数据的格式更加多样化，行业报告可能以 PDF 或 Word 文档形式呈现，其中的数据需要经过提取和转换才能使用；市场调研数据可能是通过在线问卷收集的，数据格式可能是 CSV 或 Excel 文件，且数据质量参差不齐。

数据融合技术在解决这些问题中起到关键作用。实体识别技术用于确定不同数据源中相同实体的对应关系，例如通过员工的唯一标识（如工号或身份证号）将不同系统中的员工数据关联起来。数据转换工具可以将各种格式的数据统一转换为适合模型训练的格式，例如，将非结构化的文本数据通过自然语言处理技术转换为向量形式，将不同时间粒度的数据进行归一化处理，使其能够在同一模型中进行分析。

　　然而，在数据融合过程中，还会遇到语义不一致的问题。即使是描述相同概念的数据，在不同数据源中的含义也可能不同。例如，在人力资源管理系统中，"工作经验"可能指的是员工在本企业的工作年限，而在外部行业报告中，"工作经验"可能是指员工在整个行业内的从业年限。解决这种语义不一致问题需要建立数据字典和语义映射规则，通过人工标注和机器学习算法相结合的方式，对数据进行准确的语义对齐。

　　(二) 数据质量问题

　　数据质量直接影响就业质量评价模型的性能。数据质量问题主要包括噪声数据、缺失值和数据偏差。

　　噪声数据在实际数据集中普遍存在。例如，在通过传感器收集员工工作环境数据时，传感器可能会受到环境干扰，导致采集的数据存在偏差。如果模型基于这些带有噪声的数据进行训练，可能会学习到错误的模式，从而降低模型的准确性。例如，在评估员工的工作舒适度时，噪声数据可能会使模型错误地判断工作环境的优劣，进而影响对员工就业质量的评估。

　　缺失值是另一个常见的数据质量问题。在长期跟踪员工数据的过程中，由于各种原因可能会出现数据缺失。例如，在员工的职业发展数据中，可能会因为员工离职、系统故障或数据录入不完整等原因，导致某些员工在特定时间段内的培训记录、项目参与情况等数据缺失。这会影响模型对员工职业发展轨迹的完整刻画，进而影响模型对员工就业质量的准确评估。

　　数据偏差可能源于数据采集过程的不全面或有偏向性。例如，在收集员工满意度数据时，如果仅通过线上问卷调查的方式进行，可能会因为参与调查的员工样本存在偏差（如更倾向于对工作满意的员工参与调查），导致收集到的数据不能真实反映全体员工的满意度情况。这种数据偏差会使模型在训练过程中产生错误的认知，导致模型的预测结果出现偏差。

　　为了提升数据质量，数据清洗和预处理技术至关重要。

　　对于噪声数据，可以采用基于统计分析的方法进行识别和处理。例如，通过计算数据的均值、标准差等统计指标，确定数据的合理范围，将超出该范围的数据视为噪声数据，并采用平滑技术（如移动平均法）或数据修复技术（如基于邻近数据点的插值法）进行处理。

　　对于缺失值，处理方法有多种，包括删除含有缺失值的记录、采用均值、中位数或众数填充缺失值,以及基于机器学习算法进行缺失值预测填充。例如,在处理员工绩效数据中的缺失值时,如果数据缺失较少,可以采用该员工所在部门的绩效均值进行填充;如果数据缺失较多,可以利用其他相关数据(如员工的工作年限、岗位级别等)作为特征,通过机器学习算法(如随机森林)训练一个缺失值预测模型,对缺失值进行预测填充。

对于数据偏差,可以通过重新采集数据、数据加权处理或采用无偏的数据采集方法来纠正。例如,在发现员工满意度数据存在偏差后,可以采用分层随机抽样的方法重新采集数据,确保不同部门、不同岗位级别的员工都有合理的样本比例;或者根据员工的实际分布情况对现有数据进行加权处理,使数据更具代表性。

二、模型开发与部署难题

(一)模型选择与调优

在众多机器学习模型中选择适合就业质量评价的模型面临诸多挑战。

不同的机器学习模型基于不同的原理和假设,具有不同的特点和适用场景。例如,线性回归模型简单直观,适用于数据呈现线性关系的情况,能够很好地解释自变量与因变量之间的关系,但对于复杂的非线性关系往往无法准确建模。决策树模型能够处理非线性数据,通过对数据特征进行递归划分,形成易于理解的决策规则,但在数据量较小或特征较多时,容易出现过拟合现象。神经网络模型具有强大的非线性拟合能力,能够自动学习数据中的复杂模式,但模型结构复杂,训练过程需要大量的数据和计算资源,且模型的可解释性较差。

在就业质量评价中,模型的选择需要综合考虑数据特征、业务需求和计算资源等因素。例如,在评估员工的离职倾向时,需要考虑员工的个人特征(如年龄、性别、学历等)、工作相关因素(如工作压力、工作满意度、职业发展机会等)以及外部环境因素(如行业发展趋势、市场竞争状况等)。如果这些因素之间的关系较为复杂且非线性,可能需要选择神经网络或集成学习模型(如随机森林、梯度提升树等);如果希望得到一个具有较强解释性的模型,且数据关系相对简单,线性回归或决策树模型可能更为合适。

自动化机器学习(AutoML)技术为模型选择和调优提供了一种有效的

解决方案。AutoML 能够自动进行特征选择、模型选择和超参数优化。例如，在给定就业质量评价相关的数据后，AutoML 系统可以自动分析数据的特征分布、数据量大小等信息，在预定义的模型库（如线性模型、决策树、支持向量机、神经网络等）中筛选出潜在的合适模型，并通过智能搜索算法（如随机搜索、贝叶斯优化等）对模型的超参数进行优化。在优化过程中，AutoML 系统会根据预设的评估指标（如准确率、召回率、均方误差等）在验证集上对不同的超参数组合进行评估，选择最优的超参数组合，从而得到性能最佳的模型。

AutoML 技术也并非完美无缺，在某些情况下，AutoML 可能会选择过于复杂的模型，导致过拟合；或者由于搜索空间过大，无法在有限的时间内找到最优解。因此，在使用 AutoML 技术时，仍然需要结合领域知识和实际业务需求对模型进行进一步的评估和调整。

（二）模型部署的障碍

将就业质量评价模型从开发环境迁移到生产环境会遇到一系列障碍。在开发环境中，模型通常是在理想的条件下进行训练和测试的。开发人员可以使用高性能的计算设备（如 GPU 服务器）加速模型的训练过程，并且可以方便地调整模型参数和数据处理流程。此外，开发环境中的数据量通常相对较小，便于快速迭代和调试。

在生产环境中，情况则大不相同。其一，生产环境中的硬件资源往往受到限制。企业可能无法为模型部署提供专门的高性能计算设备，而是需要在现有的通用服务器上运行模型。这就要求模型在部署时进行优化，例如对模型进行压缩，减少模型的存储和计算需求。对于深度学习模型，可以采用量化技术将模型中的浮点数参数转换为低精度的整数或定点数，从而降低模型的存储空间和计算量，使其能够在资源有限的生产环境中运行。其二，模型在生产环境中需要与企业现有的业务系统进行集成。就业质量评价模型可能需要与企业的人力资源管理系统、薪酬管理系统、员工自助服务系统等进行数据交互和业务协同。这涉及系统接口的兼容性问题，需要确保模型能够准确地获取所需的数据，并将评价结果及时反馈给相关系统。例如，模型需要从人力资源管理系统中获取员工的基本信息、绩效数据等，同时将就业质量评价结果反馈给薪酬管理系统，以便根据员工的就业质量调整薪酬待遇。

为了提高模型部署的灵活性和可扩展性，容器化和微服务架构被广泛应用。容器化技术（如 Docker）可以将模型及其运行环境打包成一个独立的容器，使其可以在不同的硬件环境和操作系统中快速部署和运行。通过容器化，企业可以方便地将模型从开发环境迁移到生产环境，并且可以在生产环境中对模型进行独立的升级和维护。

微服务架构则将模型作为一个独立的服务，通过定义清晰的接口与其他服务进行交互。例如，就业质量评价模型可以作为一个微服务，通过 RESTful API 与其他业务服务进行通信。这种架构便于对模型进行独立的开发、测试、部署和扩展，当业务需求发生变化或模型需要更新时，只需要对相应的微服务进行操作，而不会影响其他业务服务的正常运行。

三、技术持续更新与维护

（一）技术迭代的速度

人工智能技术正以迅猛的速度发展，这给就业质量评价模型的应用带来了巨大的更新压力。新的算法和技术不断涌现，例如，联邦学习技术允许在不共享原始数据的情况下，多个参与方共同训练模型，这对于保护企业和员工的数据隐私具有重要意义。在就业质量评价中，可以利用联邦学习技术，让不同分支机构或合作企业在不泄露自身员工数据的前提下，共同训练一个更具泛化能力的模型。

同时，新的数据处理技术也在不断发展。例如，自监督学习技术通过让模型从无标注的数据中自动学习特征，能够有效解决标注数据稀缺的问题。在就业质量评价中，可以利用自监督学习技术对大量未标注的员工工作数据（如工作记录、项目文档等）进行预训练，提取有价值的特征，然后再结合少量标注数据进行微调，提升模型的性能。

新的模型评估指标和方法也在不断出现。传统的模型评估指标如准确率、召回率等在某些复杂场景下可能无法全面反映模型的性能。例如，在评估员工职业发展预测模型时，可能需要考虑预测结果的稳定性和可靠性，这时就需要引入新的评估指标，如预测结果的方差、预测区间的覆盖率等。

为了适应技术的快速迭代，企业需要建立敏捷的开发流程。敏捷开发强调快速迭代、持续集成和客户反馈。在就业质量评价模型的开发中，这意味着企业要能够快速地将新的技术成果应用到模型中，通过持续集成将模型的改进及时整合到生产环境中，并根据用户（如人力资源管理人员、员工等）的反馈不断优化模型。例如，企业可以设立一个专门的技术研究小组，密切跟踪人工智能领域的最新进展，定期对现有模型进行评估，确定是否需要引入新的技术进行升级。同时，采用敏捷的项目管理方法，将模型的开发和改进分解为多个小的迭代周期，每个周期都能够快速地实现一些具体的功能改进或性能提升，确保模型能够跟上技术发展的步伐。

（二）维护与支持

长期维护 AI 模型需要投入大量的资源和制定有效的策略。在人力资源方面，需要专业的技术人员进行模型的日常维护。这些技术人员不仅要具备深厚的人工智能知识，还需要了解企业的业务需求和人力资源管理流程。例如，他们需要定期检查模型的性能指标，如准确率、召回率、F1 值等，当发现性能下降时，能够迅速分析原因并采取相应的措施。可能的原因包括数据分布变化、模型过拟合或欠拟合、外部环境变化等，针对不同的原因，技术人员需要采取不同的解决方法，如重新训练模型、调整模型参数、更新模型结构或补充新的数据。

在物力资源方面，模型的运行依赖于硬件基础设施。随着数据量的不断增长和模型复杂度的提高，可能需要对硬件进行升级。例如，当企业业务扩张，员工数量大幅增加，导致就业质量评价数据量成倍增长时，原有的服务器可能无法满足模型的计算需求，此时需要及时购置或升级服务器，或者考虑采用云计算服务来扩展计算资源。同时，还需要对硬件进行定期的维护和管理，确保硬件设备的正常运行，避免因硬件故障导致模型无法使用。

为获得持续的技术支持，企业可以借助外部力量。积极参与人工智能相关的技术社区，与其他企业和研究机构进行交流和合作。例如，在开源技术社区中分享企业在就业质量评价模型维护过程中的经验和问题，同时从社区中获取其他企业的最佳实践和解决方案。通过参与技术社区，企业可以及时了解行业动态和技术趋势，避免在技术维护方面陷入孤立无援的境地。

与专业的技术服务提供商建立长期合作关系也是重要的策略。技术服务提供商可以提供包括模型优化咨询、故障排除、技术培训等全方位的服务，确保企业的 AI 模型在长期运行过程中得到有效的维护和支持。例如，当企业遇到复杂的模型性能问题时，技术服务提供商可以派遣专业的技术团队进行现场诊断和解决；当企业需要对技术人员进行培训时，技术服务提供商可以提供定制化的培训课程，帮助企业提升技术人员的专业水平。

第二节　伦理和隐私问题

一、数据隐私保护

（一）合规性挑战

在运用人工智能技术进行就业质量评价时，面临着不同国家和地区数据隐私法规的合规性挑战。

全球范围内，数据隐私法规日益严格且多样化。例如，欧盟的《通用数据保护条例》（GDPR）规定了严格的数据主体权利和数据处理者义务，包括数据访问权、被遗忘权以及数据保护影响评估等要求。企业在处理欧盟员工的数据时，必须确保所有数据处理活动符合 GDPR 的规定。这意味着企业需要在数据收集、存储、使用、共享和删除等各个环节都遵循严格的程序，并且要能够向数据主体和监管机构证明其合规性。

在美国，虽然没有统一的联邦数据隐私法，但各个州的法规差异较大。例如，加利福尼亚州的《加州消费者隐私法案》（CCPA）赋予消费者对其个人信息更多的控制权，企业在处理加州居民的数据时需要特别注意。CCPA 规定消费者有权要求企业披露其收集的个人信息、删除个人信息，以及选择不出售个人信息等，企业需要建立相应的机制来满足这些要求。

在亚洲，中国的《中华人民共和国网络安全法》《中华人民共和国数据安全法》等法律法规对数据的收集、存储、使用和跨境传输等都有明确规定。企业在跨国经营过程中，必须确保其就业质量评价模型所涉及的数据处理活动在不同司法管辖区都符合当地法规。例如，在进行数据跨境传输时，需要满足相关的安全评估和审批要求，防止数据泄露和滥用。

为应对合规性挑战，数据匿名化和加密技术是关键手段。数据匿名化通过去除或变换个人可识别信息，使数据在不泄露个人隐私的前提下仍可用于模型训练。例如，采用 k-匿名技术对员工的地理位置数据进行处理，确保在数据集中任何一个个体都不能被识别出来。具体操作是将地理位置数据按照一定的区域进行划分，使得在每个区域内至少有 k 个个体的数据，这样即使数据被泄露，也无法确定具体是哪个员工的数据。

数据加密技术用于保障数据在传输和存储过程中的安全。例如，采用高级加密标准（AES）对员工的敏感数据（如薪酬数据、健康数据等）进行加密，只有具有相应解密密钥的授权人员才能访问数据。在数据传输过程中，通过 SSL/TLS 协议对数据进行加密传输，防止数据在传输过程中被窃取或篡改。

（二）隐私保护的实践

在数据收集、处理和分析的全生命周期中，企业需要采取一系列实践措施来保护个人隐私。

在数据收集阶段，企业应遵循最小必要原则，只收集与就业质量评价直接相关的数据。例如，在收集员工的工作表现数据时，避免过度收集与员工私人生活相关的数据，如员工的社交网络信息等。同时，企业应向员工充分告知数据收集的目的、方式和范围，并获得员工的明确同意。这可以通过制定详细的隐私政策，并在员工入职时或数据收集前向员工展示和解释，让员工在充分了解的基础上自愿同意数据收集。

在数据处理阶段，除了采用数据匿名化和加密技术外，企业还应建立严格的数据访问控制机制。企业可以根据员工的工作职责和权限，分配不同的数据访问级别。例如，人力资源部门的数据分析师可以访问和处理员工的绩效数据用于模型分析，但无权查看员工的敏感健康数据。企业可以通过身份认证、授权管理和审计跟踪等技术手段来实现数据访问控制，确保只有经过授权的人员才能访问和处理相应的数据。

在数据分析阶段，企业可以采用隐私保护的数据分析技术。例如，使用差分隐私技术在对数据进行统计分析时添加随机噪声，确保分析结果不会泄露单个员工的隐私信息。例如，在计算员工平均绩效时，通过差分隐私技术使结果在一定范围内波动，既不影响整体统计分析的有效性，又能保护员工个体的隐私。同时，企业还可以采用同态加密技术，允许在密文上进行计算，而无需对数据进行解密，这样可以在保护数据隐私的前提下进行数据分析和模型训练。

隐私保护措施对企业运营和模型性能有一定影响。在企业运营方面，严格的隐私保护措施增加了数据管理的复杂性和成本。例如，数据匿名化和加密技术的实施需要投入额外的技术资源和人力进行维护，包括加密算法的选择和配置、密钥的管理、匿名化算法的优化等。同时，数据访问控制机制的建立和维护也需要企业投入一定的人力和物力。

在模型性能方面，数据匿名化和加密可能会影响数据的质量和可用性。过度的数据匿名化可能导致数据失去部分特征信息，使模型无法准确捕捉数据中的关系。当采用加密技术时，数据的加密和解密过程会增加计算开销，可能会影响模型的训练和预测速度。企业需要在隐私保护和模型性能之间进行权衡，通过优化技术和参数设置，在确保数据隐私的前提下，尽量减少对模型性能的影响。例如，企业可以根据数据的敏感程度和模型的应用场景，选择合适的匿名化和加密强度，或者采用一些隐私增强技术来缓解隐私保护与模型性能之间的矛盾。

二、算法透明度与偏见

（一）算法透明度的需求

在就业质量评价中，提高算法透明度具有重要意义。

当企业使用 AI 模型进行员工相关决策（如绩效评估、晋升推荐等）时，算法透明度直接影响员工和管理人员对决策结果的信任度。如果模型的决策过程不透明，员工可能会对评价结果产生质疑，认为存在不公平现象。例如，员工不理解为何自己的绩效评分低于同事，而模型无法提供合理的解释，这可能会导致员工的工作积极性受挫，甚至引发员工与企业之间的矛盾。

对于管理人员来说，缺乏算法透明度会使他们在使用模型结果进行决策时感到不安。例如，在决定员工晋升时，如果管理人员不清楚模型是基于哪些因素做出的推荐，他们很难对模型的结果进行有效的审核和补充，这可能会导致不合理的晋升决策，影响企业的人才选拔和团队建设。

为提高算法透明度，可解释性工具和模型文档至关重要。可解释性工具可以帮助揭示模型内部的工作机制。例如，对于基于深度学习的就业质量评价模型，可以使用特征可视化工具展示模型在处理数据时所关注的特征。通过这种方式，管理人员和员工可以直观地了解模型是如何基于员工的工作数据（如工作成果、工作时长等）做出评价的。此外，还可以使用局部可解释性方法，如 LIME（Local Interpretable Model-agnostic Explanations），它可以针对单个预测结果进行解释，说明模型在对特定员工进行评价时主要考虑了哪些因素。

模型文档应详细记录模型的架构、输入输出、算法原理、训练过程以及模型的局限性等内容。例如，在就业质量评价模型的文档中，应说明模型采用的是何种深度学习架构（如多层感知机），输入数据包括哪些员工特征（如年龄、学历、工作经验等），算法是如何基于这些数据进行训练和预测的，以及模型在处理某些特殊情况（如新入职员工数据较少时）可能存在的局限性。通过提供详细的模型文档，企业可以让相关人员更好地理解模型的工作原理，增加对模型决策的信任度。

（二）偏见识别与纠正

数据和算法中的偏见会严重影响就业质量评价模型的公平性和决策结果。

数据偏见可能源于多种原因。例如，在收集员工历史绩效数据时，如果企业在过去的绩效评估过程中存在主观偏见（如对某些部门的员工评价偏高），那么这些带有偏见的数据会被用于训练模型，导致模型产生不公平的评价结果。此外，数据采集的样本偏差也可能导致数据偏见。如果在收集数据时，样本主要集中于某一特定类型的员工（如男性员工或高学历员工），那么模型在学习过程中可能会过度拟合这部分数据，从而对其他类型的员工产生不公平的对待。

算法偏见可能在模型设计和训练过程中产生。例如，在设计基于机器学习的就业质量评价模型时，如果没有充分考虑不同性别、种族或年龄群体在数据分布上的差异，可能会导致模型对某些群体产生不公平的对待。例如，模型可能会错误地认为某一年龄段的员工工作效率较低，而这种判断仅仅是由于训练数据中该年龄段员工的数据特征与其他因素存在虚假相关。此外，算法本身的复杂性和不透明性也可能导致难以察觉的偏见。

为识别和纠正数据和算法中的偏见，需要采用多种方法。在数据层面，可以对数据进行审查和清洗，去除可能存在偏见的数据样本。例如，对员工绩效数据进行分析，发现存在性别偏见的数据点后，进行重新评估或删除。还可以采用数据平衡技术，如对少数群体的数据进行过采样或对多数群体的数据进行欠采样，使不同群体的数据在训练集中达到相对平衡的状态。

在算法层面，可以采用公平性约束算法进行模型训练。例如，在训练过程中加入公平性约束条件，确保模型对不同性别、种族等群体的评价结果在统计上不存在显著差异。同时，对模型进行公平性评估，通过计算不同群体在模型输出结果上的统计差异（如不同性别员工的平均绩效评估差异）来判断模型是否存在偏见，并及时进行调整。此外，还可以采用可解释性算法，通过分析模型的决策过程，发现可能存在的偏见来源，并进行针对性的纠正。

三、伦理准则的制定与执行

（一）伦理准则的制定

制定 AI 应用伦理准则对于保障就业质量评价的公平性和合理性至关重要，但也面临诸多挑战（上海市法学会 等，2020）。其必要性在于，AI 模型在就业领域的应用涉及员工的基本权益、企业的社会责任以及社会的公平公正。如果没有伦理准则的约束，可能会出现滥用 AI 技术、侵犯员工隐私、产生不公平决策等问题。例如，企业可能会过度依赖 AI 模型进行裁员决策，而不考虑模型可能存在的缺陷和不公平性，这将对员工的生活和职业发展造成严重影响。

制定伦理准则面临着诸多挑战。首先，不同利益相关者对伦理准则的关注点和期望存在差异。企业可能更关注如何利用 AI 技术提高运营效率和经济效益；员工则更关心自己的隐私保护、公平对待和职业发展机会；社会公众可能更侧重于 AI 应用对社会公平和就业市场稳定的影响。这些不同的利益诉求需要在伦理准则中得到平衡。例如，企业可以联合员工代表、行业协会、学术研究机构、政府监管部门等，共同参与伦理准则的制定。在制定过程中，充分听取各方的意见和建议，综合考虑各方的利益和关注点。例如，可以通过召开研讨会、开展问卷调查等方式收集各方的意见，然后对这些意见进行整理和分析，形成初步的伦理准则草案。

通过这种合作方式，可以制定出涵盖数据隐私保护、算法公平性、透明性、人类监督等多个方面的伦理准则。例如，伦理准则可能规定企业在使用 AI 模型进行就业质量评价时，必须确保数据的合法获取和隐私保护，在算法设计和应用过程中要保证公平性和透明度，并且要有人类管理人员对模型的决策结果进行审核和监督。此外，伦理准则还可能包括对模型使用的限制条件，如禁止在某些高风险决策（如员工解雇）中仅依赖 AI 模型的结果，而不进行人工干预和审核。

（二）伦理准则的执行

在组织内部执行伦理准则需要制定有效的策略和实践。

首先，企业需要将伦理准则融入企业文化中。可以通过培训、宣传等方式，让所有员工了解和认同伦理准则的重要性。例如，定期开展关于 AI 伦理的培训课程，向员工介绍 AI 技术在就业质量评价中的应用以及相关的伦理问题，使员工在日常工作中能够自觉遵守伦理准则。这些培训课程可以包括案例分析、小组讨论等形式，让员工更加深入地理解伦理准则的内涵和实践方法。

其次，企业需要建立监督和评估机制。设立专门的伦理审查委员会或数据保护官，负责对 AI 模型的开发、应用和数据处理活动进行监督和审查。例如，伦理审查委员会可以定期检查就业质量评价模型的训练数据来源、算法设计和决策过程，确保其符合伦理准则的要求。在监督过程中，如果发现存在违反伦理准则的行为，应及时采取纠正措施，并对相关责任人进行惩处。

最后，企业还可以通过内部审计和外部评估相结合的方式，对伦理准则的执行情况进行评估。例如，内部审计部门可以对企业的数据管理和模型应用流程进行审计，发现潜在的伦理风险；外部评估机构可以从独立的第三方角度，对企业的 AI 应用伦理实践进行评估，并提出改进建议。外部评估机构可以由专业的咨询公司、行业协会或科研机构担任，它们具有专业的知识和经验，能够提供客观、公正的评估结果。

伦理准则的执行对企业文化和品牌形象有着长期的影响。从企业文化角度看，严格执行伦理准则有助于营造公平、透明、负责的企业文化氛围，提高员工的凝聚力和忠诚度。例如，当员工知道企业在使用 AI 技术进行就业质量评价时遵循严格的伦理准则，他们会感到自己的权益得到了保障，从而更加积极地投入工作。从品牌形象方面来看，良好的伦理实践有助于提升企业的社会声誉和品牌形象。在当今消费者和社会公众对企业社会责任日益关注的环境下，企业在 AI 应用中的伦理表现会影响其在市场中的形象和竞争力。例如，一家企业如果能够在就业质量评价中遵循公平、透明的伦理准则，会赢得员工和社会公众的认可和信任，进而提升企业的品牌价值。

值得注意的是，我国已出台一系列相关政策来加强人工智能领域的伦理监管。例如，2017 年国务院印发的《新一代人工智能发展规划》中明确提出，要建立人工智能法律法规、伦理规范和政策体系，形成人工智能健康发展的良好生态。2021 年国家新一代人工智能治理专业委员会发布的《新一代人工智能伦理规范》进一步提出人工智能管理、研发、供应、使用等特定活动的 18 项具体伦理要求。这些政策为企业在构建就业质量评价体系时提供了明确的指导和支持。

第三节 模型可解释性与透明度

一、模型可解释性的重要性

（一）业务决策中的可解释性需求

在业务决策过程中，对模型可解释性有着强烈的需求。以企业的人力资源管理为例，当使用 AI 模型进行就业质量评价来辅助决策时，如员工的晋升、培训分配、薪酬调整等决策，管理人员需要了解模型是基于哪些因素做出的判断。如果模型是一个"黑箱"，管理人员无法得知模型为何推荐某员工晋升，而不推荐另一个员工，那么他们在做出最终决策时会感到犹豫和不安。例如，在决定员工的培训分配时，模型可能会根据员工的技能差距、职业发展潜力等因素进行推荐。如果模型能够清晰地解释它是如何评估员工的技能差距（比如指出是因为员工在特定技术领域的知识储备不足，通过分析员工以往的项目参与情况和技能测试结果得出），以及如何衡量职业发展潜力（例如依据员工的学习能力、对新业务的适应性等因素），管理人员就可以更有信心地根据模型的推荐来制定培训计划，确保培训资源能够精准地分配到最需要的员工身上，从而提高员工的整体素质和企业的绩效。

通过模型可解释性，可以提高决策的信心和有效性。当管理人员能够理解模型的决策逻辑时，他们可以更好地结合自己的经验和专业知识，对模型的结果进行验证和补充。例如，在员工晋升决策中，模型可能主要基于员工的工作绩效和能力进行推荐，但管理人员可以根据自己对员工团队协作能力和领导潜力的了解，对模型的推荐结果进行综合考虑，做出更全面、更合理的决策。

（二）监管要求与可解释性

监管机构对模型可解释性的要求日益严格，这对企业产生了重要影响。在金融行业，监管机构要求金融机构在使用 AI 模型进行信贷风险评估等业务时，必须能够解释模型的决策过程。这是因为信贷决策涉及客户的重大利益，如果模型无法解释其如何评估客户的信用风险，可能会导致不公平的信贷分配，甚至引发金融风险。在就业领域，随着 AI 技术在人力资源管理中的广泛应用，类似的监管趋势也逐渐显现。例如，政府可能会要求企业在使用 AI 模型进行员工招聘、绩效评估等涉及员工权益的决策时，提供模型的解释说明。

为了满足监管要求，企业需通过透明度报告来展示模型的可解释性和运行状况。透明度报告应定期公布模型的性能指标、决策结果分布及审计验证结果，确保监管机构和员工了解模型的运行情况和可靠性。

透明度报告则可以定期公布模型的性能指标、决策结果的分布情况以及对模型进行的审计和验证结果等。例如，企业可以在透明度报告中展示就业质量评价模型在过去一个季度内对不同部门员工的评价结果分布，以及模型的准确率、召回率等性能指标，让监管机构和员工能够了解模型的运行情况和可靠性。

二、提高模型透明度的策略

(一) 模型透明度的实践

在模型开发和部署过程中，有多种实践方法可以提高模型的透明度。

在模型开发阶段，选择具有一定可解释性的模型架构是一种重要策略。例如，线性回归模型和决策树模型相对容易解释。线性回归模型可以通过系数直观地显示每个输入变量对输出结果的影响程度。如果在就业质量评价中使用线性回归模型来预测员工的工作满意度，模型的系数可以表明员工的薪酬、工作环境、同事关系等因素分别对工作满意度有多大的影响。决策树模型则可以通过可视化的树状结构展示决策过程。例如，在评估员工的离职倾向时，决策树模型可以清晰地呈现出根据员工的工作年限、近期绩效、职业发展机会等因素进行的层层决策过程，管理人员可以直观地看到模型是如何做出离职倾向判断的。

对于复杂的深度学习模型，也可以采用一些技术手段来提高其透明度。例如，在训练过程中使用注意力机制，使模型在处理数据时能够突出显示对决策结果有重要影响的部分。在分析员工的工作绩效报告文本时，带有注意力机制的模型可以聚焦于报告中的关键语句（如描述工作成果和关键绩效指标的语句），从而让管理人员了解模型在评估绩效时所关注的重点内容。

在模型部署阶段，提供清晰的用户界面和操作说明也是提高模型透明度的重要方式。例如，为人力资源管理人员设计一个友好的模型操作界面，在界面上展示模型的主要输入特征、输出结果以及简单的解释说明。

当管理人员查询某员工的就业质量评价结果时，界面可以显示模型是基于哪些数据和规则得出该结果的，使管理人员能够轻松理解和使用模型。

通过这些模型透明度实践，可以提高用户（包括管理人员和员工）对模型的信任度，进而提升模型在市场中的竞争力。当用户能够清楚地了解模型的工作原理和决策依据时，他们更愿意接受和使用模型的结果，这有助于企业更好地应用 AI 技术进行人力资源管理，提高管理效率和决策质量。

（二）透明度与安全性的平衡

在提高模型透明度的同时，企业面临着保护知识产权和商业机密的挑战。

一方面，提高模型透明度意味着要企业公开部分模型的工作原理、算法细节和数据特征等信息。例如，为了让管理人员和员工理解模型的决策过程，可能需要展示模型的部分结构和参数。然而，这些信息可能涉及企业的商业机密和知识产权。如果竞争对手获取了这些信息，可能会对企业的市场竞争地位造成威胁。

另一方面，企业又需要保障模型的安全性，防止数据泄露和恶意攻击。例如，就业质量评价模型所使用的数据可能包含员工的敏感信息（如薪酬数据、绩效评估数据等），如果在追求透明度的过程中导致这些数据泄露，不仅会侵犯员工的隐私，还会给企业带来法律风险和声誉损失。

为了平衡透明度和安全性的需求，企业可以通过法律和技术创新来解决。在法律方面，企业可以通过签订保密协议和知识产权保护协议来约束相关人员的行为。例如，在与外部合作伙伴（如技术咨询公司、数据供应商等）合作开发和使用就业质量评价模型时，签订严格的保密协议，规定对方不得泄露模型的技术细节和企业的数据信息。

在技术创新方面，企业可以采用隐私计算技术。例如，同态加密技术允许在密文上进行计算，而无需对数据进行解密，这样既可以保证数据的安全性，又可以在一定程度上实现模型的透明化操作。通过这种方式，企业可以在不泄露敏感数据和商业机密的前提下，尽可能地提高模型的透明度，满足用户和监管机构的要求。

三、可解释性工具与技术

（一）可解释性工具的应用

各种可解释性工具和技术在模型分析中有着重要的应用。

局部可解释性工具，如 LIME（Local Interpretable Model-agnostic Explanations），可以帮助解释单个预测结果。例如，在就业质量评价模型对某一员工做出较低评价时，LIME 可以通过在该员工数据点附近生成一个简单的可解释模型（如线性模型），来近似地解释原模型为什么做出这样的评价。它可以指出是由于该员工的某些特定特征（如工作效率较低、近期频繁请假等）对评价结果产生了主要影响，这种局部解释有助于员工了解自己在哪些方面需要改进。

全局可解释性工具，如 SHAP（SHapley Additive exPlanations）值，可以分析模型中每个特征对整体预测结果的贡献。在就业质量评价模型中，SHAP 值可以计算出员工的各个特征（如年龄、学历、工作经验、技能水平等）对其最终就业质量评分的贡献大小。通过 SHAP 值的可视化，管理人员可以直观地看到哪些特征对就业质量影响较大，哪些特征对就业质量影响较小，从而有针对性地制定人力资源管理策略。

还有一些基于规则的可解释性技术，适用于从复杂模型中提取规则。例如，对于基于神经网络的就业质量评价模型，可以通过规则提取技术将其转化为一组易于理解的规则。这些规则可能类似于"如果员工的工作经验超过 5 年且技能水平在中级以上，并且在过去一年中没有重大工作失误，那么其就业质量评价为高"，这种规则形式的解释便于非技术用户（如人力资源管理人员和员工）理解模型的工作原理和决策过程。

（二）可解释性与模型性能的权衡

在提高模型可解释性的同时，往往需要面对保持高性能的挑战。一般来说，简单的模型（如线性回归、决策树等）通常具有较好的可解释性，但它们的性能可能在处理复杂数据和关系时受到限制。例如，线性回归模型在数据呈现非线性关系时，无法准确地拟合数据，导致预测准确性下降。

而复杂的深度学习模型虽然能够处理复杂的数据模式，取得较高的性能，但它们的可解释性较差。例如，多层感知机或卷积神经网络在就业质量评价中可能能够准确地预测员工的绩效或离职倾向，但由于其内部的权重和激活函数的复杂交互作用，很难直观地解释模型是如何做出决策的。

　　为了实现可解释性与性能的平衡，在算法选择和模型设计方面需要进行综合考虑。一种方法是采用集成学习的策略，将多个简单且具有可解释性的模型（如决策树）进行集成，形成一个性能更强的模型。例如，随机森林是由多个决策树组成的集成模型，它在保持一定可解释性（可以通过分析单个决策树来理解部分决策过程）的同时，能够提高模型的预测准确性和稳定性。

　　在模型设计时，也可以采用一些结构优化和正则化技术来提高模型的可解释性，同时尽量不损失性能。例如，在神经网络中采用稀疏连接或分组卷积等技术，减少模型的复杂度，使其更容易解释，同时通过合理的训练和优化方法，保持模型的高性能。

　　还可以利用特征选择技术，挑选出对模型预测结果最具影响力的特征进行建模，这样既能简化模型结构，提升可解释性，又能在一定程度上保证模型的性能。例如，在就业质量评价中，通过相关性分析等方法确定对员工就业质量影响较大的因素，如工作成果、职业技能等，然后基于这些关键特征构建模型，避免因纳入过多无关或冗余特征而使模型变得复杂且难以解释。通过这些方法，可以在模型可解释性和性能之间找到一个合理的平衡点，满足企业在就业质量评价等业务中的实际需求。

第十四章　结语

第一节　回顾与总结

在本书接近尾声之际，笔者对基于人工智能技术的就业质量评价模型的探索历程进行反思与总结，这不仅是对过去研究的回顾，更是对未来发展的重要启示。

在技术飞速发展的时代背景下，人工智能在众多领域崭露头角。在就业质量评价领域引入人工智能技术，是顺应时代发展潮流的必然选择。从更宏观的角度来看，这一举措旨在解决传统就业质量评价方法的局限性问题，提升评价的科学性、准确性和及时性，进而推动整个社会就业环境的优化。

在这个过程中，我们所取得的收获不仅是一个技术模型的构建方法，更是对就业质量评价理念的更新与拓展。人工智能技术使我们能够突破传统的思维定式，从全新的视角审视就业质量。例如，以往对就业质量的评估可能更多依赖于有限的调查数据和个人的主观经验，但现在我们可以借助大数据和先进算法，深入挖掘隐藏在海量数据背后的就业质量相关因素，如通过分析员工的在线行为数据来间接评估工作满意度，这种多维度、深层次的分析方法为就业质量评价带来了前所未有的丰富性和准确性。

同时，这套方法论不仅包括技术层面的操作流程，如数据处理、模型构建与优化等，还涵盖了如何将技术与实际应用场景相结合的策略。例如，在将模型应用于企业时，需要根据企业的行业特点、规模大小和文化氛围等因素进行个性化定制，确保模型能够真实反映企业内部的就业质量情况，这种基于实践的方法论为就业质量评价的实际应用提供了有力保障。

在企业应用人工智能技术进行就业质量评价时，也会遭遇一系列具有挑战性的问题。这些问题并非孤立存在，而是相互交织、相互影响的，这反映了技术与社会、伦理等多方面因素的复杂关系。进一步来看，数据的质量和完整性对于模型的准确性至关重要。在收集数据时，我们不仅要考虑数据的来源广泛，还要确保数据的准确性。例如，在获取企业生产经营数据时，由于不同企业的记录方式和数据格式可能存在差异，我们需要花费大量时间进行数据清洗和转换，以保证这些数据能够准确地反映企业的实际运营情况，进而为就业质量评价提供可靠依据。

在模型构建方面，除了选择合适的算法和优化模型参数外，模型的验证和校准也是一个复杂且关键的过程。可以通过交叉验证、留出法等多种方法对模型进行验证，确保模型在不同数据集上都能保持稳定的性能。并且，在模型应用过程中，需要根据实际情况不断地对模型进行校准，以适应就业市场的动态变化。例如，当出现新的行业或者新的就业模式时，原有的模型可能会出现偏差，这时就需要及时调整模型的参数或者结构，使其能够准确地评估新环境下的就业质量。

在将就业质量评价模型引入企业时，需要与企业的人力资源部门、管理层以及其他员工进行充分的沟通，了解他们的实际需求和期望，解答他们对于新技术应用的疑惑，这样才能确保模型能够顺利落地并发挥作用。而且，在与外部机构合作获取数据或者技术支持时，建立良好的合作关系和明确的责任分工，可以避免许多潜在的问题，提高研究和应用的效率。

第二节　挑战与展望

一、现存挑战

（一）技术层面的挑战

一是数据隐私保护的挑战。数据隐私保护问题在人工智能时代变得愈发严峻。随着数据挖掘深度和广度的不断增加，就业数据涉及的个人隐私范围也在扩大。例如，除了常见的基本信息、工资数据外，员工的工作轨迹、社交网络关系等数据也可能被纳入分析范畴，这些数据一旦泄露，将对个人隐私造成严重侵犯。

二是算法偏见的挑战。算法偏见是另一个技术瓶颈，其根源不仅在于数据本身的偏差，还涉及算法设计和训练过程中的潜在问题。例如，在一些基于行业数据训练的模型中，某些行业存在性别或地域方面的就业结构不平衡，模型可能会在无意识中强化这种不平衡，导致对某些群体的就业质量评价产生不公正的结果，进而影响社会公平。

三是模型可解释性的挑战。模型可解释性问题随着模型复杂度的提升日益突出。在就业质量评价中，一个缺乏可解释性的模型可能会导致使用者对评价结果的不信任。例如，企业在依据模型进行人力资源决策时，如果无法理解模型为何做出特定的评价，可能会引发员工对决策公正性的质疑，甚至可能导致企业内部的矛盾和管理混乱。

（二）社会层面的挑战

公众对人工智能技术在就业质量评价中的认知存在差异。一方面，部分人对新技术抱有过高的期望，认为它能够解决所有就业质量问题，这种不切实际的期望可能会导致在技术应用效果未达到预期时，引发公众对技术的失望和抵制。另一方面，部分人对人工智能技术存在过度担忧，担心其会导致大规模失业或加剧就业不平等，这种担忧可能会阻碍技术在就业质量评价领域的推广和应用。

就业市场的动态性和多样性也给人工智能技术的应用带来挑战。就业市场受到宏观经济政策、行业发展趋势、社会文化变迁等多种因素的影响，处于不断变化之中。例如，新兴行业的快速崛起和传统行业的转型升级，会使就业质量的评价标准和影响因素发生变化，这要求人工智能模型能够及时适应这些变化，但目前的技术在这方面还存在一定的滞后性。

二、未来展望

尽管面临诸多挑战，但我们对人工智能技术在就业质量评价领域的未来发展仍充满信心，并对其发展方向有着清晰的展望。

（一）技术发展方向

随着技术的不断进步，人工智能在就业质量评价中的预测能力将实现质的飞跃。未来的模型将不仅能够对当前的就业质量进行准确评估，还能够基于宏观经济数据、行业发展趋势和人口结构变化等因素，对未来较长一段时间内的就业质量变化进行精准预测。例如，通过整合全球经济数据和人口流动数据，提前数年预测某些地区或行业可能出现的就业质量波动，为政策制定和个人职业规划提供极具前瞻性的参考。

在数据处理方面，我们期望人工智能可以实现更加精细化的数据融合与分析。未来，人工智能将能够整合来自不同渠道、不同类型的数据，包括结构化数据（如企业财务报表、员工绩效数据）和非结构化数据（如员工社交媒体评论、在线职业论坛讨论内容），并通过先进的自然语言处理和图像识别技术，从中提取出有价值的信息用于就业质量评价。例如，通过分析员工在社交媒体上对工作的情感倾向，辅助评估其工作满意度。

（二）社会影响与应用场景拓展

从社会影响的角度来看，人工智能技术将有助于促进就业公平。通过不断优化算法和纠正算法偏见，未来的就业质量评价模型将能够为不同性别、种族、年龄等群体提供更加公正、客观的评价结果，从而为消除就业歧视提供技术支持。例如，在招聘环节，企业可以依据公平的就业质量评价模型，制定更加合理的招聘标准，确保每个求职者都能得到公正的对待。

在应用场景方面，人工智能技术将进一步拓展到就业服务的全链条。除了目前常见的企业内部就业质量评估和政府就业政策制定，未来人工智能还将广泛应用于职业培训、就业中介、员工职业发展规划等领域。例如，职业培训机构可以根据基于人工智能的就业质量评价结果，有针对性地设计培训课程，提高培训的有效性和实用性；就业中介机构可以利用模型为求职者推荐更符合其就业质量期望的工作岗位，提高求职成功率。

第三节　行动与倡议

一、技术研发与创新

在数据隐私保护技术方面，呼吁加大研发投入，探索更加先进、安全的隐私保护方法。例如，研究基于区块链技术的数据保护机制，利用区块链的去中心化、不可篡改等特性，确保就业数据在存储和传输过程中的安全性和隐私性。同时，鼓励开发具有隐私保护功能的人工智能算法，使模型在训练和预测过程中能够自动保护数据隐私。

针对算法偏见问题，倡导建立跨领域的算法公平性研究团队，成员包括计算机科学家、社会学家、统计学家等，从多个角度深入研究算法偏见的产生机制和解决方案。例如，通过社会学研究深入了解不同社会群体在就业中的差异和需求，为算法设计提供更加全面的公平性约束条件；利用统计学方法对数据进行均衡处理，减少因数据偏差导致的算法偏见。

为了解决模型可解释性问题，鼓励研究人员开展可解释人工智能（Explainable Artificial Intelligence，XAI）技术在就业质量评价中的应用研究。例如，开发基于规则的可解释模型，使模型的决策过程能够以直观易懂的规则形式呈现出来；探索模型可视化技术，通过图形化展示模型的内部结构和运行机制，帮助用户更好地理解模型如何得出评价结果。

二、社会参与与合作

加强公众教育是推动人工智能技术在就业质量评价领域应用的重要举措。我们建议通过开展科普活动、举办技术讲座、制作宣传视频等多种形式，向公众普及人工智能技术的基本原理、应用方法和潜在风险，消除公众对技术的误解和担忧，提高公众对基于人工智能的就业质量评价的接受度和信任度。

促进跨行业、跨部门的合作与交流对于应对就业质量评价中的复杂问题至关重要。倡导建立包括政府、企业、科研机构、社会组织在内的多方合作平台，共同研究和解决就业质量评价中的难题。例如，政府可以出台相关政策，鼓励企业与科研机构合作开展就业质量评价项目；社会组织可以发挥其桥梁和纽带作用，组织相关研讨会和交流活动，促进不同行业和部门之间的知识共享和经验交流。

三、政策支持与监管

政府在推动人工智能技术在就业质量评价领域的健康发展中起着关键作用。政府要鼓励企业和科研机构开展就业质量评价技术研发和应用。例如，设立专项科研基金，支持创新性的就业质量评价技术研究；给予采用先进就业质量评价技术的企业税收优惠或财政补贴，降低其技术应用成本。同时，加强对人工智能技术在就业质量评价中的监管也是必不可少的。应建立健全相关监管制度，明确技术应用的规范和标准，防止技术滥用和数据泄露等问题的发生。例如，规定企业在使用人工智能技术进行就业质量评价时，必须定期向监管部门报告数据使用情况和模型评估结果，确保技术应用的透明性和安全性。

　　我们深知，人工智能技术在就业质量评价领域的发展是一个长期而复杂的过程，需要汇聚各方力量，共同推动这一领域朝着更加科学、公平、高效的方向发展，为构建和谐、稳定的就业环境做出积极贡献。在未来的征程中，我们将以更加坚定的步伐迈向智能就业评价的新时代，并不断探索和创新，为实现就业质量的全面提升而不懈奋斗。

参考文献

蔡自兴，徐光祐，2024. 人工智能及其应用（第 7 版）［M］. 北京：清华大学出版社.

曹成菊，2024. 人工智能发展对就业质量的影响研究［D］. 济南：山东财经大学.

陈春梅，王正元，屈娜，2020. 人工智能优化算法综述［J］. 大学（26）：71-72.

褚荣燕，王钰，杨杏丽，等，2021. 基于正则化 KL 距离的交叉验证折数 K 的选择［J］. 计算机技术与发展，31（3）：52-57.

崔佳旭，杨博，2018. 贝叶斯优化方法和应用综述［J］. 软件学报，29（10）：3068-3090.

方匡南，吴见彬，朱建平，等，2011. 随机森林方法研究综述［J］. 统计与信息论坛，26（3）：32-38.

高璇，2017. 应用自然邻居分类算法的大学生就业预测模型［D］. 重庆：重庆大学.

韩飞，2011. 20 世纪前期美国政府劳工政策与劳工权益保障问题研究［D］. 兰州：兰州大学.

韩敏，邱铁，刘颖，2021. 人工智能导论［M］. 北京：化学工业出版社.

韩永建，李传锋，郭光灿，2017. 量子计算原理及研究进展［J］. 科技导报，35（23）：70-75.

韩宗霖，2021. 基于系统动力学模型的大学生就业创业稳定性研究［J］. 河南广播电视大学学报，34（1）：104-107.

黄河，陈君，邓浩江，2019. 基于循环神经网络的 Modbus/TCP 模糊

测试算法 [J]. 计算机工程, 45 (7): 164-169.

黄志, 程翔, 2023. 人工智能对劳动收入水平和收入差距的影响: 理论解读与实证检验 [J]. 经济理论与经济管理, 43 (1): 78-95.

姜璐璐, 高锦涛, 2024. 面向机器学习的数据库参数调优技术综述 [J]. 计算机工程与应用, 60 (3): 1-16.

李砚艳, 2023. 人工智能对我国劳动力就业技能结构的影响研究 [D]. 沈阳: 辽宁大学.

李寅龙, 李航, 2024. 企业大数据资源标准化问题分析 [J]. 大数据时代 (9): 34-40.

梁杰, 陈嘉豪, 张雪芹, 等, 2019. 基于独热编码和卷积神经网络的异常检测 [J]. 清华大学学报 (自然科学版), 59 (7): 523-529.

林光科, 杨颖, 2019. 基于德尔菲法的高职毕业生就业质量评价指标体系构建: 以北部湾高职院校为例 [J]. 现代商贸工业, 40 (19): 72-74.

蔺素珍, 韩泽, 2017. 基于深度堆叠卷积神经网络的图像融合 [J]. 计算机学报, 40 (11): 2506-2518.

刘红红, 2021. 基于人工智能与数据信息分析的就业质量评估方法研究 [J]. 电子设计工程, 29 (24): 145-149.

刘华玲, 马俊, 张国祥, 2021. 基于深度学习的内容推荐算法研究综述 [J]. 计算机工程, 47 (7): 1-12.

刘江, 章晓庆, 胡衍, 2023. 人工智能导论 [M]. 北京: 化学工业出版社.

刘照德, 詹秋泉, 田国梁, 2019. 因子分析综合评价研究综述 [J]. 统计与决策, 35 (19): 68-73.

卢泓宇, 张敏, 刘奕群, 等, 2017. 卷积神经网络特征重要性分析及增强特征选择模型 [J]. 软件学报, 28 (11): 2879-2890.

吕春旭, 徐阳, 2023. 深度学习技术发展历程 [J]. 中国安防 (3): 32-36.

吕国豪, 罗四维, 黄雅平, 等, 2014. 基于卷积神经网络的正则化方法 [J]. 计算机研究与发展, 51 (9): 1891-1900.

马永杰, 云文霞, 2012. 遗传算法研究进展 [J]. 计算机应用研究, 29 (4): 1201-1206, 1210.

孟晓轲, 徐姗姗, 2021. 灰色关联分析和深度学习的大学生就业质量

评价模型 [J]. 现代电子技术, 44 (3): 100-104.

莫宏伟, 徐立芳, 2020. 人工智能导论 [M]. 北京: 人民邮电出版社.

莫荣, 2024. 中国就业发展报告 (2024) [M]. 北京: 社会科学文献出版社.

莫小泉, 陈新生, 王胜峰, 等, 2021. 人工智能应用基础 [M]. 北京: 电子工业出版社.

钱余发, 张玲, 2023. 基于大数据的数据清洗技术及运用 [J]. 数字技术与应用, 41 (3): 84-86, 113.

清华大学人工智能研究院, 2020. 中国人工智能发展报告 2020 [R]. 苏州: 中国人工智能学会.

邱志强, 2024. 基于 Stacking 集成学习的员工流失预测研究 [D]. 曲阜: 曲阜师范大学.

任泽裕, 王振超, 柯尊旺, 等, 2021. 多模态数据融合综述 [J]. 计算机工程与应用, 57 (18): 49-64.

桑应宾, 2009. 基于 K 近邻的分类算法研究 [D]. 重庆: 重庆大学.

上海市法学会, 浙江清华长三角研究院, 2020. 世界人工智能法治蓝皮书 2020 [M]. 上海: 上海人民出版社.

石冬喜, 2018. 基于模糊理论的高职院校毕业生就业质量综合评价与研究 [J]. 价值工程, 37 (13): 191-193.

宋丽贞, 2016. 高校毕业生就业质量评价体系的思考 [J]. 黑龙江高教研究 (5): 118-121.

苏丽锋, 赖德胜, 2018. 高质量就业的现实逻辑与政策选择 [J]. 中国特色社会主义研究 (2): 32-38.

唐运军, 孙舒畅, 2020. 机器学习中的特征工程方法 [J]. 汽车实用技术 (12): 70-72.

田思路, 刘兆光, 2020. 人工智能失业: 社会化挑战与法律应对 [J]. 重庆社会科学 (10): 32-43.

王贝伦, 2021. 机器学习 [M]. 南京: 南京东南大学出版社.

王改华, 2024. 高校毕业生就业质量评价体系研究 [J]. 合作经济与科技 (18): 60-63.

汪海燕, 黎建辉, 杨风雷, 2014. 支持向量机理论及算法研究综述 [J]. 计算机应用研究, 31 (5): 1281-1286.

王锦凯，宋锡瑾，2022. 计算机视觉技术应用研究综述［J］. 计算机时代 (10)：1-4, 8.

王维，张宏如，2024. 共同富裕背景下就业量质协调发展指标体系研究［J］. 云南大学学报（社会科学版），23（4）：85-92.

王以梁，秦雷雷，2017. DEA 在高校毕业生就业绩效评价中的应用研究［J］. 浙江工商大学学报（3）：88-96.

魏玉曦，2020. 基于大数据挖掘技术的高校就业质量评价［J］. 现代电子技术，43（7）：103-106.

翁仁木，2016. 国外就业质量评价指标体系比较研究［J］. 中国劳动 (10)：22-27.

吴冬，阎卫东，王井利，2023. 基于特征重要性加权的随机森林点云分类研究［J］. 电子测量技术，46（20）：120-127.

吴飞，2023. 回望人工智能原点：达特茅斯会议［J］. 科学，75（4）：49-52, 4.

吴新中，2017. 大学生就业质量综合评价指标体系设计［J］. 统计与决策 (22)：68-71.

许光清，邹骥，2006. 系统动力学方法：原理、特点与最新进展［J］. 哈尔滨工业大学学报（社会科学版）(4)：72-77.

徐瑶，2017. 高校毕业生就业质量评价指标体系研究［D］. 南京：南京师范大学.

许勇，黄福寿，2020. 人工智能哲学研究述评［J］. 上海交通大学学报（哲学社会科学版），28（1）：116-123.

言有三，2020. 深度学习之模型设计［M］. 北京：电子工业出版社.

杨寒雨，赵晓永，王磊，2023. 数据归一化方法综述［J］. 计算机工程与应用，59（3）：13-22.

杨鹤标，龚文彦，2019. 基于卷积神经网络的反向传播算法改进［J］. 计算机工程与设计，40（1）：126-130.

杨佳润，2017. 数据挖掘之聚类分析算法综述［J］. 通讯世界 (16)：291.

杨蕾，2021. 人工智能发展水平对就业质量的影响研究［D］. 天津：河北工业大学.

杨强，2019. AI 与数据隐私保护：联邦学习的破解之道［J］. 信息安全研究，5（11）：961-965.

尹宝才，王文通，王立春，2015. 深度学习研究综述 [J]. 北京工业大学学报，41（1）：48-59.

余大龙，2017. 基于特征选择的数据降维算法研究 [D]. 合肥：安徽大学.

苑大勇，张璞，2024. 寻绎与重塑：人工智能时代技术技能人才发展之镜 [J]. 职业技术教育，45（22）：25-32.

袁非牛，章琳，史劲亭，2019. 自编码神经网络理论及应用综述 [J]. 计算机学报，42（1）：203-230.

曾湘泉，2020. 中国就业战略报告：推动实施更高质量的就业 [M]. 北京：中国人民大学出版社.

张慧，2018. 深度学习中优化算法的研究与改进 [D]. 北京：北京邮电大学.

张开放，苏华友，窦勇，2021. 一种基于混淆矩阵的多分类任务准确率评估新方法 [J]. 计算机工程与科学，43（11）：1910-1919.

张淼，2017. 大学生就业质量评价指标开发及其实证检验 [D]. 西安：西北工业大学.

张润，王永滨，2016. 机器学习及其算法和发展研究 [J]. 中国传媒大学学报（自然科学版），23（2）：10-18，24.

张翕，2023. 就业监测体系构建与宏观调控：基于国际比较视角 [J]. 劳动经济研究，11（4）：118-143.

张小建，马永堂，瞿燕立，2014. 就业质量评估指标体系研究 [J]. 第一资源（3）：126-138.

张棪，曹健，2016. 面向大数据分析的决策树算法 [J]. 计算机科学，43（S1）：374-379，383.

张子良，2007.《劳动合同法》与现代契约精神 [J]. 上海企业（9）：5-7.

赵春晖，宋鹏宇，陈旭，2024. 大数据导论 [M]. 北京：化学工业出版社.

赵京胜，宋梦雪，2019，高祥. 自然语言处理发展及应用综述 [J]. 信息技术与信息化（7）：142-145.

中国就业促进会就业质量研究项目组，2016. 国际就业质量指标体系开发和评估情况及对我国的启示（下）：节选自《赴瑞士参加就业质量研讨交流情况报告》［J］. 中国就业（3）：7-9.

HE X, LIAO L, ZHANG H, et al., 2017. Neural collaborative filtering ［C］//Proceedings of the 26th International Conference on World Wide Web. Perth, Australia：［s. n.］：173-182.

MCCULLOCH W S, PUTTS W H, 1943. A logical calculus of ideas imminent in nervous activity ［J］. Biol Math Biophys（5）：115-133.

RUMELHART D E, HINTON G E, WILLIAMS R J, 1986. Learning internal representation by back-propagation of errors ［J］. Nature, 323（323）：533-536.